"十三五"国家重点图书出版规划项目

高海拔高寒地区高速公路建设关键技术

多年冻土区公路路基稳定性评价

陈建兵　汪双杰　袁　堃

著

上海科学技术出版社

图书在版编目(CIP)数据

多年冻土区公路路基稳定性评价 / 陈建兵，汪双杰，袁堃著. —上海：上海科学技术出版社，2020.1
(高海拔高寒地区高速公路建设关键技术)
ISBN 978－7－5478－4703－9

Ⅰ.①多… Ⅱ.①陈… ②汪… ③袁… Ⅲ.①冻土区—高速公路—公路路基—地基稳定性—评价 Ⅳ.①U416.1

中国版本图书馆 CIP 数据核字(2019)第 288183 号

多年冻土区公路路基稳定性评价
陈建兵　汪双杰　袁　堃　著

上海世纪出版(集团)有限公司
上　海　科　学　技　术　出　版　社　出版、发行
(上海钦州南路 71 号　邮政编码 200235　www.sstp.cn)
浙江新华印刷技术有限公司印刷
开本 787×1092　1/16　印张 12.75
字数 250 千字
2020 年 1 月第 1 版　2020 年 1 月第 1 次印刷
ISBN 978－7－5478－4703－9/U・95
定价：98.00 元

内容提要

本书是在我国寒区道路工程领域几十年科研资料积累的基础上编写而成，是一本介绍多年冻土地区公路路基工程稳定性评价研究成果的参考书。本书在系统介绍国内外冻土工程研究进展的基础上，力图以全面开阔的视角向读者展示多年冻土地区公路路基工程中涉及的研究领域、核心工程问题及热点科学问题。读者通过本书可深入了解多年冻土公路路基工程的基本特征及我国在该领域中做出的典型研究工作和成果。

本书共分为 8 章，内容包括多年冻土路基病害成因、路基稳定性影响因素、路基变形长期预测分析、稳定性评价、病害预警、病害养护及稳定性监测新技术等。

本书可供道路与铁道工程、冻土工程等方面从事勘察、设计、监测、科研和教学的科技人员和研究生学习参考。

高海拔高寒地区高速公路建设关键技术

学术顾问

程国栋　中国科学院院士

郑健龙　中国工程院院士

赖远明　中国科学院院士

郑皆连　中国工程院院士

杜彦良　中国工程院院士

王复明　中国工程院院士

王秉纲　浙江大学教授

王　玉　中国公路学会专家委员会委员

陈国靖　交通运输部公路科学研究所原所长

张鲁新　原青藏铁路专家组组长

高海拔高寒地区高速公路建设关键技术

编 委 会

总 序

多年冻土是高海拔高寒地区道路工程建设的“拦路虎”。自1954年青藏公路建成通车至今的60余年间，伴随着不同形式冻土工程病害的发生、发展，我国科技工作者对多年冻土物理、力学性质的认识逐渐深入，也对冻土工程的复杂性有了更系统的认知。2006年青藏铁路建成通车以来，全球气候变暖、冻土退化，也带来铁路路基沉陷、开裂等工程病害。几十年来国家重大冻土工程建设经验充分证明，冻土工程领域科学与技术进步将是一个螺旋式发展的长期过程。

我国科技工作者在多年冻土区道路工程建设技术探索的道路上一直没有停歇。20世纪70—90年代末，围绕着青藏公路的历次整治改建，摸索形成的冻土工程研究方法与测试技术，逐步奠定了我国冻土工程研究的基础，并创建了我国公路冻土工程病害机理分析、病害整治技术与理论体系。21世纪初，通过青藏铁路的工程实践和系统集成，冻土工程研究中进一步融入了“冷却路基”的理论探索与技术设计，取得了一大批具有国际先进水平的研究成果。2011年，国家为尽快启动玉树地震后的交通重建工作，决定建设青海省共和至玉树高速公路，再次掀起冻土工程研究的高潮。

相对青藏铁路、二级青藏公路而言，在多年冻土地基上建设大尺度、高标准、重荷载的高速公路面临着工程尺度效应、大断面厚重路面结构的封闭储热效应及黑色路面强吸热效应等问题，可能导致更大的工程风险。冻土区高速公路建设必须进行理论创新与技术突破。

令人欣喜的是，“高海拔高寒地区高速公路建设关键技术”丛书让我们看到我国冻土工程科研工作者挑战高海拔高寒地区高速公路建设关键技术的系列重要成果，其内容包含路基、路面、桥梁、隧道、环境保护、监测预警等专业方向，创立了公路冻土工程尺度效应理论及能量平衡设计方法，代表了我国乃至世界道路冻土工程研究最新成果。丛书的主编单位具有40余年多年冻土区公路工程科研与设计经验，拥有“高寒高海拔地区道路工程安全与健康国家重点实验室”这一高端研发平台。编者队伍中既有我国公路冻土工程领域的设计大师、知名专家，又有长期持续开展专项研究的青年才俊。他们深厚的技术积淀、理论功底和丰富的实践经验对保障丛书的学术和技术水平起到了重要的作用。

2013年9月，习近平总书记首次提出共同建设“丝绸之路经济带”的倡议以来，“一带一路”倡议已成为我国深化改革开放、践行中国梦、实现世界共同发展、共建人类命运共同体的国家战略，实现这些伟大战略构想的基础在交通运输。“陆上丝绸之路经济带”是实现亚欧非大陆互联互通的核心通道，由东向西跨越青藏高原、喀喇昆仑山脉、帕米尔高原、西伯利亚等高海拔高寒地区及北半球高纬度寒冷地区，涉及主要干线公路里程将达1.2万km。我相信丛书的出版将对保障穿越高海拔高寒地区的大规模道路工程建设，支撑交通行业抢抓“一带一路”发展机遇，助推我国“标准、技术走出去”发挥重要作用。

郑健龙

中国工程院院士

2019年2月10日

前 言

青藏高原多年冻土区海拔高、紫外线强烈、年平均气温低、冰冻期长，且气候变化无常，被世人称为“地球第三极”。同时，多年冻土对气候和人类工程活动的响应十分剧烈，是全球气候变化的“驱动机”和“放大器”。青藏高原多年冻土地区特殊的地理环境、复杂的地质条件和多变的气候特点，使得多年冻土区公路的建设、养护、运营管理具有独特的需求，给青藏高原冻土区公路工程的修筑和安全运营带来了很大的挑战和安全隐患。

以青藏公路为代表的高原多年冻土区公路修筑技术研究成果是世界冻土工程研究的宝贵财富。青藏公路格尔木至拉萨段总长约 1 150 km，其中有 600 余千米路段穿越环境极其恶劣、地质条件复杂多变的高原多年冻土地区。青藏公路跨越昆仑山、唐古拉山，是人类高原多年冻土交通工程的奠基之作、开山之作。20 世纪 70 年代以来，伴随着青藏公路的历次整治改建，交通科技工作者连续 40 多年开展四期联合研究攻关，取得了一系列科学成果，受到了国际同行的高度关注。丰硕成果为青藏高原公路建设、高原腹地青藏公路的整治和改建和青藏铁路开工建设提供了坚实的科学依据，填补了世界技术领域的空白，同时也确立了我国在高原多年冻土研究方面的国际领先水平和地位。

多年冻土与公路工程的短期相互作用非常强烈，同时对工程的影响又是一个长期缓慢的过程，根据研究规律提出可行的技术来进行研究实践则需要几年甚至更长的时间。长期现场监测数据是多年冻土地区道路工程安全可靠性判断的基础，通过现场监控某些指标的时空演化可及时将监测分析反馈到设计、施工修正建设过程中，及时修正指导工程设计与施工，与现代设计中的动态设计理念相吻合。通过对现场实时监测数据的分析，可及时反馈工程构筑物的工作状态和健康状况，为工程构筑物的养护决策提供依据和指导。因此以高原多年冻土区公路工程监测及预警为核心的冻土路基稳定性评价显得尤为重要，研究成果不仅对提高我国多年冻土区公路建设与养护关键技术的自主创新能力、提升我国在世界冻土工程领域的技术创新水平具有重大意义，同时可为多年冻土区现有道路的升级改造、维修养护，以及其他即将建设的重大公路等大型工程建设提供有效的理论指导和技术支撑。

全书共分 8 章：第 1 章为绪论；第 2 章为多年冻土地区路基病害及其原因；第 3 章为多年冻土公路路基稳定性关键影响因素分析；第 4 章为多年冻土公路路基长期变形研究；第 5 章为多年冻土路基稳定性评价；第 6 章为多年冻土公路路基病害预警；第 7 章为多年冻土地区道路养护决策与技术；第 8 章为多年冻土路基稳定性监测新技术。

本书第 1 章由陈建兵完成，第 2、3、7 章由袁堃完成，第 4～6 章由陈建兵、袁堃完成，第 8 章由张娟完成。全书由陈建兵审定。

本书在撰写过程中得到了寒区道路工程领域多位研究人员的支持和帮助：彭惠博士提供了青藏工程走廊长期观测资料分析结果；金龙和董元宏博士在冻土路基稳定性评价方面提供了模型和程序开发支持；李金平博士和穆柯博士提供了多年冻土区长期病害调查分析结果；朱东鹏博士在道路病害预警方面提供了计算模型和分析结果。此外，中国科学院寒区旱区环境与工程研究所的相关研究成果为本书提供了有益的借鉴，在此一并表示衷心的感谢！

作　者

目 录

第 1 章

绪 论

冻土一般是指温度在0℃或0℃以下,并含有冰的各种岩土。按岩土冻结状态保持时间的长短,冻土可分为多年冻土与季节冻土,冻结数年至数万年以上的称为多年冻土。从冻土发育的空间位置来看,多年冻土又可以分为高纬度多年冻土和高海拔多年冻土。世界上包含季节冻土区在内的冻土面积约占陆地面积的70%,其中多年冻土分布面积3.5×10^7 km^2,占陆地面积的25%,主要分布在北半球,包括欧亚大陆的西伯利亚和北美大陆的阿拉斯加及加拿大广阔地区的多年冻土,约占全球多年冻土总面积的63%。我国作为世界第三冻土大国,多年冻土分布广阔,总面积约215万km^2,约占世界多年冻土分布总面积的10%,约占我国国土总面积的22.4%,主要分布于青藏高原、西部高山和东北大小兴安岭等地区。其中青藏高原多年冻土区是世界上中、低纬度地带面积最广、厚度最大的多年冻土区,其面积约150万km^2,占我国多年冻土区总面积的70%。青藏高原多年冻土区气候环境恶劣,平均海拔4 000 m以上,年辐射总量6 700~9 200 MJ/m^2。恶劣的气候环境、复杂多变的地质条件,再加上高原多年冻土对温度的依赖性及热不稳定性等特性,给青藏高原多年冻土区公路的修筑和安全运营带来了很大的挑战和安全隐患。

1.1 冻土工程研究进展

1.1.1 国外冻土工程研究进展

地球上多年冻土、季节冻土和瞬时冻土区的面积约占陆地面积的70%,广阔的冻土区蕴藏着丰富的矿藏、森林和土地资源。20世纪早期美国、苏联、加拿大等国加紧开发北极和近北极地区的石油和天然气,修筑公路、铁路、天然气输油管线等,拉开了人类大规模开发寒冷地区的序幕。苏联为开发西伯利亚,在20世纪30年代就率先开始了冻土问题的研究。直至20世纪90年代,苏联有大量的科研人员在从事冻土研究,建立了工程冻土学、冻土物理力学、普通冻土学等学科体系和框架,也解决了大量寒区道路工程、水利工程及工业与民用建筑等工程问题,制定了一系列寒区冻土工程的勘测、设计和施工规范。20世纪90年代以后,随着苏联解体,由于研究经费问题,大量从事冻土研究的科学家分别前往美国、加拿大,以及欧洲各国,极大地提升了这些国家的冻土研究能力,使国际冻土研究呈现出多元化。但由于科研人员流失和研究经费不足问题,削弱了俄罗斯冻土研究能力,甚至出现了较长时段的冻土研究停滞。西伯利亚-太平洋管道系统(全长4 200 km,第一期)的组织和实施大力推动了冻土和寒区工程研究,同时俄罗斯对于能源战略的重视,也带动了寒区油气开发和基础建设。俄罗斯众多、庞大、长期(很多超过65年)的冻土监测网络和研究力量为俄罗斯作为世界第一冻土工程、理论和人才大国的地位奠定了坚实基础。杰出冻土学家和经典专著层出不穷。虽然目前经费较为困难,自20世纪90年代以来仍然出版了多部冻土学和寒区工程的总结性、实用性的经典著作。目前俄罗斯冻土研究已从利用历史资料和数据提高认识阶段,发展到了开展大量工程建设和实践应用阶段,如冻土区输油、气管线工程,铁路工程等。同时在多年冻土与气候变化和生态环境、多年冻土区天然气水合物、冻土力学等方面进行大量的研究工作。

作为世界第二大冻土国家,加拿大开展了大量的冻土研究。早在 20 世纪 40 年代中期就已开始冻土研究,主要着眼于冻土区域的自然和工程研究,特别是寒区矿山工程,油气、水合物和油页岩(重油砂)勘探和开发、储运工程,工民建筑,如机场道路、大陆架和冻土区石油钻井平台、水合物开采等,以及土地利用等方面的研究较为深入。编写了一系列多年冻土区建筑和工程实践的国家规范、暂规、手册和指导性文件,基本形成了一套针对加拿大北部地区多年冻土区工程建筑物的设计和施工的研究体系。20 世纪 80 年代中期以后,冻土工程研究由于诺曼(Norman)输油管线的建设而主要开展多年冻土区输油管线工程的设计和施工及工程活动对冻土环境和生态环境的影响研究,出版有多部经典冻土学和寒区工程专著,为冻土学界所广泛引用,并为工程部门所应用,产生了巨大的社会经济效益。近几年开展的研究工作主要是区域冻土分布、气候变化和多年冻土响应,多年冻土区斜坡稳定性、多年冻土区天然气水合物,以及马更歇谷地和三角洲油气开发和储运、艾伯塔省北部等重油砂开发利用和环保问题等方面的研究工作。冻土工程研究基本已从管线和多年冻土相互作用关系研究方面发展到寒区道路工程等试验、冻害整治和处理技术等研究上。

为了解决在第二次世界大战期间寒区军事建设中遇到的冻土问题,美国于 1944 年在加拿大等国的协助下开始对冻土问题进行研究,陆续成立了雪冰多年冻土研究部门和冻结效应与多年冻土研究部门,主要开展寒区和多年冻土区的机场、道路和工程结构物的设计和施工方面的研究。1961 年在上述两个部门的基础上成立了陆军部寒区研究和工程实验室(CRREL),主要开展寒区工程设计与施工研究、雪冰工程及寒区设备研制等,参与了阿拉斯加输油管线的工程设计和施工,大量开展极地海冰工程和南极考察、制图、冻土和冰工程研究。该实验室提出了一系列适合美国寒区工程构筑物的设计和施工方法,并出版了大量的寒区工程和冻土学的专著和报告,具有极高的学术价值。与此同时,美国海军部在阿拉斯加的巴罗成立海军北极研究实验室(NARL),取得了举世瞩目的冻土学和寒区工程研究成就,如北坡地区油气开发项目和普拉德霍湾油气田的发现和开发利用(NPR-A),DEWline(远程早期雷达预警系统)、机场和道路。又如,由 A.H. Lachenbruch 由深层(>650 m)冻土温度长期(>10 年)观测反演提出的 20 世纪气候变暖 2~4℃的论断(1986 年发表在 *Science*),启动了国际气候变化研究的热潮。当时很多大学,如华盛顿大学(西雅图)、亚利桑那大学、斯坦福大学等都有冻土研究小组。随着冷战结束,CRREL 和 NARL 解散,冻土研究的重点转到阿拉斯加、科罗拉多等有多年冻土的地区。随着国际气候变化研究计划的实施,美国相继开始多年冻土与气候变化、生态环境、水循环、雪冰工程等问题的研究。环保条例日趋苛刻,冻土区大型工程建设项目已经基本不可能。因此冻土学研究规模缩小,主要侧重冻土与气候变化、海岸带侵蚀及寒区环境和建筑稳定性等。冻土工程的研究也多针对具体的小型工程和技术来展开，冻土工程研究仅局限在少数一些土木工程师（非冻土专业）开展研究工作，各种工程理论试验也仅局限在小范围的试验中，仅有少部分人员从事冻土物理和力学性质研究。2006年以来，美国和加拿大为了缓解油气供应不足和多元化战略，同时应对金融危机，正在紧张进行北极输气管道工程（Arctic Gas Line，或称 Denali 计划）的前期研究和设计工作。该项目预计投资4 000亿美元，已经在2008年给 TransCanada 公司2亿美元的前期冻土研究和勘察经费。另外，自2005年开始，针对搁置多年的北美大铁路（从阿拉斯加中南部穿越加拿大西部到美国西海岸和中部）启动了包括冻土和寒区工程在内的新的研究项目。

除此之外，其他一些国家也在相继开展冻土学研究，比如德国、挪威、日本、瑞士、蒙古等国，也取得了一定的研究进展，但大多局限于冻土环境与全球气候变化相互关系等方面的研究。冻土工程研究仅局限于小范围的预防和治理性研究工作。

尽管各冻土大国对于冻土工程先后开展了大量研究工作，但目前世界上一些比较著名的冻土区工程仍然存在高病害率的问题。国外在冻土学、冻土工程理论及多年冻土与工程相互作用关系方面，结合本国环境和工程特点均取得了长足的进展，但由于各国具体条件限制，均没有大面积建设高等级沥青公路的经验，也使得各国学者和冻土工程技术人员在多年冻土地区修筑高等级沥青公路的技术和相关理论的研究方面较少涉及。

1.1.2 国内冻土工程研究进展

我国属于第三冻土大国，近40年来在寒区开展了大量的工程和经济开发活动，如青藏公路、青藏铁路、格尔木—拉萨输油管线和通信光缆，西部大开发西气东输工程、水利建设，大兴安岭林区黄金开采、修筑公路和铁路等，寒区开发活动日益频繁。我国冻土研究始于20世纪50年代，在冻土工程国家重点实验室成立以前，由于寒区季节冻土水利工程和道路工程建设需要，国内有数十家科研机构、设计院在开展冻土研究。随着产业部门科研院所体制调整，我国冻土研究人员数量在逐渐减少，冻土研究结构发生了较大变化，产业部门研究所直接面向市场。但我国冻土工程的研究基本上是沿青藏公路开展的。继1954年7月修建青康公路第一次遇到高原冻土后，1956年在青藏公路第一次改建工程中又多处发现多年冻土，之后1973—1999年对在多年冻土地区修筑沥青路面的有关技术开展了三期研究。公路冻土勘察资料、研究成果等对2001年6月开工建设的青藏铁路起到了极大的指导作用。

2002年7月，交通部立项开展“多年冻土地区公路修筑成套技术研究”。研究分析了我国多年冻土分布特征及其与公路的相互作用，提出了针对公路的多年冻土区划及分类，建立并验证了冻土路基水热力三场耦合的理论模型，阐明了冻土路基病害作用机理，在总结最小填土高度的基础上提出了路基合理高度，并系统研究了特殊路基结构的稳定性，改进了路基设计方法；研究了高原气候条件下沥青路面基层、面层材料性能，提出评价指标及配合比设计方法，总结推荐了合理路面结构及设计和施工技术，分析了水泥混凝土路面的适用性；研究得出了多年冻土的钻孔灌注桩回冻时间及承载力、桩周冻土融化与桩侧冻结力和桩底反力的关系；建立了青藏高原多年冻土地区公路建设项目生态环境影响指标体系，得到了青藏公路沿线人工植被恢复、水土流失规律；研究改进了冻土钻探工艺和设备，并提出了综合勘察技术；研究提出了公路Ⅱ区三级自然区划方案；研究掌握了高原缺氧环境下作业人员患病规律与机理及测试技术，并制定了相应的对策。成套技术研究成果总体达到国际领先水平。以此项目为依托集成的"多年冻土青藏公路建设与养护技术"获 2008 年度国家科技进步一等奖。

近十年来，交通运输部已先后组织或支持开展了 20 多个有关高海拔地区公路修筑技术项目的研究。

2006 年立项"青藏公路改建技术研究及应用示范"，推广应用路基、路面、桥涵、环境等技术成果；2008 年立项"多年冻土地区桥涵工程技术研究与应用示范"，在黑龙江推广应用桥涵工程研究成果。以上成果主要以二级公路改建为主，对线位选择、原地基变形与控制技术、路基路面防排水、隧道等均没有开展深入研究。特殊路基结构、路面结构与材料、桥涵设计等其他成果在高速公路建设中应用还有很多的局限性，应根据高速公路等级及其要求进行补充、完善、验证与创新研究。2007 年立项"青藏高原冻土地区公路修筑技术基础平台研究"，汇总分析了青藏公路多年研究数据与成果，建立了科研数据库与分析平台，为青藏高速公路建设技术研究奠定了良好的数据基础。从 2011 年至今，交通运输部针对多年冻土区高等级公路的科学建设问题，支持开展了"多年冻土尺度效应研究""青藏高原工程活动与自然地理环境相互作用研究""青藏高原高等级公路冻土环境效应及建设关键技术研究"等相关应用基础性、前瞻性预研究工作，有计划、有步骤地为高海拔高寒地区高速公路建设关键技术研究提供了支撑。

2014 年国家科技支撑计划项目"高寒高海拔地区高速公路建设技术"，针对高海拔高寒地区高速公路"宽厚黑"的显著热学特征引发的多年冻土与工程相互作用的独特科学与技术难题，通过系统总结、现场勘察、数值仿真、暴露试验、工程验证和工程示范等手段，系统研究并提出了高海拔高寒地区高速公路建设技术，并进行工程示范，内容涵盖公路冻土工程尺度效应理论、大尺度公路冻土工程设计方法、低温缺氧环境下高速公路关键指标与标准、大尺度冻土路基稳定技术、高等级路面材料与结构、桥梁与隧道冻融灾变防控技术、建设环境保护技术、工程构筑物监测与病害预警技术八个方面。

依托一般等级公路工程建设开展的研究，几十年来积累了一套较为完善的冻土工程地质勘测体系、冻土和工程稳定性监测方法、路基设计思路和方法及冷却路基新思路。使我国冻土工程研究从过去模仿和学习国外的方法、思路转变为用自己的一套思路、方法和设计理念来确保多年冻土区工程稳定性，从而进一步奠定了我国冻土工程研究的国际领先地位。

总结我国在寒区气候、环境及冻土工程方面的研究工作，在以下方面取得了重要成就：基本上查明了我国多年冻土的分布，根据地温、含冰量和融沉特性制定了多年冻土区划；形成了我国冻土工程研究的基本理论框架；初步建立了寒区气候、工程与多年冻土的相互作用研究方法，提出了道路工程设计、环境对策的原则与方法；建立了青藏高原多年冻土区气候和冻土监测网，为冻土研究和工程活动奠定了坚实的基础；低纬度、高海拔地区多年冻土的研究在国际冻土工程研究中占据着十分重要的地位。

1.2 多年冻土公路工程稳定性评价及处治技术概况

1.2.1 青藏高原工程走廊冻土灾害评价

苏联、加拿大等国早在20世纪40年代中期就已开始冻土研究，主要着眼于冻土区域的自然和工程研究，编写了一系列多年冻土区建筑和工程实践的国家规范、暂规、手册和指导性文件，基本形成了一套针对高纬度多年冻土区工程建筑物的设计和施工的研究体系。但这些地区的多年冻土处于高纬度地区，气候条件及多年冻土与我国青藏高原冻土存在显著差异，并突出体现在对于冻土稳定性的地温划分标准不同。因此国外对于冻土区规划等成果不能应用于青藏高原。

1954年横贯青藏高原的青藏公路通车，青藏高原冻土引起了各方关注。1956年铁道部开始青藏铁路勘测，对沿线的冻土问题做了初步了解。20世纪70—80年代，由中国科学院、铁道部、交通部等部门联合开展的青藏铁路前期工作、青藏公路修建等与工程实践紧密相关的科研工作，初步形成了我国寒区冻土道路工程研究的基本框架。1983年出版了青藏公路沿线多年冻土图（1∶60万），1988年编制了中国雪、冰、冻土图（1∶400万），1996年出版了青藏高原冻土图（1∶300万），这些成果为青藏高原冻土研究及冻土工程建设提供了基础资料。

20世纪90年代，应用地质雷达、地理信息系统、计算机辅助设计等新手段，对青藏公路沿线多年冻土与人类工程活动间的相互关系进行了系统研究，在路基下多年冻土的融化深度、多年冻土顶板埋深、厚层地下冰在垂直与水平方向的分布规律、沥青路面多年作用下的温度场分布及其变化趋势、不同冻土类型与路基之间的相互作用及适应性等方面取得了突破性进展，形成了一套较为完善的冻土工程地质勘测体系、冻土和工程稳定性监测方法，并逐步形成了综合含冰特征和年平均地温的冻土区公路冻土区划标准及关于合理路基高度等工程原则。针对工程需要，建立了多年冻土工程分类，对青藏公路沿线多年冻土的热状况及沿线的冻胀丘、融区进行了描述。1993—1996年间，编绘出了青藏公路多年冻土地区（全长750 km）1∶5 000的冻土工程地质纵断面图和平面网、1∶50 000的多年冻土工程地质纵断面图；1997—1999年间，在三次大量野外勘测工作的基础上，再次编绘了1∶5 000（全区不良工程地质地段）、1∶10 000（公路沿线大片连续多年冻土及岛状冻土地区）、1∶50 000（整个青藏公路多年冻土地区750 km）三种类型的冻土工程地质纵断面图；在AutoCAD14平台下开发了一套完整的地质图例，将1997—1999年完成的工程地质图全部在计算机上利用CAD软件绘制，建立了完整的、系统的冻土工程地质图库、钻孔柱状图库，编写了详细的冻土工程地质研究报告，为工程设计部门在网络上调用和青藏公路数据库的建立打下了良好的基础。

随着工程建设对多年冻土地质环境的扰动日趋剧烈，研究工作也开始注意由冻融灾害引起的不良地质现象，尤其是高温、高寒冰量冻土斜坡地带工程热扰动带来的工程灾害问题开始受到关注。20 世纪 90 年代末期，我国针对路基稳定性问题开展了青藏公路、青康公路工程的调查及冻融灾害的定量模拟和类型划分，揭示路基冻融灾害病害机理，并建立了评价多年冻土热融蚀敏感性定量评价模型，通过青藏公路沿线地温监测资料，用定量评价模型分析工程活动对多年冻土环境影响的敏感性变化。

1999 年先后对青藏公路、青康公路工程的冻融灾害进行了系统调查，先后开展了公路工程冻融灾害的定量模拟和类型划分，揭示了公路工程冻融灾害形成机理。但由于工程建设和运营维护的需要，上述工作主要围绕路基工程影响和工程稳定性方面开展研究，冻土环境与灾害的研究作为工程地质环境的一部分，重视的主要指标是路基温度场的变化和多年冻土地温的发展状况，而对沿线或代表性区域融沉灾害的发育过程、评价和预测方面缺乏系统性和典型性。

针对青藏铁路建设，1998 年中国科学院原兰州冰川冻土研究所与铁路部门进行了青藏铁路预可研工作，明确了修建青藏铁路的可行性，并指出铁路修建的关键核心问题是高温多年冻土地区路基稳定性问题。2001 年与铁路等部门一道，制定了《青藏铁路冻土勘察暂规》《青藏铁路冻土路基设计暂规》等临时性指导文件。2006 年青藏铁路建成通车后，为维护路基长期稳定性，先后开展了沿线次生冻融灾害及工程病害调查研究。近年来结合多年冻土地温、含冰量、地表植被覆盖度、土层等要素，进行了工程走廊内有限区段的热融敏感性研究，并基于 GIS 平台形成了热融滑塌、热融湖塘敏感性区划图。

随着全球气候变暖及人类活动的不断加剧所导致的多年冻土退化，对多年冻土区热融灾害防治提出了新的挑战。当然，多年冻土分布模型研究中涉及影响冻土发育的各方面因素，如经验统计模型、遥感影像判译、冻土物理模型等，但冻土模型因尺度、判译标准、热-力耦合过程等原因，并不能解决冻土退化及热融灾害发育、发展及其预测与评价的问题。针对目前气候变化和多年冻土热融灾害的研究目标和现状，今后冻土分布、状况评估、热融灾害的研究将趋于区域化和具体化，并强调工程实践的可行性，建立区域长期监测系统，尤其监测冰冻圈环境变化指标，加强环境、生态、水文和土地利用模型间的结合研究，绘制详细的冻土分布、灾害分布和危险性评价图件，加强土地利用和资源开发的可持续性分析，为区域工程和资源开发、环境协调发展提供支撑。

青藏高原多年冻土地处中低纬度、高海拔地区，与中高纬度、低海拔多年冻土相比，具有多年冻土厚度薄、地温高和太阳辐射强等特点，这些特点导致了高原多年冻土变化的特殊性，也导致了高原冻土工程的复杂性。但是从目前国际研究现状来看，基本上是单一冻土工程的研究，而且与冻土环境间相互作用研究很不系统，虽然亦考虑了全球气候变暖的影响，但人类工程活动的强烈影响仅限于局部研究，而未真正开展深入、系统的研究，尤其是未从全面考虑冻土构筑物群间的相互影响过程的角度进行研究。目前，青藏高速公路已经列入我国国民经济建设的远景规划，在建设期间不仅将会遇到很多世界性的技术难题，并将面临冻土现状、退化趋势及其过程中的地质灾害问题，这些工作在工程规划中的意义都十分显著。但已有的工程冻土评估体系、工程规划和建设原则都是针对较低等级公路和公路稳定性问题所制定的，面对冻土区大尺度高速公路规划、在布局中所面临的新问题，这些成果仅能起到一定的借鉴作用，有待开展冻土评估与预测，热融灾害评价、预测理论和方法的研究。

1.2.2 冻土路基变形稳定性评价

为了保证道路通畅，冻土路基在满足热稳定性要求的同时，道路路基的变形也必须满足设计规范要求。路基的热稳定性是冻土区路基稳定的必要条件，而结构稳定性是冻土路基稳定的充分条件。因此对冻土路基结构稳定性的研究是冻土路基稳定性研究的重中之重。冻土路基结构稳定性主要反映在路基变形量的大小及其对路面平整度的影响，路基失稳主要是指冻土路基在道路运营过程及路基设计使用年限内，产生了超过路基容许变形的沉降量。

许多学者努力试图解决冻土路基的变形预测和预报问题。最初的研究学者主要提出了一些便于工程应用的经验和半经验预测公式，喻文学等(1986)和吴紫汪等(1989)通过对青藏公路长期变形观测资料的整理、分析，提出了冻土路基沉降变形计算的经验公式。随着研究的深入和细化，研究者又将变形分为四个部分，分别为路堤填土的压密变形，季节活动层的压密变形，多年冻土的融沉、压缩变形和高温冻土的压缩(蠕变)变形，并对各部分变形组成展开了大量研究，给出了各部分变形的计算参数和计算方法(陈肖柏等，1981；吴紫汪等，1981；崔成汗等，1982；朱元林等，1983；程恩远等，1989；何平等，2003)。将以上若干部分变形线性叠加，即可得到总的冻土路基沉降变形。

路堤填土的压密变形主要与填料成分及压密程度有关，而季节融化层的压密变形主要取决于季节融化层的岩性及物理性质。对于这两项变形，通常在路基修筑后的短期内完成，对路基稳定性影响不大。故多年冻土区路基的此种变形通常按常规土力学方法处理。

多年冻土的融沉变形主要取决于路堤高度与多年冻土的含冰量情况。在相同冻土条件下，路基变形量随路堤高度的增加而减小；在相同路堤高度条件下，路基变形量随多年冻土含冰量的增加而增大。对多年冻土区路基的变形而言，融沉变形始终是占第一位的。所以对于多年冻土的融沉变形，国内外研究学者(陈肖柏，1981；吴紫汪等，1981；朱元林等，1978；朱元林等，1982；朱元林等，1983；崔托维奇，1985)通过大量试验，研究了各种土体的融沉系数与融化层厚度、外荷载强度、土体干容重及含水量之间的关系。除此之外，研究学者对冻土的融沉变形特性也进行了非常广泛的研究，并对融沉系数及压缩系数的确定方法开展了深入探讨(U. Luscher et al, 1973; W.S. Smith et al, 1973; F. Crory, 1973; C. L. Vita, 1983; R.A. Nelson et al, 1983; A. J. Hanna, 1983；程恩远等，1989；何平等，2003)。目前对多年冻土融沉变形的研究相对比较充分。

高温冻土的压缩(蠕变)变形主要取决于高温冻土的压缩系数、受力状态及可压缩土层的厚度。国内外研究学者对高温冻土的压缩(蠕变)特性也进行了一定研究。朱元林等

(1982)对青藏高原风火山亚黏土及兰州中砂在冻结(-0.3～-7.0℃)状态下的压缩性进行了试验研究,结果表明:温度是影响冻土压缩系数的主要因素,冻土的相对压缩系数随温度的升高而增大。特别值得注意的是,无论对冻结黏性土还是冻结砂土,压缩系数随温度的变化在"高温"区间(0～-1.0℃)非常剧烈,即使负温的微小变化也会引起压缩系数的大幅度变化,高温冻土具有很强的压缩性。吴紫汪等(1983)通过大量的试验研究发现,水分对冻土的流变性具有重要的影响。冻土蠕变一般有衰减型和非衰减型两种,除应力大小的影响外,水分含量是一个重要的因素。当冻土中含水(冰)量超过一定数量时,即使在较小荷载下亦属非衰减型蠕变。喻文学等(1986)指出,即使在路基下多年冻土上限位置保持不变的情况下,地温年变化深度范围内的多年冻土层也会因路堤填土及行车荷载的作用而产生较大的压缩变形。

从目前研究成果来看,对于冻土路基变形的理论计算进行了大量研究,大部分成果集中于路基变形的经验公式计算和计算参数变化规律方面,没有对冻土路基变形的传递规律、影响因素、随运营期的变化规律进行研究,对冻土路基变形与工程结构稳定性的关系及对道路设计养护的影响更较少涉及。

1.2.3 冻土路基稳定技术

综观国内外对多年冻土路基工程稳定技术的研究,主要围绕减少路基吸热量、阻止冻土退化、保护冻土的主旨目标,从热传导、热辐射和对流换热三个方面出发,建立和提出了一系列多年冻土路基稳定性保护技术措施。研究成果从被动保护冻土(增高路堤、铺设保温隔热材料等)和主动冷却路基(布设热棒、在路基体中增设片块石层、通风管等)两方面出发,对多年冻土路基稳定性技术开展研究。从开始对冻土路基单一技术措施的研究,逐步扩展到目前对单一措施进行优势互补的复合技术措施,如热棒-XPS板、热棒-片块石、片块石-通风管等。近年来,在对传统技术进行创新性改进的基础上,提出了一些新型技术措施,如空心块护坡、发卡式热棒-XPS板复合路基、透壁式通风管等。

1.2.3.1 被动保护冻土技术

在青藏公路第三期研究(1985—1999年)期间,吴紫汪和李东庆等研究人员基于增加热阻的原则提出了路基设计合理高度的概念。目前针对二级公路一般填土路基的临界高度、合理高度及其设计方法等的研究已较为成熟。

基于同样的原理,保温材料被埋设于路基中以保护冻土,其应用与冻土工程的历史已逾50年。20世纪50年代,挪威已开始尝试保温材料在冻土区路基工程中的应用;20世纪70年代起,苏联、日本、美国、加拿大等国开始用聚苯乙烯(EPS)作为路基保温材料;20世纪70年代中期,我国在青藏高原风火山地区首次开展保温材料对路基稳定性影响的试验研究;1992年,在青藏公路昆仑山越岭地段将保温材料铺设于实体道路工程进行试验研究。之后,中交第一公路勘察设计研究院、中国科学院寒旱所在青藏公路、青康公路等对分别铺设不同保温隔热材料(PU 板、EPS 板、XPS 板)的隔热层路基开展实体工程研究,通过研究得出,在多年冻土区路基中的各类保温层对于保护下伏多年冻土均具有积极的效果和作用,并且可以大大减少路基填土量。

1.2.3.2 主动保护冻土技术

目前多年冻土地区已有保护冻土路基稳定工程技术主要采用的有以下几种:

1) 块(碎)石路基

片块石类路基在冻土保护方面的研究和应用在国内外都有很多尝试。19 世纪 70 年代,苏联针对贝阿铁路干线采用保温护道工程效果不理想的情况下进行了块石路堤护坡试验,试验结果表明,块石护坡可以有效降低路基和基底冻土地温,提高路基稳定性。在国内青藏铁路建设中,片块石类路基在保护冻土方面也取得了良好的效果。孙志忠等根据青藏铁路抛石护坡试验路的野外观测结果,对两种石层下地温状况进行了研究,结果表明,暖季粒径为 5~8 cm 的碎石层的热屏蔽作用要好于块石层,而冷季粒径为 40~50 cm 的块石层对流作用要强于碎石层。关于片块石在宽幅冻土路基中的应用,中交第一公路勘察设计研究院通过数值模拟的方法对块石通风路基的工作原理进行了阐释,研究指出块碎石夹层的自然对流从路堤边坡开始形成,随路面温度的不断下降向路堤中间区域发展。在路堤中间区域形成自然对流的雷诺数(≈37.9)明显大于在路堤靠近边坡区域形成自然对流的雷诺数(≈4.5)。也就是说,当普通公路变为宽幅公路后,路面宽度大幅增加,在保持块石层合理厚度的前提下,路堤中间区域将很难出现自然对流,对土体发挥降温作用也将减弱。近年来随着全球气候变暖,冻土退化加剧,高温不稳定冻土的区域和范围逐年增加,而青藏高速公路的修筑要穿越大范围高温不稳定冻土区,在高温不稳定冻土区域内宽幅路基条件下使用单一片块石路基,由于路基宽幅增大带来的"聚热效应",单一片块石路基将恐怕很难对路基下伏多年冻土起到保护作用。

综上所述,关于片块石路基在多年冻土区二级及以下公路路基下使用状况相对良好,取得了一系列的研究成果,提出了青藏公路(二级公路)片块石路基的合理设计参数。但关于片块石路基在宽幅冻土路基中的设计和适用性,目前研究还处于初步阶段和感性认识阶段,对宽幅路基下片块石路基的研究目前还仅限于采用数值模拟分析的方法对片块石通风路基的降温效能和机理进行分析。在宽幅路基下,由于路基宽度增大带来的"聚热效应",采用单一片块石路基能否对路基下伏多年冻土起到很好的保护作用,宽幅路基下片块石的降温效能如何及宽幅路基下片块石层的合理厚度、粒径、孔隙率等都尚需开展大量的研究和进一步的实践验证。而且前期提出的片块石路基片块石层的压实度、孔隙率等控制指标在施工中如何控制和检测都是尚未解决的难题。

2) 通风管路基

在国内,青藏铁路建设初期,通过室内模型试验,初步确定了管道通风路基对于下伏多年冻土的保护作用。2002 年在青藏高原北麓河建设了实体试验工程,研究表明,通风管可以通过有效降低路基填土的温度，降低下伏多年冻土的温度。监测数据还表明，通风管埋设位置对保护路基下冻土有一定影响，路基中埋设位置较深的通风管能够明显降低下部冻土温度。

目前国内外应用的通风管路基都集中在二级及以下低等级公路上，在高速宽幅路基中还未开展，通风管路基在高速公路宽幅路基中的适用性还有待研究。在高速公路中，由于路基宽幅大幅度增加，路基内通风管长度增加，管内空气的对流作用将减弱，通风管的主动降温功能将受到影响。且在暖季由于通风管长度，对流作用减弱，热空气进入后很难排除，造成路基吸热量增加。因此对高速公路宽幅路基中通风管路基的降温效能及宽幅路基下通风管孔径等设计参数的改进和研究还有大量的工作需要开展。而且通风管路基还存在受风向等外界因素影响较大、破坏后难以修复等问题，这对于运营期相对较长的高标准高速公路来说，是其推广应用的一大障碍。要解决这些问题，还需要开展大量的研究工作。

3）热棒路基

自 20 世纪 50 年代末期以来，热棒广泛应用于工业与民用建筑、公路、铁路、机场跑道、输油管线、输电杆塔、水工大坝等工程，成为多年冻土区解决冻土地基基础工程中热工问题的强有力技术之一。

我国热棒应用于工程方面的技术研究始于 20 世纪 70 年代初。1989 年，中交第一公路勘察设计研究院在青藏公路 K3018+616（可可西里山区）涵洞进出口安装 8 根热棒，首次将热棒应用于多年冻土地区工程实践中；安装 4 年后进行使用效果观测分析，洞身冻土上限抬升 0.31～0.5 m，天然地表至 3.5 m 深处年平均地温降幅 -1.26℃，效果明显。2002 年，中交第一公路勘察设计研究院在青藏公路楚玛尔河高平原区段布设了 5.6 km 共计 1 766根热棒试验段，开展了热棒路基的研究，分析了热棒的工作状态和路基冷却效果。2005 年，在青藏铁路冻土区路基工程补强设计中布设了 30.38 km 热棒措施路段，观测结果表明，采用热棒措施的路基，多年冻土上限最大抬升量超过 1.5 m，冻土路基的冻胀融沉变形也均在容许范围以内。

1.2.3.3 复合措施及新型稳定技术

目前国内外在复合工程措施方面开展了一定深度的研究工作。段东明和温智等分别对热棒-保温板复合措施进行了数值模拟分析，结果表明，在年平均气温为 -3.5℃ 或地表平均温度为 -1℃ 的地区，在青藏铁路 50 年的使用期内，采用单一措施将不能提供足够的保护力度，路基下伏多年冻土层都将发生融化，路基将产生较大的融沉变形；而采用热棒-保温板复合结构，能充分利用保温板和热棒两种措施的优点，更好地保护多年冻土。张坤、董元宏等对通风管-片块石复合路基开展了现场观测和数值模拟分析，实测结果表明，块石层较低的导热性削弱了外界进入多年冻土层的热量，通风管将外界空气引入路基中部，在此形成了一个温度较路基顶面更低的温度边界，有利于下部冻土释放热量；而数值模拟分析表明，采用单一块石措施在宽幅路基条件下适用性不佳，保护效果有限，而使用通风管-片块石复合措施能增强块石层的自然对流效应,使得冻土层经受住了沥青路面的高吸热性和全球气温升高的共同影响。

1.3 多年冻土区道路工程发展趋势

在当前国际冻土研究的重点方面,美国、加拿大,以及北欧一些国家主要注重于冻土环境及气候、环境响应研究,俄罗斯在开展环境研究的同时也还在开展一些关于冻土力学和工程的研究。我国冻土研究以冻土工程为主,为解决工程问题相应开展了大量的冻土物理、力学等研究,并在逐步开展气候环境与工程相互作用的研究。可以认为,由于我国经济发展水平和寒区气候与自然条件特色所影响,我国寒区或冻土研究在以环境与工程、基础理论与工程技术并重的方向发展,形成了我国寒区研究的特色。今后高海拔高寒地区道路工程的科学建养与安全运营需要综合考虑青藏高原高寒缺氧、多年冻土、生态脆弱等工程致灾环境的耦合作用的复杂性,面对现有理论与技术成果无法满足支撑保障需求的现状,着眼于整个青藏工程走廊带冻土环境的时空演化及其风险预估,将不同尺度的道路工程结构潜在孕灾环境、灾变机理与预防性防护体系作为整体研究对象,从而提出更加科学合理的技术途径,解决高寒高海拔地区道路工程安全与健康方面的重大技术问题。

随着道路建设形式从一般道路到高等级道路的转变,人们对道路的需求也从通达到安全高效逐渐深入,现有的研究成果难以满足高寒高海拔地区道路工程安全与健康的建养需求,主要体现在以下几点:

(1) 现有成果无应用于高速公路的直接经验,难以满足快速高效周转的运输需求。现有研究成果主要针对二级及以下等级公路和青藏铁路,而高速公路对公路线位、线形指标、路基路面变形、桥隧耐久性等有着更高的技术要求和控制标准。因此依据高速公路技术标准开展道路工程建设与养护技术的研究还有大量的工作要做。

(2) 现有成果注重单一道路工程本身,基于"治理"而非"预防"的思路难以适应当前全寿命周期建养的创新理念。目前青藏高原冻土区道路工程研究对象主要是铁路和二级以下公路。当前研究关注的对象基本只是单一道路工程本身,而对整个走廊带内各工程构筑物之间、工程与环境之间相互影响的研究不系统。由于历史原因,青藏公路修筑前期未开展技术研究,导致其后几十年运营期间不断发生各种冻土病害,因此青藏高原多年冻土区已有研究成果大多是在基于多年冻土区已有旧路(二级及以下公路)整治改建和病害治理等方面开展的,研究出发点是"治理"而非"预防"道路病害,因此将成果直接用于新建高等级公路还存在许多不确定性。另外,青藏高原几十年的冻土公路工程研究主要研究范围集中在青藏高原多年冻土区公路病害路段,研究目的是解决局部公路病害问题和短期内寿命问题,而未综合考虑整个路线范围内冻土环境等全局影响及公路整个运营期的全寿命问题。

第 2 章

多年冻土地区路基病害及其原因

我国在多年冻土地区修筑了大量的公路工程，仅青海省境内的青藏公路、G214 公路、G227 公路、S308 公路等穿越高原多年冻土地区就达千余千米。调查表明，这些在多年冻土地区修筑的公路工程路基路面病害频发，且部分路段公路病害非常严重。采用现场公路病害调查是研究多年冻土地区公路病害类型、病害特征的前提和基础，没有大量的病害调查就无法对多年冻土地区公路病害产生明确的认识，也就不能抓住多年冻土地区公路病害中所存在的主要病害类型，发现多年冻土地区公路病害的特征和发生规律，自然也就不能有效针对主要病害开展病害成因和机理分析，当然也就无法正确评价多年冻土地区公路病害，并提出有效的病害防治措施。

本章在青藏公路长期调查成果分析的基础上，从以下几方面对多年冻土地区公路病害类型、特征及成因进行了系统分析，为多年冻土路基病害机理分析和评价提供支撑。

2.1 多年冻土工程地质特征

1）冻土的物理性质

青藏高原多年冻土地区受长期寒冷风化作用的影响，黏土的矿物成分主要以水云母为主，高岭土次之。冻土的总含水量与密度可以表征冻土的成因类型、发育、厚度和构造等基本特征。不同的地貌单元、岩性及地表植被发育等条件，其变化规律各具特色。就含水量平面分布来看，在大片连续多年冻土区中，高山及河谷区多为残积的碎石、沙砾石，含水量小，一般小于 10%；河谷两侧及河漫滩多为沙砾石、碎石及砾石质亚砂土，含水量一般为 20%左右；高平原及盆地平原区（如楚玛尔河、通天河、沱沱河等）多为碎石质亚砂土、亚黏土及湖相沉积的亚黏土、黏土等，冻结层上水较丰富，含水量较大，体积含冰量为 20%～60%；低山丘陵区（如风火山、可可西里、桃二九等）表层土多为亚砂土、亚黏土，土层易积水，尤其在坡积层地带，植被发育，体积含冰量一般为 30%～60%。

2）地下冰广泛分布

青藏公路沿线的地下冰广泛分布于湖相、坡积-泥流相土层中，呈分凝形式形成厚度不等的层状冰。沙砾石层中具有含量较小的砾岩状、包裹状地下冰。在冻结的基岩中，也有少量的地下冰沿基岩裂隙中分布。地下冰与土体间构成了整体状、层状、网状、砾岩状、包裹状、裂隙-脉状等冻土构造。地下冰的性状、成因类型和分布异常复杂，与地形、岩性、水分、埋藏条件、植被，以及地表面积和土体中的热交换条件及地热梯度等都有密切关系。青藏公路沿线地下冰的主要发育地带为地表以下 20 m 左右，多年冻土上限以下 0.5～3.0 m 深度内特别发育。多属于后生型冻土的地下冰，亦有一些含冰量较高的共生型地下冰。对于公路工程来说，沥青路面吸热及蒸发潜热的影响而导致多年冻土顶板水热平衡状态破坏，引起多年冻土上限变化深度也恰好在此范围。因此高原多年冻土的地下冰容易受自然和人为因素的影响而发生变化。

研究表明，松散土中，粒径为 0.05～0.002 mm 的粉黏粒是分凝冰形成的最佳粒度范围。对于细粒土而言，析冰能力依序减弱：粉质亚黏土、亚黏土、粉质亚砂土、黏土、亚砂土、粉砂。对粗粒土来说，主要取决于小于 0.05 mm 粒径的含量；对于其含量大于 15%的粗粒土，在充分饱水条件下也可形成高含冰量的冻土。

青藏公路沿线松散土体的成因类型是物质成分、水分、分布部位的综合表征，不同成因类型的土体，冻土含冰量有较大差异。在湖相沉积和坡积中，地下冰含量最高。年平均地温越低，冻土含冰量越高。在同一多年冻土地带中，自南而北，自低向高，冻土含冰量有增加的趋势。在同一地貌单元，低山丘陵区的冻土含冰量最大，特别是含土冰层的比例最多，中高山次之，河谷平原区最小。阴坡地带冻土的含冰量较阳坡大。一般坡度小于 10°的山坡地下冰发育；10°～16°的山坡地下冰发育条件较差；坡度大于 16°的山坡上一般见不到厚层地下冰；坡度大于 25°时只有裂隙冰存在。

3）冻土的融沉特性

冻土融化过程中，在自重压密作用下不断产生排水固结下沉，即冻土的融沉性。融沉过程中不仅冻土中的冰转变为水时的相变体积缩小，还产生孔隙水的消散与排泄。可见冻土的融沉性与冻土的粒度成分、含冰量、密度、孔隙水的消散条件等有密切关系。大量的现场与室内试验结果表明，不论何种土质，在允许自由排水的条件下，冻土融沉系数随冻土含水量的增加而急剧增加，随着冻土干密度的增大而减小；在相同的含水状况下，冻结粉质亚黏土、粉质黏土的融沉性最强，重黏土和细砂次之，砾石土最小。对于粗粒土来说，土中粉黏粒含量小于或等于 12%时，融沉性一般变化不大，其值均小于 3%～4%；当粉黏粒含量大于 12%时，融沉性则随粉黏粒含量的增加而急剧增大。

冻土融化后，在附加荷载压密作用下，土体体积继续产生压缩，并伴随着孔隙水的消散和排泄。冻土路基下的融化夹层在这种排水固结条件下，土体压缩下沉往往非常缓慢，滞后过程很长。所以青藏公路路基下沉表现出明显的滞后现象，多数在三年后才产生较大的变形。

融化夹层的存在实质上意味着在路基下存在一层软弱结构，这种结构层含水量大，土的固结程度小、模量小，是路基填土与多年冻土间的一种软弱夹层，当人为上限较小时，对路基的稳定性有严重的负面影响。但如果融化核这一软弱结构层增至一定的厚度时，在无条件排水固结的情况下，当人为上限增加至一定深度（上限变化对路基变形无影响）时，路基仅受大气温度变形的冻融作用（与季节冻土地区相同），这时路基就不再考虑多年冻土的影响。

2.2 多年冻土地区路基主要病害形式与特征

2.2.1 路基主要病害形式

现场调查、勘探与现场实体观测资料表明，多年冻土区的路基变形是以沉降变形为主，冻土路基下多年冻土的融化使路基产生不均匀下沉，这类热融沉陷变形占路基病害路段的80%以上。路基病害的主要表现形式为路基的横向倾斜变形，阳坡路基变形过大而引起纵向裂缝与路基开裂、纵向凹陷与波浪沉陷。路基病害主要发生在高含冰量冻土地段，究其原因是路基下地温逐年升高，地下冰融化，多年冻土上限逐年下降所致。

冻土路基变形特征与多年冻土的构造类型、多年冻土工程地质条件、年平均地温及它们在沿线的平面分布是密不可分的。多年冻土退化过程中，多年冻土融化引起的路基变形在含土冰层与饱冰厚层地下冰地段变形最大，少冰与多冰冻土最小，富冰冻土介于两者之间；不同地质条件下，以亚黏土、亚砂土等细颗粒为主的地段由于高含冰量冻土发育产生的融沉量大，导致路基变形严重，以砾石、碎石等粗颗粒为主的地段由于高含冰量冻土较难发育，融沉量小，路基相对稳定；不同年平均地温情况下，在高温多年冻土区，高含冰量的地段路基变形最大，在低温多年冻土区，路基相对稳定，路基变形量较小。由于多年冻土中含冰条件在平面和垂直方向的分布均呈不均匀性，融沉系数产生较大差异，导致路基无论是纵向还是横向亦均发生极不均匀变形。主要病害形式如下：

1）沉陷

沉陷是多年冻土地区最常见的公路路基病害（图 2－1），一般多发生在含冰量较大的黏性土路段。不均匀沉降较轻的路段主要为路基整体下沉，路面基本平整。病害多发生在多冰冻土或少冰冻土地区，或高含冰量冻土但年平均地温低于－1.5℃的多年冻土稳定区。不均匀沉降严重的路段路基局部凹陷，造成路面波浪起伏，在十几米路基范围内波峰和波谷的高差可达0.3～0.5 m，有的甚至超过0.5 m。病害主要发生在冻土年平均地温高于－1.5℃、高含冰量多年冻土区。个别地段在高含冰量冻土的迅速退化中造成几米范围内路面的高差达到0.5 m以上。病害主要发生在高含冰量多年冻土极不稳定区。

在多年冻土地区，公路工程施工完成后，在外界环境和人为工程作用的影响下，随着时间的延长与外界荷载的作用，部分路基在垂直方向上常会产生较大变形，尤其是当路基基底的多年冻土上部或路堑边坡上分布有较厚的地下冰且埋藏较浅时，在施工及通车运营过程中各种人为因素的影响下，路基下多年冻土层局部融化，上覆土层在土体自重和外力作用下产生沉陷，造成路基严重沉降变形。路基沉降变形反映在路面上的结果可分为不均匀下沉、

图 2－1 多年冻土地区路基沉陷病害

局部沉陷、整体下沉三种类型。路基整体下沉对道路的影响相对较小，路基的不均匀沉降变形、局部沉陷对道路的安全影响较大。如果在道路纵向不均匀，就会产生沿道路纵向的波浪病害，沉降量越大，波浪幅度越大，波浪波长也越长；沉降变形如果在道路横向不均匀，就易于产生路基、路面的纵向裂缝。

多年冻土地区冻土路基沉陷病害的特点主要表现为路基局部突然发生较大沉降变形和路基沉降变形周期性的持续增加。

2）路基纵向裂缝

由于路基的不均匀沉降造成沿线路基数毫米宽纵向裂缝，以及宽度为数厘米的纵向开裂；横断面方向路肩或边坡滑塌。病害主要发生在多年冻土破坏极为严重的个别地段。路基纵向裂缝是与行车方向基本平行的裂缝（图 2－2）。在多年冻土地区，路基纵向裂缝往往是由于路基下冻土融化不均匀、融化压缩变形不一致而引起。

图 2－2 多年冻土地区路基边坡开裂和纵向裂缝

路基纵向裂缝与路基下多年冻土的含冰量密切相关，随着冻土含冰量增大，路基纵向裂缝病害加剧。路基纵向裂缝产生的主要原因是多年冻土地区冻土地温变化、路基工程地质水分状态变化、路基提高加宽、阳面受热面积加大、路基施工加宽部分压实不足。其中路基阴阳面热干扰作用不同是导致路基路面纵向裂缝、路基边坡开裂与滑塌等的主要原因之一。

3）翻浆

翻浆在早期低路基、潮湿路段容易发生。在冰冻过程中，土基中水分不断向上移动聚集，引起路基冻胀，春融时，路基湿软，强度急剧降低，加上行车荷载的作用，使路面发生弹簧、冒浆等（图 2－3）。翻浆主要与路基内的水、热、土质条件密切相关。如果路基填土主要为粉土、亚黏土等细颗粒土，填土含水量较大，并且经历冻融作用，此时路面垫层就变得非常软弱，无法扩散路面传来的行车荷载，路面首先被破坏，在车辆的碾压之下，翻浆病害也随之发生。翻浆问题在季节冻土区和多年冻土地区都有可能发生，在多年冻土地区，如果大气降水对路基填土的含水量影响很小，下部多年冻土的地温和含冰状况会对翻浆产生影响，此时高温高含冰量冻土就易于导致公路翻浆的发生。

图 2－3　翻浆

2.2.2　路基病害特征

通过对多年冻土地区公路病害调查，多年冻土地区一大部分路面病害基本是由路基沉陷病害引起的，其显著的病害形式是裂缝类和沉陷类，与路面显著的病害类型沉陷、纵裂和网裂等相对应。为了能对多年冻土地区公路病害有一个更为明确的认识，根据青藏公路的病害规律，借鉴软土地区公路病害的评价标准，考虑到多年冻土地区公路病害分布的复杂性，参考吴紫汪和章金钊等青藏公路常年观测和研究结果（吴紫汪等，1988；章金钊等，1996），在以往对青藏公路沉陷病害研究经验和成果积累的基础上，制定了多年冻土地区纵裂、网裂和沉陷病害分级评价标准，主要依据在现场的工作经验基础之上适当放宽普通地区的病害分级评价标准来制定（陈继，2007），其他病害仍参照沥青路面养护技术相关规范（表 2－1）。

研究人员采用已有监测研究成果，结合现场工作经验，建立适当放宽普通地区病害分级评价标准的指标，对多年冻土地区公路病害进行分析，得出多年冻土地区公路病害的特征。

表 2-1 多年冻土地区公路病害分级标准

	轻 度	中 度	重 度	备 注
沉陷 S	$S \leqslant 0.1$ m	0.1 m$<S \leqslant$0.25 m	$S>$0.25 m	S 为沉降量，用面积来表示沉陷区域的大小
纵裂 W	$W \leqslant 0.025$ m	0.025 m$<W \leqslant$0.25 m	$W>$0.25 m	W 为裂缝宽度，用裂缝长度表示其危害范围，当同时存在几条纵向裂缝时，以最长的作为其统计的长度指标，以宽度最大的裂缝作为裂缝病害程度的依据
网裂 L	$L \leqslant 10$ cm	10 cm$<L \leqslant$30 cm	$L>$30 cm	L 为裂块边长，网状裂缝以其破坏面积来统计此类病害的范围

1）多年冻土地区公路沉陷、纵向裂缝病害占比高、病害程度严重

在多年冻土地区公路工程的修筑打破了路基下原多年冻土的水热平衡，破坏了高原冻土环境；尤其是黑色沥青路面的修筑，由于黑色路面的强吸热作用，致使路基下多年冻土上限下移，路基路面沉陷变形严重；特别是近年来随着全球气候转暖，使多年冻土地区地基条件更加严酷，加剧了冻土路基路面的破坏程度。

图 2-4、图 2-5 分别为采用表 2-1 分级标准得到的多年冻土公路主要病害类型及病害

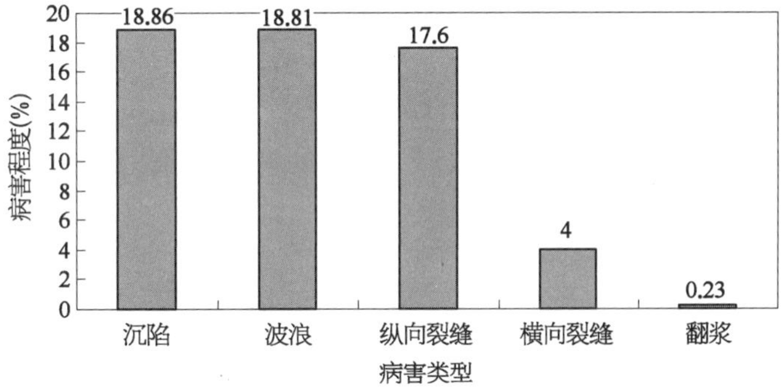

图 2-4 多年冻土地区公路病害类型及病害率（数据来源：中交第一公路勘察设计研究院 2001 年青藏公路 K2871～K3422 段病害调研资料）

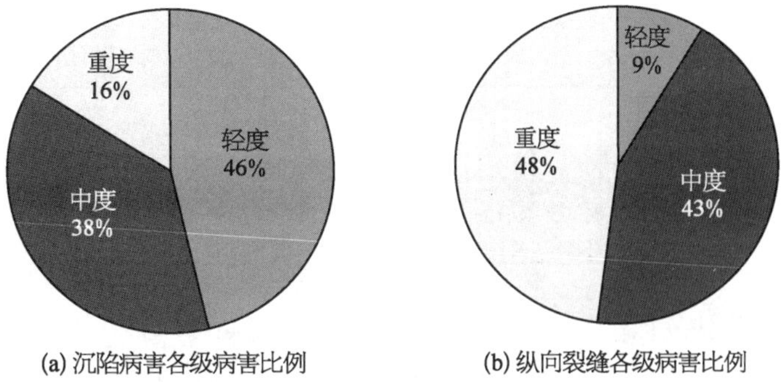

图 2-5 沉陷和纵向裂缝各级病害所占比例

率和典型病害沉陷、纵向裂缝各级病害所占比例(基础数据来源于中交第一公路勘察设计研究院2001年青藏公路病害调查资料)。由图中可以看出,在列入统计的各种病害类型中,沉陷病害、波浪病害和纵向裂缝病害均比较严重,沉陷、波浪、纵裂等病害总病害率超过了55%;横向裂缝所占比例较小,翻浆病害所占比例极小。路基严重不均匀沉陷导致路面呈现大波浪、局部扭曲,路面相对沉降量达30~60 cm;路基不均匀沉降导致的严重纵向裂缝宽度达15~40 cm,局部最大纵向裂缝宽度更是达50 cm,在裂缝病害中,中度、重度纵向裂缝病害合计占到了纵向裂缝病害率的90%,其中重度纵向裂缝病害率占到了48%。

2)多年冻土地区公路沉陷发生、发展与冻土含冰量和冻土融化速率等密切相关

研究表明,对多年冻土路基而言,多年冻土路基的沉陷与否、沉陷量大小主要取决于路基下多年冻土层的含冰量和冻土融化速率,尤其是高温高含冰量多年冻土地区,在外界环境和人为工程作用的双重影响下更容易发生严重沉陷病害。例如青藏公路2013年调查的34处重度沉陷病害中,就有22处发生在含土冰层路段,8处发生在饱冰冻土路段。在高含冰量多年冻土路段,由于高含冰量冻土层融沉系数较大,在外界影响下部分融化后产生的融沉变形也相对较大,这就是高含冰量多年冻土路段尤其是高温高含冰量多年冻土路段公路路基为什么更容易产生沉陷、波浪等变形病害的主要原因。因此多年冻土地区公路路基沉陷、波浪等变形类病害的发生、发展与其下伏多年冻土含冰类型、冻土融化速率密切相关。

图2-6为G214公路2008年调查的公路沿线沉陷类病害(沉陷、波浪)在不同含冰类型路段的病害状况。由图可以得出,一般情况下,沉陷和波浪严重的路段主要分布在高含冰量多年冻土地区,在少冰、多冰冻土路段,路基沉陷、波浪病害相对较小。图示结果进一步验证

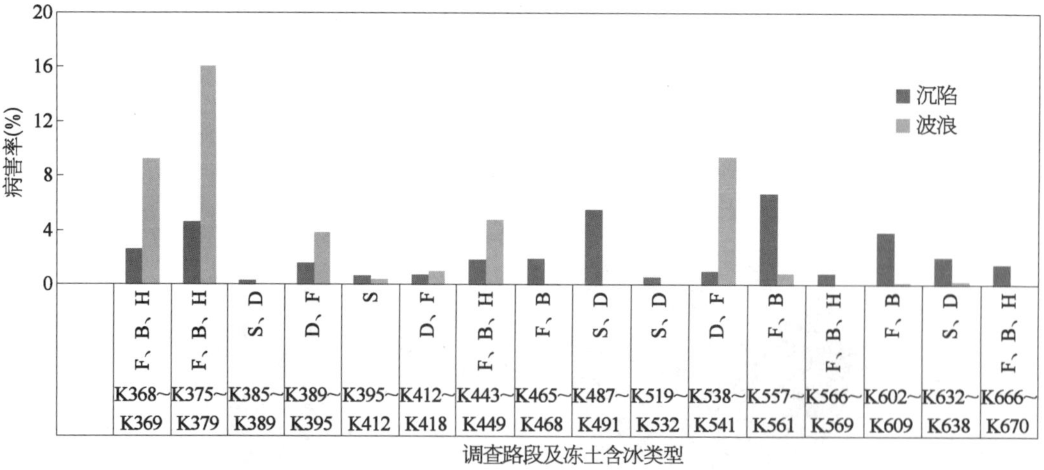

S—少冰冻土;D—多冰冻土;F—富冰冻土;B—饱冰冻土;H—含土冰层

图2-6 G214公路沿线沉陷、波浪病害在不同含冰类型路段的病害状况
(数据来源:2008年G214公路姜路岭—清水河段病害调研资料)

了在多年冻土地区冻土含冰量决定了多年冻土公路沉陷病害的产生及沉陷量的大小。进一步分析发现,2008 年 G214 公路调查的 200 余千米多年冻土路段,其中富冰以上高含冰量多年冻土路段有 80%以上的路段均产生了相对严重的沉陷或波浪病害,而少冰、多冰等低含冰量多年冻土路段只有极少数路段产生了沉陷病害,绝大部分路段沉陷、波浪等变形类病害极小。这进一步说明了多年冻土地区公路沉陷、波浪等变形类病害的发生、发展与多年冻土含冰类型等具有密切的相关性。

3) 多年冻土典型的纵向裂缝病害与路基高度有直接相关性

在多年冻土地区部分路段,由于受公路走向的限制,部分路段尤其是路基高度较高路段,路基阴阳坡效应显著。冻土路基的阴阳坡效应导致路基两侧冻土不均匀融化,进而导致路基发生横向不均匀沉降,从而使路基路面遭受拉裂破坏(纵向裂缝)。2005 年青藏公路多年冻土地区高路基病害调查结果表明,沿线多年冻土地区路基病害以路基不均匀沉降导致的纵向裂缝与路肩(边坡)开裂为主,沿线路基发生不均匀沉降导致路基严重纵裂路段达 50 余千米,最大裂缝宽度达 40 cm,约占路基病害总数的 58.9%。图 2-7 为 2005 年青藏公路多年冻土地区不同坡向的路基病害随路基高度的关系图。由图 2-7 可知,路基高度较高路段病害的分布具有明显的坡向性,阳坡侧发育的路基病害数量要明显大于阴坡侧。

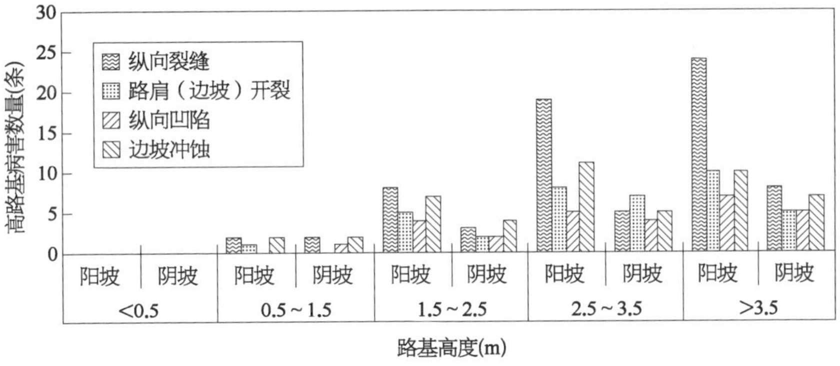

图 2-7 青藏公路多年冻土地区高路基病害随路基高度的变化规律
(数据来源:2005 年青藏公路西大滩—安多段病害调研资料)

4) 多年冻土地区病害都不是孤立存在的,各病害间都存在伴生关系

通过对多年冻土地区公路各种病害类型产生的特征及规律进一步分析发现,多年冻土地区任何一种公路病害都不是单纯的、孤立存在的。一般情况下,一种病害的产生基本上都同时伴随着另一种或多种病害的产生或存在。不同病害相互作用、彼此促进,最终导致公路路基路面结构层产生严重损坏,影响公路通行能力,甚至影响行车安全性。表 2-2 为 2013 年青藏公路调研的各种病害间的伴随关系。

表 2－2 2013 年调研的青藏公路各病害间的伴随关系

病 害	伴 随 病 害
101 处沉陷	82 处伴有纵向开裂,5 处伴有波浪
19 处重度纵裂病害	全部伴有不同程度的边坡松散或冲刷,部分边坡附近积水

2.3 多年冻土地区路基病害的形成原因

上节中论述了多年冻土区较为常见的路基病害类型,产生这些病害的原因是复杂的、多方面的,但究其根本原因是由于修筑路基、加铺黑色路面等工程因素破坏了多年冻土的生存环境而引发的。根据病害特征,可以认为多年冻土对路基病害的原因分为三大类:

(1) 融化夹层(盘)是形成高温高含冰量路段路基病害的主要原因。

(2) 低温区高路基内的冻结核也有产生路基病害的可能。

(3) 路基两侧冻土环境的人为损害加剧和加速了路基病害的产生与发展。

根据多年冻土区病害调查结果,多年冻土区填土路基病害大体可分为两类,即低路基病害与高路基病害。这两类病害区分的依据是填土路基的高度是否能引发两侧边坡较明显的阴阳坡面效应。如果路基高度能引发两侧边坡较明显的阴阳坡面效应,进而引发的一系列路基病害统称为高路基病害,反之则称为低路基病害。由于高路基病害具有非对称性特征,因此又可称之为非对称性路基病害,同样低路基病害又可称之为对称性路基病害。路基边坡所吸收的太阳辐射总量的差异与路基走向、边坡坡度有关,因此区分高、低路基病害的路基高度也非固定值,而是随公路走向及边坡坡度的改变而改变。东西走向或近于东西走向的路基阴阳坡面较好判断,南坡为阳坡,北坡为阴坡。由于我国大部分多年冻土区的辐射具有明显的非对称性,公路沿线上午的辐射总量要比下午的辐射总量大 20%以上,因此对于南北走向的路基而言,东坡为阳坡,西坡为阴坡。

以青藏公路为例,青藏公路多年冻土区路基病害与路基高度密切相关。八五改建期间,路基高度普遍偏低,沿线路基平均高度不足 1 m,路基病害主要表现为沉陷、波浪与翻浆变形。据统计,在较稳定冻土路段,路基沉陷率高达 90.3%,波浪率高达 77.4%。

在青藏公路一期与二期整治改建期间,大幅度提高路基高度,一期路基平均高度约为 2.0 m,二期路基平均高度约为 2.5 m。经整治,以对称性沉降变形为主的低路基病害得到了有效控制,但随着路基高度的抬升,路基内相继出现了众多以纵向裂缝为主的高路基病害。

为使分析思路更加清晰明了,本节将从多年冻土区路基病害的表现形式及特征着手,具体分析冻土路基病害机理。

2.3.1 低路基病害的主因

由于青藏高原太阳总辐射量、辐射平衡值均较大，黑色沥青路面的修筑增大了冻土路基对太阳辐射吸收率约 20%，另外沥青路面阻碍了路基表面蒸发过程，产生的蒸发耗热不能有效释放，影响冻土与大气间的热量交换。观察表明，沥青路面的地表年平均温度高于天然地表 4℃以上，较天然地面下的土层提前 20～30 d 融化，滞后 20 d 左右冻结，唐南地区这种差异就更大。在这种热状态的影响下，沥青路面下土层的热量年总收入大于年总支出，致使多年冻土融化，冻土上限下移，在路基内形成凹形融化盘。在低路堤的情况下，如果阴阳坡面的影响较小，路基内融化盘相对于路中线较为对称，融化盘的最大深度出现在路基中心，这时路基病害常表现为路基整体下沉、路基中心凹陷(图 2－8)。因此当多年冻土上限处含冰量较高时，融化盘的形成与发展是形成低路基病害的主要原因，主要表现为以下两点：

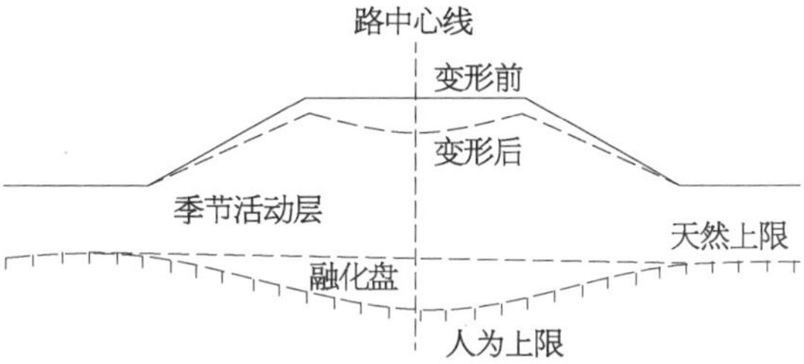

图 2－8 低路基病害的形成机理

其一，在相同条件下，融化盘厚度越大，路基沉降变形就越大，随着融化深度增大，路基的固结沉降变形滞后时间越长。

其二，路基内“锅底形”的融化盘成为大量地表水渗入和冻结层上水汇入的“聚水盆”，加速了融化盘的发展，进而增大了路基的沉降变形，成为路基不稳定的隐患。

另外由于土层含水量及上限附近含冰量的不同，在路基纵断面方向路基的下沉变形也是不均匀，这是形成路基波浪变形及横行裂缝的主要原因。

2.3.2 高路基病害的形成原因

2.3.2.1 高温多年冻土区高路基病害的形成原因

研究表明，多年冻土的年平均地温作为描述冻土的地带性分布主要特征，能反映多年冻土的稳定状态。依据年平均地温将青藏公路沿线多年冻土分为低温多年冻土区(年平均地温<-1.5℃)与高温多年冻土区(-1.5℃≥年平均地温≥0℃)。前者属于稳定型多年冻土，后者属于过渡型或不稳定型多年冻土。

在高温多年冻土区，高路基病害的形成机理因路基高度的不同而有所差异。

当路基高度小于临界高度时，路基内由于阴阳坡面的影响，形成非对称性融化盘。这种不对称一般表现为左侧路基下融化盘厚度较右侧大。在两侧路基下融化盘厚度差异较小的情况下，较易形成路基的整体倾斜变形(图 2－9a)，反之当融化盘厚度差异较大时，则很可能形成路基(肩)或边坡的纵向裂缝与滑塌(图 2－9b)。另外由于融化盘的聚水作用，在大气降水、地表水及融化盘内聚水的共同参与下，在车辆荷载的反复碾压下，路面上常出现大面积泥泞与翻浆。

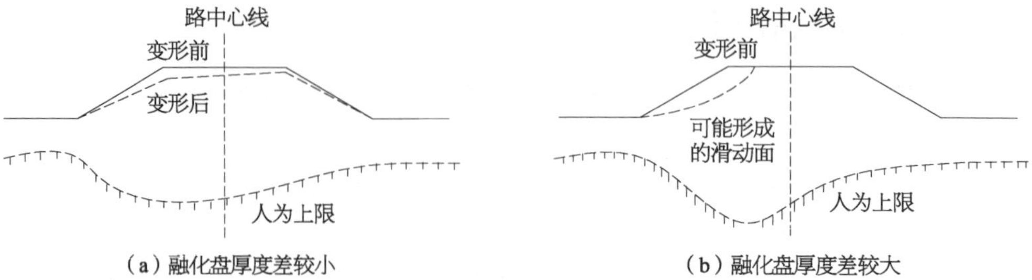

图 2-9 融化盘所引发高路基病害示意图

当路基高度大于临界高度时,当地气候条件下能产生的最大冻结深度无法达到人为上限处,在路基内最大冻结深度的界面与多年冻土人为上限间形成一层隔年或多年甚至永远不能冻结的融化夹层。如同融化盘一样,融化夹层也具有很强的聚水特性,作为软弱层,其承载能力十分有限。该类融化夹层上界面是冷期最大冻结深度,下界面是人为上限(图 2-10)。

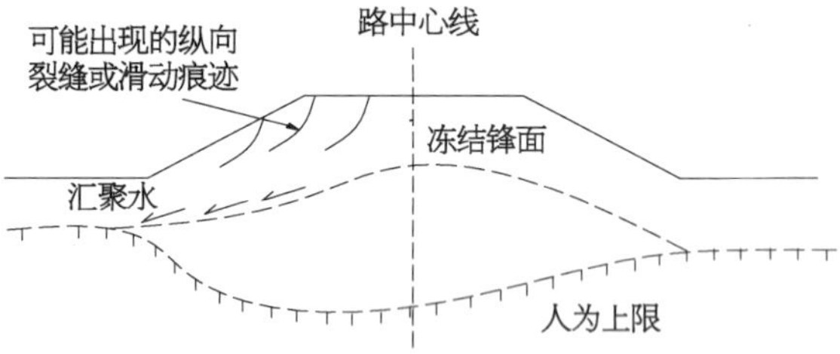

图 2-10 融化夹层所引发的高路基病害示意图

在冻结期,融化夹层上部具有一定的冻结厚度,因此路基路面的承载能力也相应较强,但由于融化夹层上下界面的冻结压缩作用,造成封闭的融化夹层内部应力相当大。到融化期,融化夹层上部冻结层自上而下融化,冻结层的厚度也在逐渐变薄,当融化夹层的内部应力与其上冻结层的强度都无法抵挡路基自重及外部荷载时,路基将不可避免地出现凹陷、滑塌等病害,进而引发路面翻浆;反之,当路基自重及外部荷载与其下冻结层的强度都无法阻止融化夹层内部应力释放时,将可能出现路基垮塌甚至爆炸等病害(1990 年 6 月在头二九北坡 K3395 处发生的路面爆炸,直径 6 m,深达 3 m)。

另外如图 2-10 所示,当路基内最大冻结深度大于天然上限时,路基内将会形成凸形的冻结锋面。在融化期,当路基上部冻结层还未完全融化时,该冻结锋面将成为大气降水、雪水及边沟水等地表水汇聚的锋面,在汇聚水的作用下,可能发展为路基(肩)、边坡滑塌及路基纵向裂缝的滑动面,致使该类型的融化夹层产生纵向裂缝、路肩(边坡)滑塌等病害。

2.3.2.2 低温多年冻土区高路基病害的形成原因

在低温冻土区,虽然在施工期间,路基内也会形成融化夹层,但由于多年冻土地温较低,有足够的冷能使融化夹层在年内冻结,人为上限逐渐稳定于路基下最大冻结深度处。当路基高度大于临界高度时,路中人为上限有一定的抬升,但坡脚人为上限(尤其是阳坡坡脚)则有所下降,路基内形成如图 2-11 所示的凸形冻结核。造成这种情况的原因是显而易见的,不管是新建路堤还是旧路改建,抬高路堤以后,边坡都要向两侧延伸,破坏了原有的多年冻土热平衡条件,加上青藏公路路堤填土相对于天然地表(尤其是有植被覆盖的天然地表)更

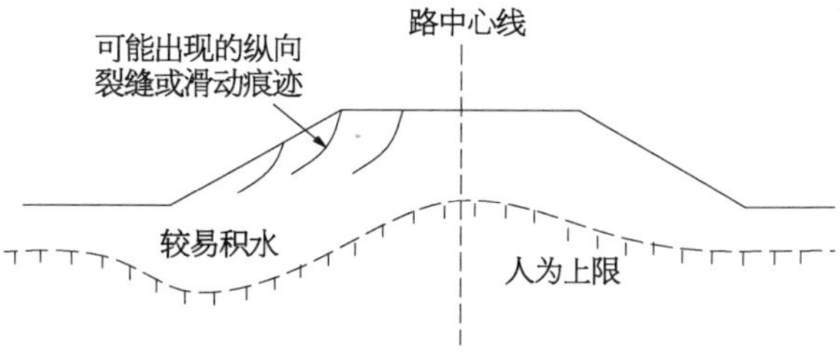

图 2－11 非对称性冻结核所引发高路基病害示意图

易吸热，位于阳坡侧的坡脚人为上限下降较为剧烈，但在阴坡侧由于其吸收的太阳辐射能相对较小，坡脚人为上限下降很微弱甚至有所抬升。

从图 2－11 中不难看出，冻结核有两种可能形成路基病害。其一，正如前节所述，在融化期人为上限作为大气降水与地表水的汇聚面，冻结核两侧路基受水的侵蚀，较易形成滑体，可能会沿冻结核上锋面（人为上限）滑动，轻则形成路基纵向裂缝，重则造成路基（肩）或边坡滑塌。其二，在横断面方向上，坡脚人为上限最低，在坡脚下较易形成融化盘。该融化盘也将成为地表水、边坡水及路面水的“聚水盆”，进而导致融化盘进一步扩大。一旦坡脚成为软弱层，极有可能造成边坡纵裂、滑塌，进而波及整个路基。

2.4 施工质量与冻土环境的破坏对路基病害的影响

高路基病害的形成具有复杂性，表现形式具有多样性，不仅受到地下冰冻融等客观因素的影响，还受到施工质量与冻土环境的破坏等人为因素的影响。后者与前者之间相互影响，较差的施工质量与冻土环境的人为破坏将加速路基病害的发生与发展。

青藏公路病害调查结果表明，所调查病害路段的 48 处边坡冲蚀均是由于施工质量控制不严引起的。其中 8 处边坡冲蚀所形成的冲沟宽度达 40 cm，深度达 30 cm，严重处已造成土路路肩的部分滑塌，对路基稳定性构成了极大的威胁。边坡冲蚀路段路基基本完好，边坡土体松散，边坡坡度均小于 1 : 1.5。因此边坡冲蚀的主要原因是由于边坡土体压实度及边坡坡度不符合设计规范的要求所造成。

另外冻土环境的人为破坏也是影响青藏公路多年冻土区高路基病害的主要人为因素。由于公路填筑路基两侧取土铲除原天然地表，加之边沟排水未成体系造成局部积水严重，导致脆弱生态系统失衡，冻土对环境变化响应所依赖的天然屏障遭到损害。气候变暖在冻土中的响应进程明显加快，热扰动在短时间内即产生冻土环境的恶化，加剧路基病害。

如青藏公路的曲水河附近，由于自然和人为活动破坏了斜坡冻土的热平衡状态，引起地下冰融化产生下滑（图 2－12），该地段的地形坡度为 10°～18°，地下冰融化使土体饱水后摩擦系数大幅度降低，直至饱和变成泥流，顺着地下冰面或冻土层面往下滑动。滑塌体一般长达 100～150 m，宽 80～100 m 不等。这种热融滑塌和泥流具有溯源侵蚀性质，直到斜坡没有地下冰为止，往往淹没路基。风火山的规模最大，长 500 m，宽 100～150 m。分布于丘陵山地，特别是地下冰发育的 10°～25°山坡，如昆仑山垭口、五道梁、K3035+300、风火山、唐古拉山南坡等。

图 2-12 曲水河附近的热融滑塌

路基侧向排水沟的开挖,当回填处理不及时或不当,往往引起地面沉陷、积水,或者由于其他原因形成的洼地积水后破坏了多年冻土的热平衡,致使冻土或地下冰部分融化,洼地加深,逐渐形成热融湖塘或热融沉陷(图 2-13),以及热融坍塌(图 2-14)且会逐年扩大,造成路基下沉或沉陷变形。此成因的湖塘规模较小,往往成群分布。如楚玛尔河高平原、通天河南岸、扎加藏布河两岸都有存在。因地表性状改变,地表辐射或与地表水相关联的热融湖塘往往较大,如沱沱河等地带的热融湖塘,面积达几百平方米,甚至达平方千米以上。随着冻土路基地下冰的逐渐融化,路基沉降变形也逐年加剧。河边出现的热融滑塌(图 2-15)往往会引起路基边坡滑塌。

图 2-13 K3407 及 K3360 一带的热融沉陷和热融湖塘

图 2-14 排水沟热融坍塌

图 2-15 岸边热融坍塌

青藏公路改建工程期间，在路基两侧宽约 20 m 的取土带，破坏地表状态，造成取土坑下沉，许多地段的取土坑积水，使地下冰产生融化，进而导致路基下沉，引起路面产生纵向和弧形裂缝（图 2－16）。在高温冻土、高含冰量多年冻土地段，此类现象最易产生，融化下沉量都较大，阳坡的沉降量较阴坡大，严重影响路基的稳定性。

图 2－16 取土坑积水及其引起路基弧形裂缝

在地基土较为干燥的砂性土及粗颗粒土的少冰冻土、多冰冻土地段，地表植被产出和破坏后，地表的蒸发强度加剧，土地沙化进一步发展，产生沙漠化，一些地段产生移动沙丘，危及公路安全（图 2－17）。

图 2－17 青藏公路沿线冻土环境恶化引起沙漠化

第3章

多年冻土公路路基稳定性关键影响因素分析

高原多年冻土区的路基稳定性主要受多年冻土的制约。而多年冻土是气候影响的产物,在漫长的地质历史长河中,与气候和整个生态环境间建立了相互依存和制约的热平衡状态。当在多年冻土区修筑道路工程后,打破了气候与多年冻土间的热平衡条件,破坏了冻土的生存环境,致使多年冻土大面积融化,严重威胁路基稳定性。

综合分析影响多年冻土区路基稳定性的影响因素,大体可分为三大类,总计 11 个方面(图 3-1)。

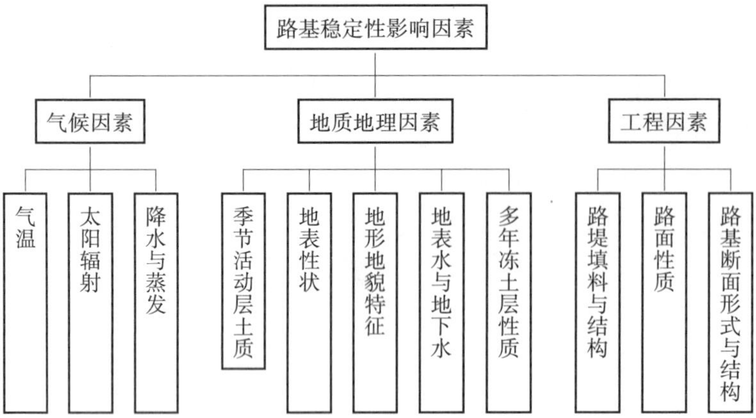

图 3-1 路基稳定性影响因素分类

本章对各影响因素逐一梳理,分析各因素的演化过程及对路基稳定性的长期影响。

3.1 气候因素

从气候对多年冻土的影响这个角度来分析气候与路基稳定性的关系,主要表现在气候及其变化造成了多年冻土地温特征,如多年冻土上限、年平均地温、冻土热稳定性等的差异。

3.1.1 气温

冻土是气候变化的产物,寒冷的气候、较低的年平均气温是冻土形成的基本条件,它不仅包含了纬度和海拔高度的地带性影响,也有局部小气候,如降水、蒸发、风等影响。这些影响都综合反映在气温的变化上。不同地区的季节性冻土与多年冻土分界线有不同的年平均气温值。多年冻土的季节融化和冻结过程都是与暖季和寒季的积温直接关联的,即融化指数和冻结指数。不同的气候带内,即使年平均气温相似,当气温的年较差不同,季节融化(或冻结)深度也相差较大。气温的年较差越大,季节融化(或冻结)深度就越深。在同一气候带中,年平均气温与融化指数(或冻结指数)具有一维线性相关性,表现为年平均气温越大,融化指数越大(或冻结指数越小)。图 3－2 反映了融化指数与最大融深的关系,虽然两者的相关系数不是很大,但变化的趋势还是明显的。该图表明年平均气温越高,最大融深越大。

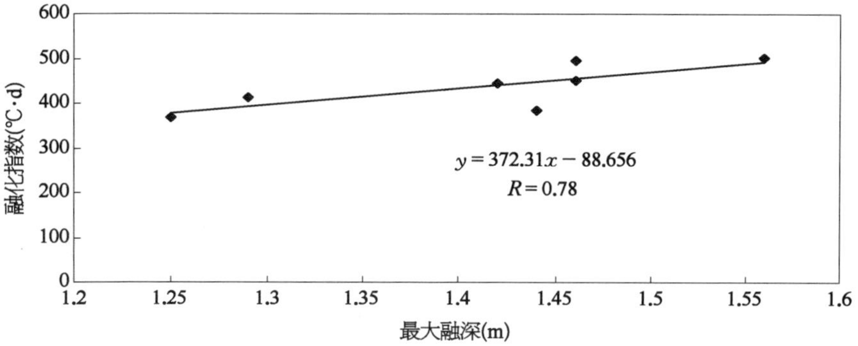

图 3－2 融化指数与最大融深的关系

图 3－3 是青藏工程走廊多年冻土段三个气象站近 50 年来的年平均气温变化趋势。

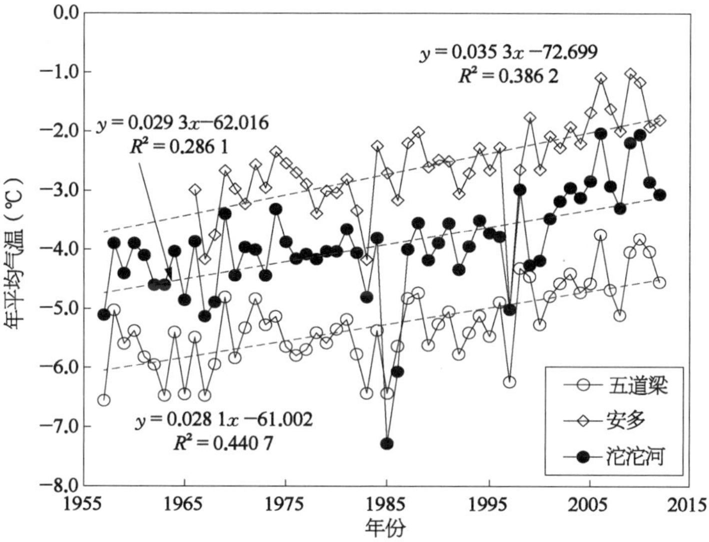

图 3－3 青藏工程走廊多年冻土段三个气象站年平均气温变化趋势

从记录数据可以看到,年平均气温整体在经历着缓慢的升高过程。五道梁和沱沱河在过去的 50 余年内年平均气温的变化有很好的相关性。在 1957 年,五道梁、沱沱河年平均气温分别为−6.6℃和−5.1℃;到 2012 年,两站的年平均气温分别为−4.6℃和−3.1℃,总的增温大约是 2℃,年平均增温为 0.03～0.04℃。五道梁和安多在过去的 47 年内年平均气温的变化也有很好的相关性。在 1966 年,安多年平均气温为−3.0℃;到 2012 年,年平均气温增加到−1.8℃,总的增温大约是 1.2℃,年平均增温为 0.02～0.03℃。年平均气温的增加在五道梁和沱沱河略快于安多。

气候变化在不同阶段其增幅有较大差别。因此将近 50 年的记录期划分为三个阶段,即

1980 年前、1981—1999 年、2000—2012 年。以后一个阶段的多年平均值减去前一个阶段的多年平均值,来衡量其增幅,得到逐月月平均气温变化趋势(图 3-4)。从图中可以看出第二阶段(1981—1999 年)比第一阶段(1980 年前)逐月平均气温略有增加,但第三阶段(2000—2012 年)比第二阶段(1981—1999 年)逐月平均气温明显增加。由此可以说明,近 50 年气候变暖突出体现在近十几年内。同时从图 3-4 也可以看出,11 月至次年 1 月为增温最明显的三个月份,5—6 月为增温最不明显的两个月份,说明气候变暖在冷季比暖季更明显。

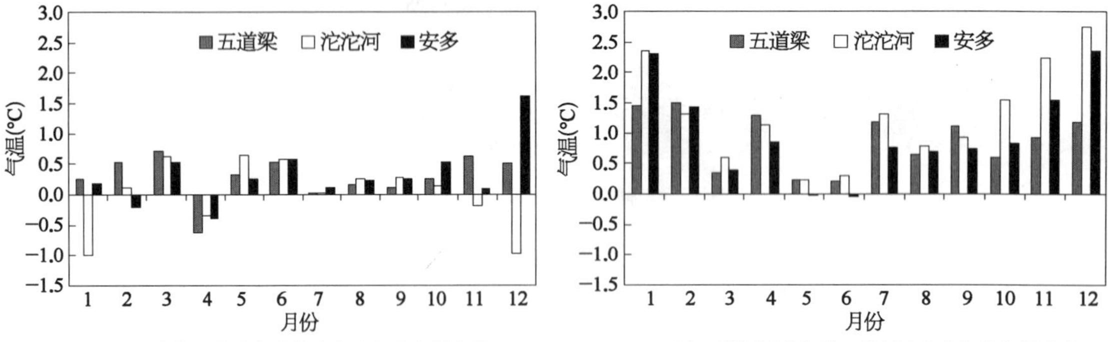

(a) 20世纪八九十年代较六七十年代气温变化　　(b) 21世纪近十年较20世纪八九十年代气温变化

图 3-4　青藏工程走廊多年冻土段三个气象站分阶段月平均气温变化趋势

气候变化引起了青藏高原多年冻土的变化,如从图 3-5 可以看出,尽管最大冻结深度存在年际波动特征,有些年份最大冻结深度较大,但在气候变化的影响下冻土的最大冻结深度变化的总趋势是在逐年变浅,且与全球气温变化呈较好的负相关关系(图 3-6)。

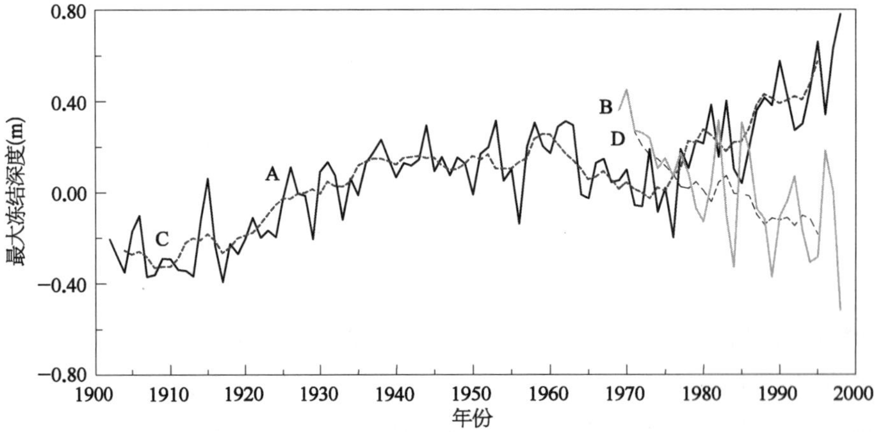

A—全球气温变化;B—青藏高原最大冻结深度年变化;C—气温五年滑动平均;D—五年滑动平均

图 3-5　青藏高原最大冻结深度变化(引自王澄海)

3.1.2　太阳辐射

太阳直接辐射热是地面升温的直接热源。太阳直接辐射强度的日变化与土面及浅层地

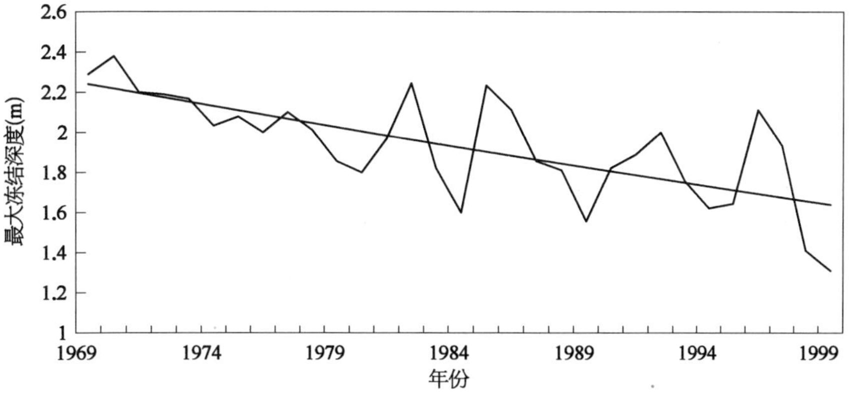

图 3-6 青藏高原最大冻结深度与全球气温变化关系(引自王澄海)

温的日波动关系最为密切。季节冻土和多年冻土的形成与地面的辐射—热量交换有直接关系。通常年内的辐射—热量平衡方程如下:

$$Q_d = (Q_i + Q_s)(1 - \alpha) - Q_e = LE + P + A \tag{3-1}$$

式中 Q_d——地面辐射平衡(辐射差额);

Q_i、Q_s——太阳直接辐射和散射辐射;

$1-\alpha$——地面反射;

Q_e——地面长波有效辐射;

LE——蒸发耗热;

P——湍流交换耗热;

A——通过地表的热流(热通量)。

当有固态降水的寒冷地区,地表面热量平衡应增加一项融雪耗热(ΔW)。

土层温度状况除了取决于辐射平衡(Q_d)和通过地表的热流(A)外,还与地中热流(q)有关。地表热量收入($Q_d + q$)主要消耗地表与大气间的热力相互作用(P),下垫面内生和外生过程 LM(水分蒸发、凝结、升华等)及途中热路过程 A(升温或冷却、水的相变、冻结和融化等)。夏季的有效辐射(Q_e)总是大大小于吸收辐射($Q_i + Q_s$)($1-\alpha$),所以 Q_d 为正值,达到很大值,主要用于 LE、P 和 A。冬季的太阳总辐射较弱,加上雪盖反射率大,吸收辐射小于有效辐射,Q_d 出现负值,地面温度转为0℃以下,LE 和 P 两项的热交换近于0。可见 LE 和 P 对形成地面正温有重要意义,Q_e 对形成地面负温起主要影响。

冻土的变化主要来自地面与大气的热交换量,决定于夏季半年土壤热交换量(A_s)和冬季半年土壤热交换量(A_w)的对比关系,以及地中热流的变化方向。就土壤热交换量而言,当 $A_s > A_w$,多年冻土上限下降,年平均地温逐渐升高,冻土层自上退化。反之,冻土层年平均地温降低,冻土发育。

3.1.3 降水与蒸发

降水与蒸发是多年冻土区季节融化层湿度变化的直接影响因素，也是冻结层上水补给与排泄循环的重要途径。青藏高原降水多集中于6—9月，也是季节融化层急剧增大的时刻，降水的垂直和冻结层上水的水平渗流增大，将给多年冻土层输入大量热量，冻结层上水的水平流动又将加速冻土上限附近热量置换。这些过程必将加速多年冻土上限融化过程，增大季节融化深度。图3－7反映了可可西里山天然地表最大融深与年降水量的关系。然而在夏季，地表的蒸发增大土层水分的输出，蒸发耗热降低地面温度，减缓融化过程的强度。

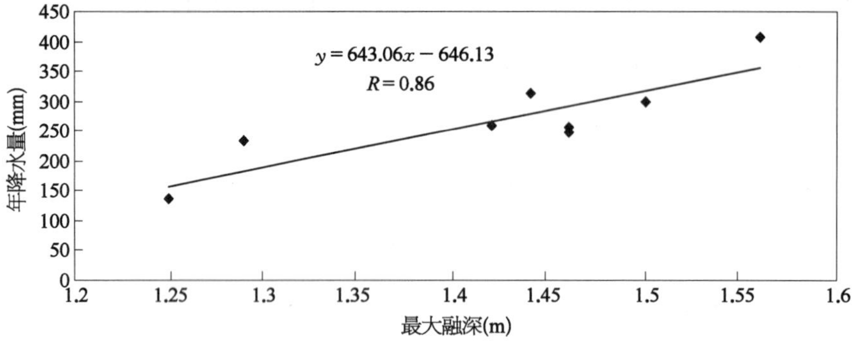

图3－7 可可西里山天然地表最大融深与年降水量（1984—1991年）的关系

近50年来青藏工程走廊多年冻土段三个气象站年降雨量如图3－8所示，降雨变化比气温变化更加波动。

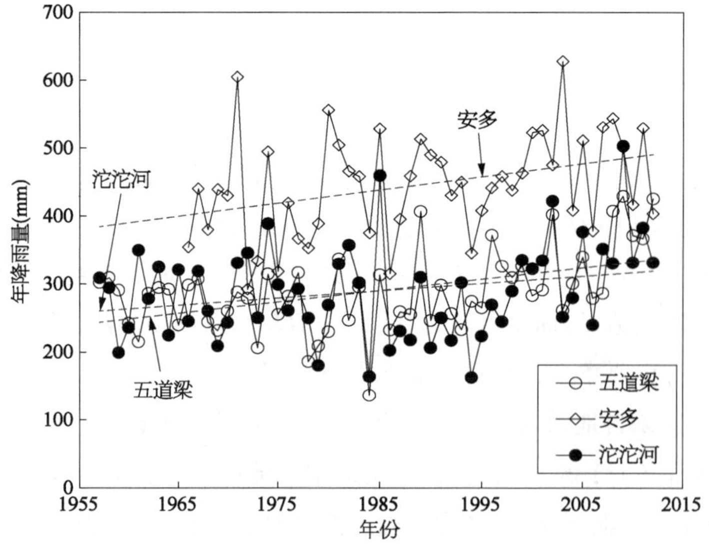

图3－8 青藏工程走廊多年冻土段三个气象站年降雨量变化趋势

五道梁和沱沱河在过去 56 年内年降雨量的变化相关性较差（R^2 = 0.60）。在 1957 年，五道梁、沱沱河年降雨量分别为 302 mm 和 309 mm；到 2012 年，两站的年降雨量分别为 426 mm 和 332 mm，五道梁有 124 mm 的降雨增加，年降雨量增加约 2 mm，沱沱河年降雨量增加仅 0.4 mm。五道梁和安多在过去的 47 年内年降雨量的变化相关性也较差（R^2 = 0.35）。在 1966 年和 2012 年，安多年降雨量分别为 354 mm 和 404 mm，总的增加了约 50 mm，年平均增加 1 mm。年降雨量的增加在五道梁是最快的。

降雨量分阶段变化趋势如图 3－9 所示。降雨量的增加与气温增加具有近似相同的趋势。第二阶段（1981—1999 年）相比第一阶段（1980 年前）来说，除了 7 月、8 月有小幅减少外，其余各月略有增加；但第三阶段（2000—2012 年）相比第二阶段（1981—1999 年）来说，各月几乎均有增加，且 5—8 月增幅相对明显。根据青藏高原逐月降雨资料分析，青藏高原几乎 90% 以上的降雨集中在 5—9 月。由此可见，近十多年也是青藏高原降雨量增加的主要阶段。

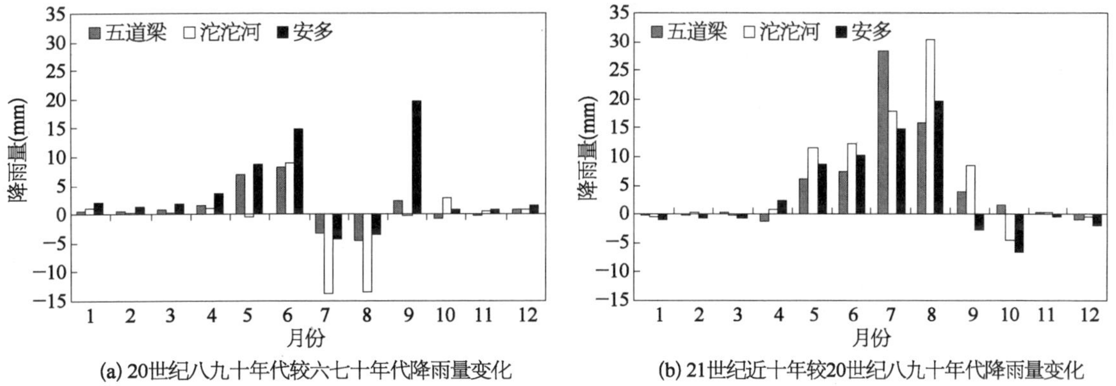

图 3－9　青藏工程走廊多年冻土段三个气象站分阶段月平均降雨量变化趋势

三个气象站代表了青藏工程走廊多年冻土段的气候变化情况。从整体气温和降雨量的变化趋势来看，过去 50 年，走廊北部和中部的气温增速较快，超过全球平均 0.02℃/年的水平（IPCC）。北部的降雨量增加也较明显，尤其是五道梁气象站的降雨增速非常明显。气温变暖和降雨增加都对加速多年冻土的空间变化产生较大影响，是导致青藏高原多年冻土退化的主导因素。

3.2　地质地理因素

大气和地表环境条件控制着多年冻土的生存、发育及发展过程。我国的多年冻土分布特征都有受大气与地表环境条件所控制的共性，大气与地表环境及形态的改变都会引起多年冻土分布与特征的变化。同时还有受地域环境所控制的特殊性，如高海拔多年冻土主要受海拔高度的控制，而高纬度多年冻土主要受纬度控制。在大的地域与气候环境控制下，局部的地质、地貌、植被、水文等同样对多年冻土的分布、发育、特征都具有控制作用。

3.2.1 季节活动层土质与工程地质条件

季节活动层骨架土的颗粒组成、矿物成分及有机质成分的不同，形成不同的孔隙率、密度、含水和导水能力，这些差异直接影响土层的容积热容量、导热系数、相变热、导湿系数等热学参数和水分迁移系数，这些参数直接参与路基稳定性评价。

季节活动层的工程地质特性对路基稳定性至关重要。公路是一个带状结构物，其自重与车辆荷载影响的深度一般在 0.7~3.7 m。进行公路建设，尤其是在高原多年冻土地区进行公路建设，就必须清楚这一深度范围内的工程地质特性。青藏高原晚近期构造活动强烈，褶皱断裂发育，形成山脉与谷地、盆地相间分布的格局，第四纪堆积物则为冰积、冰水沉积、河流沉积、寒冻风化与水流堆积及风积物。因此松散层堆积物的厚度变化很大，薄者仅数十厘米，厚者可达 300 多米。强分化带以上多为 8~12 m。公路建设活动主要在季节活动层上进行，因此季节活动层的工程地质特性是决定公路路基稳定性的重要因素之一。

图 3-10 显示了工程走廊带内青藏公路沿线 15 个天然孔近 10~20 年活动层厚度的变

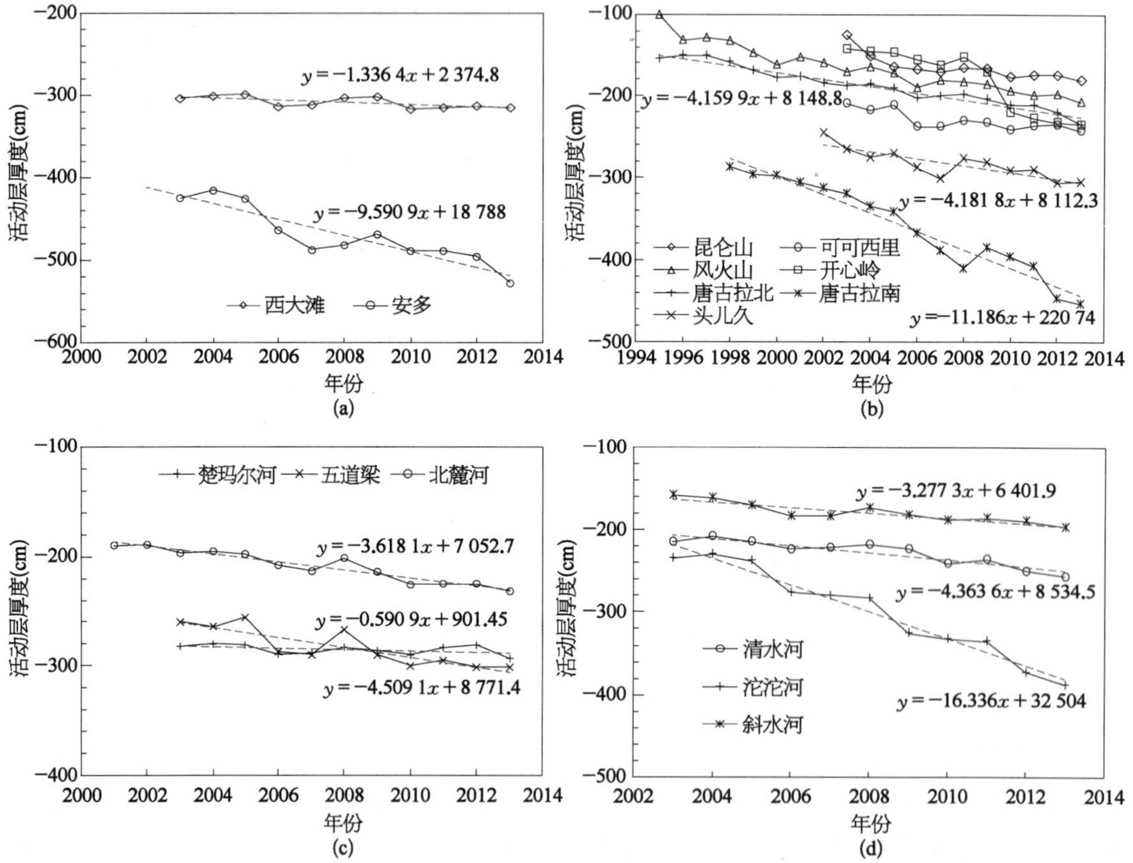

图 3-10 工程走廊带多年冻土活动层厚度变化

化趋势。青藏公路沿线活动层厚度有较大差别，厚度大致在1～6 m，然而活动层厚度在所有监测场都有所增加，增速差异较大。多年冻土北界的西大滩近十年来活动层厚度增速为1.3 cm/年，而南界安多盆地增速为9.6 cm/年，南界比北界活动层厚度增加剧烈。西大滩和安多虽然都地处冻土边缘，属岛状或不连续多年冻土区，但西大滩多年冻土年平均地温是-0.7℃，而安多年平均地温为0.5℃。可见冻土的空间变化在高温区域比低温区域更加迅速。

在中高山区的昆仑山、可可西里、风火山、开心岭、唐古拉南北坡及头二久，海拔均在4 700 m以上，年平均地温小于-1.0℃。7个监测场活动层厚度的增速在3～11 cm/年，其中较大的增速在唐古拉南和开心岭，分别是11 cm/年和10.7 cm/年；最小的增加在可可西里山区，为3 cm/年；大部分增速在4～5 cm/年。

在盆地和高平原区，如楚玛尔河高平原、五道梁盆地、北麓河盆地，海拔在4 400～4 650 m，年平均地温在-1.0℃左右，活动层厚度的增速在0～5 cm/年。增速最快的是五道梁盆地，为4.5 cm/年；最慢的是楚玛尔河高平原，为0.6 cm/年。盆地和平原区活动层厚度增速比中高山区低。

在沟谷地带，如沱沱河谷地、清水河、斜水河，海拔在4 500 m左右，由于受地表水的影响，年平均温度差别较大。在清水河和斜水河，年平均温度为-1.2～-1.7℃，活动层厚度的增速为2～3 cm/年。而沱沱河属于岛状多年冻土区，年平均温度为0.3～0.4℃，活动层厚度的增速约为16 cm/年。这个结果和冻土南北界的比较接近。活动层厚度的稳定增加与气候变化是吻合的，同时受海拔、年平均地温、冻土类型的影响较大。

3.2.2 地表性状

季节活动层土的表面既能直接吸收太阳辐射能，也能在表面水分蒸发中放出能量，它的差异取决于表面的湿度及色泽深浅。一般而言，干燥沙砾土面的太阳直接辐射吸收率在0.72～0.80，但蒸发耗热小，故融化热影响较强；湿润的细粒亚黏土或稀疏草地面，吸收率在0.80左右，但通过毛细补给的水分蒸发作用较强，融化热影响稍弱；浓密草地及沼泽化湿地吸收率约为0.70，同时表面水分蒸发最强烈，因此对季节融化最为不利。

植被覆盖对多年冻土上限的影响最为突出，在考虑了20 cm厚的雪盖影响后，大兴安岭北部(古莲、阿木尔地区)苔藓、枯枝落叶层均可降低地面年较差2.4～5.2℃不等，降低地面年平均温度0.1～0.3℃。据顾钟炜等(1994)的观测资料，18 cm厚的苔藓层可减小地面日较差33.1℃(表3-1)。青藏高原高山草甸和亚高山草甸地带，草皮层呈丘状、斑状(鳞状)、片状、稀疏散状分布，覆盖度依次减小(90%～20%)，相应地减小地面年较差4.1～1.5℃(未考虑雪盖影响)，即相应减小地面温度年较差17%～6%。草皮和苔藓层减小地面较差和降低地面温度的结果，使季节融化深度大大减小。

表 3-1 大兴安岭阿木尔北沟地面温度日较差观测值

地点		时间	地面最高温度(℃)	地面最低温度(℃)	地面温度日较差(℃)	两处相差值(℃)	备注
山前坡地	林内	1990 年 7 月 12—15 日	37.4	9.9	27.5	21.4	落叶松林,高 10 m
	林外		57.0	8.1	48.9		火烧迹地,灌木
沟谷湿地	苔藓层表面	1990 年 7 月 13—16 日	42.5	7.9	34.6	33.1	泥炭藓,厚 18 cm

3.2.3 地形地貌特征

地形地貌特征对多年冻土区路基稳定性的影响主要表现在两个方面：一方面是对多年冻土分布特征的影响;另一方面是对地表及地下水文条件的影响。

地形切割强烈的地区与地形切割微弱的地区的热交换条件明显不同。分水岭、斜坡和各地的热交换条件也必然不同。冻土中的地热梯度与地形部位也有关系。在山顶部位地热梯度值最小,而在谷底最大。相应地,冻土温度和厚度也应有差异。

大区域地形影响着多年冻土的分布格局。大小兴安岭的山地与纬度叠加影响,多年冻土南界沿着山地向南凸出,而平原地区则向北移,使多年冻土南界呈现 W 形。在西部地区,高山与盆地的高差大,使得阿尔泰山、天山发育着多年冻土。青藏高原的巨大就决定了服从高度分带性,在周边高山区的河谷地段往往不能生成多年冻土。即便是在青藏高原,由于存在着盆地与山区的相间差异,山地地区的多年冻土分布的连续性、厚度、年平均地温等都比盆地发育,季节融化深度的变化虽然还受到岩性、植被等因素影响,但总的趋势仍表现出地形的影响。盆地冻土的热稳定性就较差,在各种自然和人为因素影响下,极易发生退化。

局部地形对多年冻土特征的影响具有明显的非对称性。坡向的影响表现得特别突出。从青藏公路沿线多年冻土厚度的不均匀变化来看,多年冻土厚度受海拔高度控制,同时在不同程度上受纬度、坡向及其他地理因素影响。如风火山东大沟,西南坡冻土厚度分别为 72.8 m、71.0 m,沟底冻土厚度为 94 m,而东北坡冻土厚度分别为 122 m、137 m、146 m。显然,坡向控制着到达地面的垂直太阳辐射,南坡接受的热量最多,北坡最少。由此可见坡向对局部冻土有很大的影响和控制作用,但坡向对冻土的作用随纬度的升高而增强,在中纬度地区,坡向作用相对高海拔冻土为弱,这主要与太阳辐射平衡值有关。

从多年冻土分布的下界高度看,西部山区的多年冻土分布下界的海拔高度是南坡比北坡高,其差值在阿尔泰山为 600 m(童伯良等,1986),天山为 400 m(邱国庆等,1981),祁连山为 210~250 m(郭鹏飞等,1983),昆仑山北麓的西大滩为 300 m,阿尼玛卿山-巴颜喀拉山为 200~400 m(王绍令等,1991),横断山为 300 m(东南坡与西北坡之差)(李树德等,1983),喜马拉雅山为 300~400 m(周幼吾等,1982)。可见南北坡多年冻土分布下界的高差为 200~400 m,阿尔泰山的高差较大可能与冬季积雪有关。

从多年冻土年平均地温看,南坡地温高于北坡,即使阳坡高于阴坡,其差值在大兴安岭的阿木尔为 1.1~2.7℃和 1.0~1.7℃，满归为 1.6~2.3℃（戴竟波，1982），青藏高原为 1.7~2.4℃（周幼吾等，1982，1996）。

从多年冻土中的地下冰分布情况看，在低山丘陵地区，阳坡的地下冰不如阴坡发育。如风火山的阴坡为网状、中厚层状构造冻土，冰层厚 15~20 cm；阳坡为整体状冻土，无高含冰量冻土。坡度为 4°~8°最有利地下冰的生长，10°~16°坡度的地下冰发育较差，大于 25°的坡度多为剥蚀作用为主，一般只有裂隙冰存在。即使在同一坡上，坡顶为少冰-多冰冻土，中部为富冰冻土，下部常见有含土冰层。一般来说，山涧盆地具有高含冰量冻土，河漫滩多为少冰-多冰冻土，沼泽湿地多见高含冰量冻土。高平原地带的高含冰量冻土较河谷发育。正是此因，东北大、小兴安岭地区的低洼沼泽湿地中往往存在高含冰量多年冻土。

3.2.4 地表水与地下水

路基侧向地表水与冻结层上水的存在制约路基下伏多年冻土的分布和发育，同时也直接影响路基稳定性。

在山涧沟谷及洼地的细粒土堆积的路段，路基下的地下水位较高，在两侧地表水排泄不畅的地段，每年融化期（5 月初至 10 月中旬），由路面开始向下融化；当融化层内的地下水使土层变为塑性状态时，在动荷载反复作用下，填土较低的道路开始翻浆，严重路段则造成路面波浪甚至完全破损，产生积水坑，使大量的地表水进入路基内，进一步造成路基变形。另外积存在路基中的水在冻结过程中发生聚冰作用，导致路基产生不均匀冻胀；融化季节又产生热融下沉变形，路基在反复冻融循环作用下，最终造成路面破损。

在地势相对低洼的路段处，由于季节冻结层增厚，使路基下的地下水具有很大的承压性。当暖季来临，季节冻结层由上而下融化到一定厚度时，剩余未融化的冻土层承受不住下伏含水层的巨大压力，则在个别路段的路面上形成爆炸性充水鼓丘。如头二九北坡 K3395 处，1990 年 6 月 17 日路面突然隆起发生爆炸，形成直径 6 m、深 3 m 的水坑，严重威胁行车安全。

据青藏公路第一、二期整治工程钻探资料，在沥青路面下伏多年冻土与季节融化层间有 0.5~2.5 m 厚的融化核存在，部分路基融化核内积水。常年积存在路基融化核内的水视为一个较稳定的热源，它与多年冻土相互依托，长期互相作用，并逐年向下融化，尤其是地下水循环较畅通的路段，流动的地下水潜热大，进一步加速多年冻土融化，增加了最大的稳定融化深度及延长了形成最大稳定融化深度所需的时间。由于融化核内地下水的存在，使路基上部每年呈双向融化、单向冻结。这时路面向下传递的热量已不能直接作用下伏的多年冻土层，核内水积蓄的热量一方面向下传递，另一方面使季节冻结深度变小。据观测资料，在楚玛尔河高平原的 K2936+400，沥青路面下 6 m 深处的地温 1995 年的最高值为-0.25℃，1996 年为 0.08℃，到 1997 年则为 0.10℃，三年内地温升高了 0.35℃，说明类似这种路段核内水的影响已占主导地位。因此当路基下融化核含水层发展到一定厚度时，由于水积蓄的热量作用造成冻土融化对路基稳定性所产生的影响已超过沥青路面吸热造成的影响，同时在行车动荷载作用下，路基下冻结层上水的流动状况、路基中水热输运模式等对路基稳定性也有很大影响。

3.2.5 多年冻土层性质

修筑在高原多年冻土地区的冻土路基，是以下伏多年冻土为依托，多年冻土又以负温为基本的生存条件，多年冻土地温不但是代表冻土的物理力学特征，而且在实际工程建设当中具有十分重要的意义。地温的高低直接预示了工程作用下，这一地区工程对多年冻土扰动与影响程度的大小，也就是代表了这一地区多年冻土对外部环境条件发生变化下的响应敏感程度。在多年冻土构造、类型、土质相同的条件下，多年冻土年平均地温控制着冻土路基变形的大小。汪双杰等(2003,2004)在青藏公路多年冻土路基病害研究中从多年冻土年平均地温角度对冻土路基变形进行了分析。从图 3 - 11 冻土路基变形与多年冻土年平均地温的关系看出，路基变形随年平均地温升高而增大。多年冻土地区年平均地温的高低不仅代表了这一地区气温的高低，而且显示了多年冻土自身的稳定状态。高温多年冻土自身处在十分脆弱的状态，生存环境条件的改变将会引起高温多年冻土的迅速升温及融化。所以在高温多年冻土地区，由于沥青路面的影响，使冻土路基发生热融沉陷的问题，就比低温多年冻土地区要严重得多。冻土路基变形随年平均地温的升高而增大的这一规律，在青藏公路多年冻土地区路基变形当中显现得非常突出。各类严重路基病害发生路段，绝大部分都在冻土年平均地温高于-1.5℃地区。在年平均地温低于-1.5℃的地区，不但路基相对稳定，路基病害也就少得多。这从另一个侧面说明了由于路基的不均匀下沉变形过大，从而导致青藏公路冻土路基的各类路基病害的发生与发展。

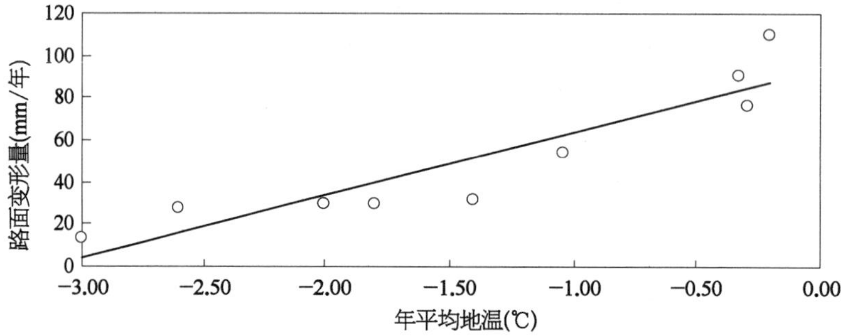

图 3 - 11 年平均地温与冻土路基变形关系图

冻土温度的变化主要体现在活动层底板温度(T_{ps})和年平均温度(T_g)的变化。活动层厚度在以上有充分的讨论，这一层位的温度即为活动层底板温度。青藏高原一般认可的多年冻土年平均温度为 10~15 m 深度的温度。图 3 - 12 反映了 15 个监测场活动层底板温度 T_{ps}的变化趋势。几乎所有的年平均 T_{ps}在过去的 10~20 年逐年增加，除了在北麓河监测场呈现较小的降温外。年平均 T_{ps}在冻土北界西大滩和南界安多的年际变化速率分别是 0.02℃/年和 0.01℃/年，非常接近。在中高山地区，年平均 T_{ps}的增温率介于 0.01℃/年和 0.07℃/年之间，增温最快的是唐古拉北为 0.07℃/年，最慢的是昆仑山为 0.01℃/年，多数介于 0.02~0.04℃/年。盆地、高平原及河谷地带年平均 T_{ps}的增温率大致是 0.03℃/年左右，除了最大值

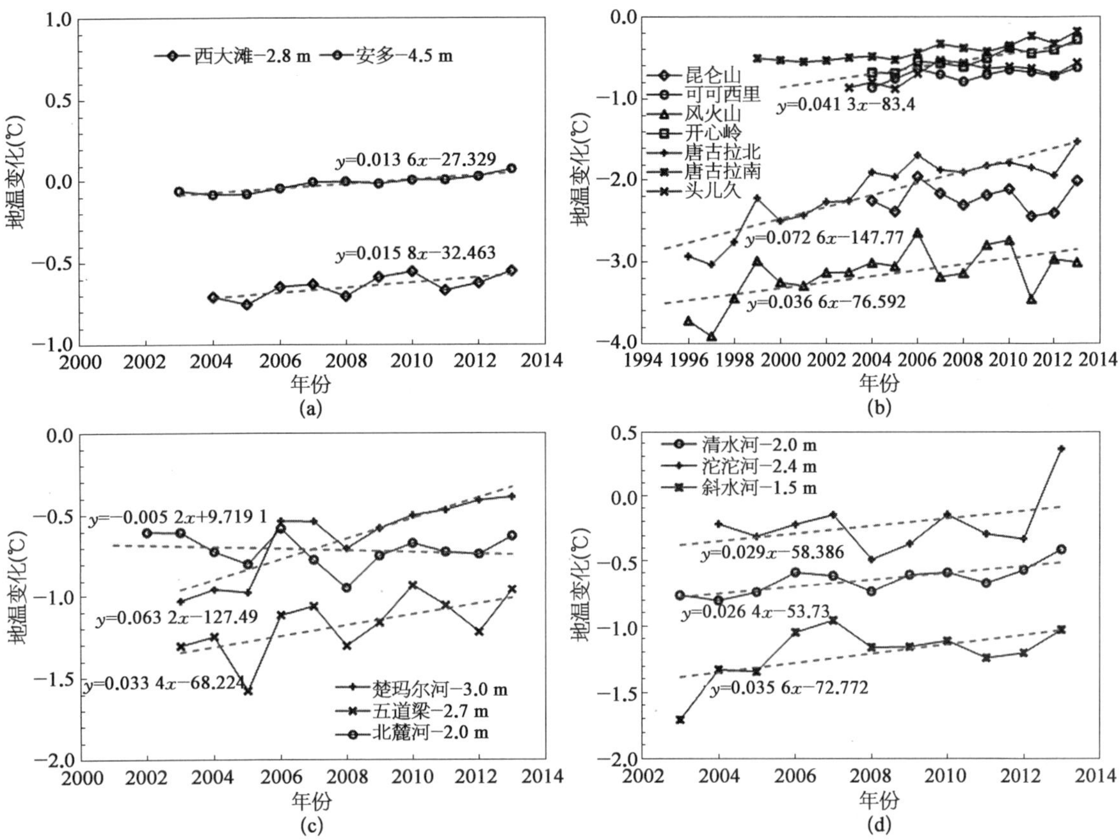

图 3－12　工程走廊带多年冻土活动层底板温度(T_{ps})年际变化

楚玛尔河为 0.06℃/年。

图 3－13 显示了 15 个监测场 10~20 年年平均温度 T_g的变化趋势。在过去的 10~20 年,多年冻土年平均温度均在缓慢增加。多年冻土北界西大滩和南界安多增温率分别约为 0.02℃/年和 0.003℃/年,北界增温快于南界,这个趋势与活动层厚度的变化趋势是相反的。研究发现安多的多年冻土底板深度约为 12 m,在 12 m 深度以下的融土层并没有升温,而是处于降温状态。这可能延缓了多年的增温,进一步延缓了多年冻土的退化。

在中高山区,多年冻土年平均增温率介于 0.006~0.024℃/年(昆仑山 0.022℃/年;可可西里 0.020℃/年;风火山 0.024℃/年;开心岭 0.006℃/年;唐古拉北 0.021℃/年;唐古拉南 0.009℃/年;头儿久 0.020℃/年)。风火山山区增温最快,开心岭增温最慢,大部分增温在 0.02℃/年左右。在北麓河盆地和楚玛尔河高平原区,多年冻土年平均增温率介于 0.013~0.018℃/年。沱沱河年平均温度的变化未做深入分析,因为该监测场多年冻土厚度仅为 7~8 m,以下为融土。斜水河和清水河谷地多年冻土年平均增温率分别为 0.003~0.018℃/年。

工程走廊沿线 22 个监测场活动层厚度变化、冻土温度变化如下: T_{ps}增加的平均值为 0.028℃/年,中位数为 0.025℃/年,最大值为 0.06℃/年,最小值为 0.0℃/年;T_g增加的平均值为 0.014℃/年,中位数为 0.010℃/年,最大值为 0.04℃/年,最小值为−0.01℃/年;活动层厚度

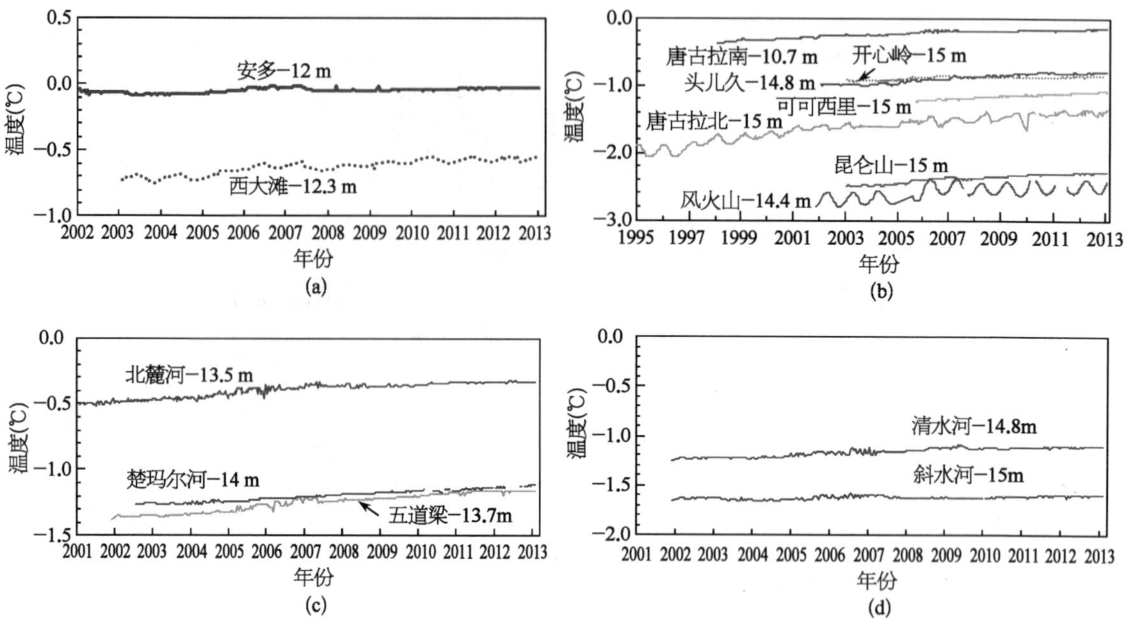

图 3-13 工程走廊带多年冻土年平均温度(T_g)变化

增加的平均值为 6.3 cm/年，中位数为 4.4 cm/年，最大值为 16.3 cm/年，最小值为 1.3 cm/年。

由于多年冻土层工程地质条件的变化，在路基内形成隔年或永远不能冻结的融化夹层。融化夹层的存在对青藏公路的稳定性影响是很大的：第一，融化夹层中含水量较大，冻土产生的融化下沉变形量较大；第二，融化夹层存在，季节融化深度和多年冻土上限正在逐渐增大，融化夹层有增厚的趋势；第三，融化夹层中一般含有大量的自由水分，使多年冻土上限逐渐加深，且变化极不稳定。融化夹层的危害促使多年冻土顶板以上土层发生融化下沉变形。据统计资料显示，青藏公路的破坏 80%以上均为融化下沉破坏，20%为冻胀和翻浆破坏。冻胀和翻浆破坏、融化下沉破坏都与路基中的水分有关。在 80%的融化下沉破坏的路段中，含有融化夹层的路段占 90%以上，这充分说明了融化夹层的破坏作用。

青藏公路沿线路基中的融化夹层形成受很多因素的影响，造成了融化夹层特征和空间上的分布差异。根据 1992 年和 1995 年的钻孔资料分析，从西大滩到安多的连续和部分岛状多年冻土路段，融化夹层的分布长度约占全长的 57%，其中包括了无法判断有无多年冻土存在的路段。青藏公路沿线路基中融化夹层主要分布在多年冻土的南北界，如西大滩和安多附近多年冻土南北界；高平原和河谷地区，如楚马尔河高平原、北麓河断陷盆地等。在广大河谷盆地中除分布有融化夹层外，如乌丽盆地、沱沱河盆地、通天河盆地、布曲河盆地和温泉断陷谷地等，还有大量钻孔未见冻土，可能这是由于融区影响的结果。虽然在路基中未见多年冻土，但在融区影响以外的地带，仍然存在多年冻土。表 3-2 列出了各路段融化夹层占该路段的比例。融化夹层在西大滩断陷盆地、楚马尔河高平原和北麓河盆地的分布广泛，占该路段内的多年冻土的 70%以上；在昆仑山区、可可西里山区、风火山山区，融化夹层的比例占该段多年冻土的 50%以上，以唐古拉山区融化夹层所占比例为最小。显然，在中高山区路段的融化夹层比例偏高，分析其中原因，可能是对钻孔中的冻土岩芯的判断有误。

表 3－2 各路段融化夹层占多年冻土路段的比例

地　段	年平均气温(℃)	年平均地温(℃)	所占比例(%)
西大滩断陷谷地	−3.0～−5.0	0.2～−1.0	72.7
昆仑山和不冻泉地区	−5.0～−7.0	−2.0～−4.0	53.0
楚马尔河高平原	−4.5～−5.0	0.0～−1.0	72.4
可可西里山区	−5.5～−6.5	−1.0～−3.0	50.1
北麓河盆地	−4.5～−5.0	0.0～−1.0	76.9
风火山区	−5.0～−7.0	−1.5～−4.0	55.6
沱沱河断陷盆地	−4.2～−4.5	0.0～−0.5	53.6
唐古拉山区	−5.5～−6.5	−2.0～−4.0	33.3

在相同的年平均地温和岩性条件下，冻土中含冰量的多少决定了路基融化后的沉降量，也就是说，高含冰量冻土路基的沉降量比低含冰量冻土大。根据室内外的试验、统计，冻土融化下沉系数与其含水(冰)量的大小相对应，与冻土类型是相对应的(表 3－3)。可见，在相同的融化深度(或上限变化值)情况下，高含冰量冻土路基的下沉量是低含冰量的 2～5 倍，甚至更大，大者可达 20～27 倍。

表 3－3 冻土类型与多年冻土工程分类

冻土类型	融沉系数(%)	融沉分类	工程分类	冻土构造	冻土总含水量(%)
少冰冻土	<1	不融沉	Ⅰ	整体状	16.5<17.0
多冰冻土	1～5	弱融沉	Ⅱ	包裹(壳)状	17.0<17.4<24.0
多冰冻土	1～5	弱融沉	Ⅱ	微层状	17.0<19.3<24.0
多冰冻土	1～5	弱融沉	Ⅱ	微网状	17.0<17.4<24.0
富冰冻土	5～10	融　沉	Ⅲ	层　状	24.0<28.8<32.0
饱冰冻土	10～25	强融沉	Ⅳ	斑　状	32.0<49.4<52.0
含土冰层	>25	融　陷	Ⅴ	基底状	451.0>52.0

3.3 工程因素

人类工程活动破坏多年冻土赖以生存的冻土环境，加速了多年冻土的退化速度，也改变了原地表的地形地貌特征。反之冻土环境的破坏也威胁了工程建筑物的稳定性。对于多年冻土区公路而言，威胁其稳定性的工程因素主要包括路堤填料、路面性质与路基断面形式与结构。

3.3.1 路堤填料

路堤设计中往往都要选择良好的骨料作为填料。道路的等级越高，填料要求越严格。青藏公路等许多公路都存在着由低等级逐渐改建为较高等级道路的过程，初期路堤的填料都是就地取材，未做严格的选材。路基稳定性除了与基底下原有季节融化层土层热物理性质有关外，与上覆的路堤填料的热物理性质有密切关系。土层的热物理性质取决于土的粒度成分、密度、湿度等。如果单纯从保护冻土的角度考虑，则以黏性土较好，砂性土次之，沙砾石较差。但综合分析气候、水文、工程质量及维持通车和工程造价等条件，结合青藏公路的实际情况，当沿线为砂性土时，路堤填料可以在距离路基坡脚外 30 m 范围就地取土；当沿线为黏性土时，若地表水文条件较好，路堤下部可在路基外侧 30 m 范围就地取土，上部（厚度不小于 60 cm）须用粗颗粒土填筑；若地表水文条件较差，宜集中远运粗颗粒土填筑路堤。

3.3.2 路面性质

太阳直接辐射热是地面升温的直接热源，由于人类生产活动引起的辐射——热量平衡的改变中，地表反射率 α 的变化有更大的意义，植被的铲除破坏、土地的开挖和开垦等都会使 α 改变。在青藏高原强烈的大陆性气候条件下，夏天太阳直接辐射和散射辐射（Q_i+Q_s）较大时，甚至微小的 α 变化也会引起土层温度很大的变化。由于下垫面种类很多，反射率的空间变化和差异很大（表 3-4、表 3-5）。从式（3-1）可知，吸收辐射（Q_i+Q_s）$(1-\alpha)$ 的改变不仅造成年平均温度的变化，也还引起地表面温度年较差的变化。夏季吸收辐射增大，年温度较差也随之增大，植被破坏及反射率 α 增大，可使温度较差变化达 4~5℃，有时甚至更大。

表 3-4　不同景观几种天然地面及人工铺盖层反射率（B · A · 库德里亚采夫，1992 年译本）

天然地面									
表面种类	新降的雪盖	污化雪盖	绿草	枯萎草	灌丛	阔叶林	云杉林	湿草甸	黑化表面
反射率（%）	85	40	28	19	15~20	20	10	22~23	6

人工铺盖层								
表面种类	砂石	水泥	淡色混凝土	浅色细毛毡	黑色细毛毡	碎石垫层	砾石垫层	沥青
反射率（%）	18	27	30~35	28	14	18	13	10~30

表 3-5　潮湿和干燥土壤表面反射率

表面	压实的		新翻松的	
	干燥的	潮湿的	干燥的	潮湿的
黑（钙）土	12	7	9	5
浅灰钙土	32	18	20	13
白色砂土	40	18		

黑色沥青路面的铺设起着两大作用：改变表面的吸收辐射量；强烈减小蒸发耗热。当沥青路面为淡色时，反射率相当于浅色混凝土；反之，当沥青路面的黑色情况下，反射率就大大减小，这些变化都改变着地表的温度状态。更为重要的是，沥青路面铺盖层强烈地减小路堤和基底的蒸发耗热，且远比砂石路面大。辐射-热量平衡结构很大程度上取决于蒸发，在大气条件（气温、湿度、风向等）相同的情况下，蒸发耗热急剧减小就会引起路堤内年平均温度升高和年温度较差的增大，沥青铺盖表面可达 3~4℃，混凝土表面达 2~3℃，增大季节融化深度，最终导致年平均地温升高。夏季蒸发量增大必然会降低最高温度，减小年较差，减小多年冻土季节融化深度。

表 3-6 给出了青藏公路沿线各处观测场地 0.5 m 深度处的多年平均地表温度、融化指数、冻结指数及融冻比的计算结果。由表可以看出，沥青路面与天然地表吸热效应的差异，导致年平均融化指数与年平均冻结指数差值也有明显不同。沥青路面多年平均融化指数大于多年平均冻结指数，天然地表多年平均融化指数基本等于多年平均冻结指数。青藏公路沿线沥青路面多年平均融化指数大致分布在 895~2 540℃ · d，多年平均冻结指数大致分布在 290~1 097℃ · d；天然地表多年平均融化指数大致分布在 144~1 550℃ · d，多年平均冻结指数大致分布在 127~1 544℃ · d。

表 3-6　青藏公路沿线多年平均地表温度及冻结、融化指数

地　区	状　态	暖季平均温度（℃）	融化指数（℃ · d）	冷季平均温度（℃）	冻结指数（℃ · d）	融冻比	温度比
西大滩	沥青路面	8.11	1 817	-5.19	-760	2.39	1.56
	天然地表	3.24	504	-4.97	-1 066	0.47	0.65
楚玛尔河	沥青路面	9.72	2 540	-4.95	-1 070	2.37	1.96
	天然地表	4.28	800	-4.66	-904	0.88	0.92
风火山	沥青路面	7.50	1 472	-6.08	-1 052	1.40	1.23
	天然地表	2.73	364	-6.47	-1 544	0.24	0.42
沱沱河	沥青路面	9.95	2 407	-4.95	-616	3.91	2.01
	天然地表	7.85	1 550	-6.53	-1 151	1.35	1.20
开心岭	沥青路面	9.91	2 262	-6.07	-866	2.61	1.63
	天然地表	2.52	381	-1.88	-433	0.88	1.34
唐古拉山	沥青路面	8.89	1 849	-6.85	-1 097	1.69	1.30
	天然地表	2.05	292	-2.82	-669	0.44	0.73
扎加藏布	沥青路面	7.97	1 621	-5.15	-825	1.96	1.55
	天然地表	3.63	560	-4.87	-1 089	0.51	0.75
头二九	沥青路面	3.97	895	-1.82	-290	3.09	2.18
	天然地表	3.21	577	-3.85	-774	0.75	0.83
捷布曲河	沥青路面	8.74	1 946	-4.70	-590	3.30	1.86
	天然地表	3.87	695	-3.01	-580	1.20	1.29

（续表）

地　区	状　态	暖季平均温度（℃）	融化指数（℃·d）	冷季平均温度（℃）	冻结指数（℃·d）	融冻比	温度比
安多	沥青路面	9.81	2 430	−3.41	−427	5.69	2.88
	天然地表	1.23	144	−0.51	−127	1.13	2.41

从表 3－6 反映的规律可以看出，暖季时沥青路面吸热效应明显，沥青路面平均温度高于天然地表，两者差值在 0.76～8.58℃；冷季时沥青路面放热速度较快，沥青路面平均温度略低于天然地表，两者相差 0.22～4.19℃。暖季温度与冷季温度的比值可以用温度比表示，反映了地表温度年际波动变化特征。沥青路面温度比在 1.23～2.18，天然地表温度比在 0.42～1.24。由此表明沥青路面表层温度年际波动较大。

图 3－14 给出了青藏公路沿线多年冻土地区冻融循环过程图。从图中可以看出，沥青路面对下伏多年冻土的影响主要体现在以下两个方面：

（1）沥青路面强烈的吸热效应对多年冻土的影响范围更广，影响程度更剧烈。与天然地表相对比，沥青路面下多年冻土影响深度普遍大于 3.0 m 以上，安多地区（冻土南界）影响程度更剧烈，可达 7～8 m。由此可见，沥青路面的吸热效应能够显著增加下伏多年冻土退化风险。

（2）沥青路面的聚热效应导致下伏多年冻土层形成了常年不冻的聚热层，即融化夹层，并且随着时间推移，该融化夹层的厚度不断增加。

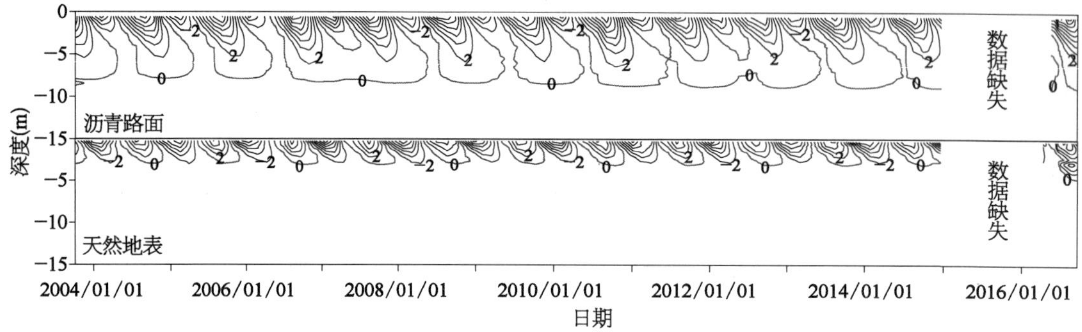

(a) 西大滩

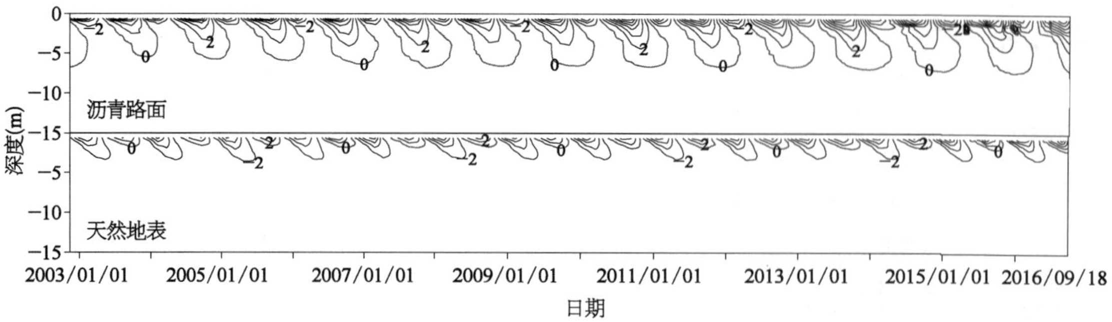

(b) 清水河

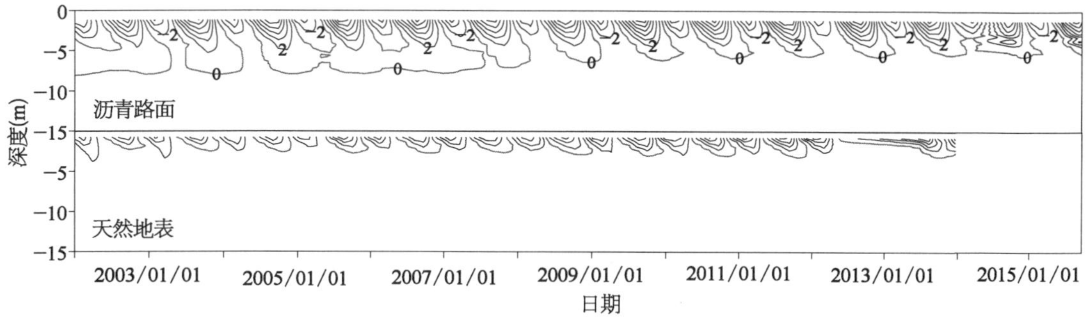

(c) 斜水河

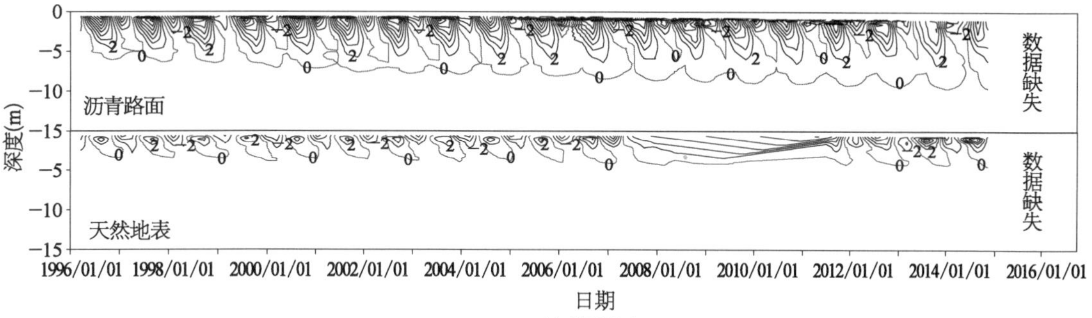

(d) 楚玛尔河

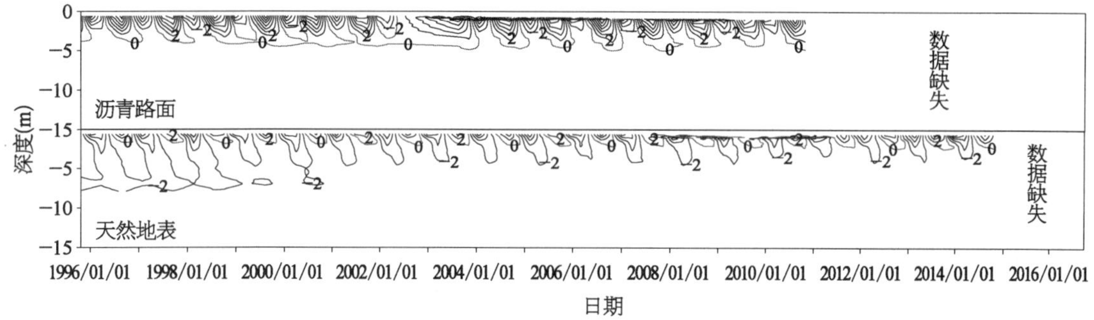

(e) 五道梁

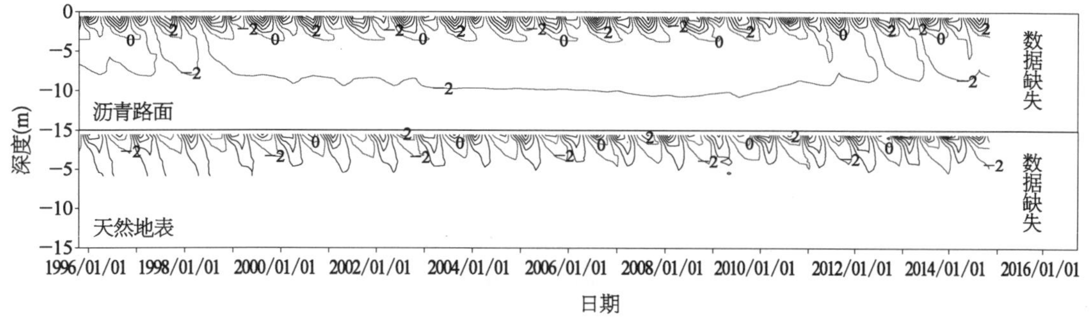

(f) 风火山

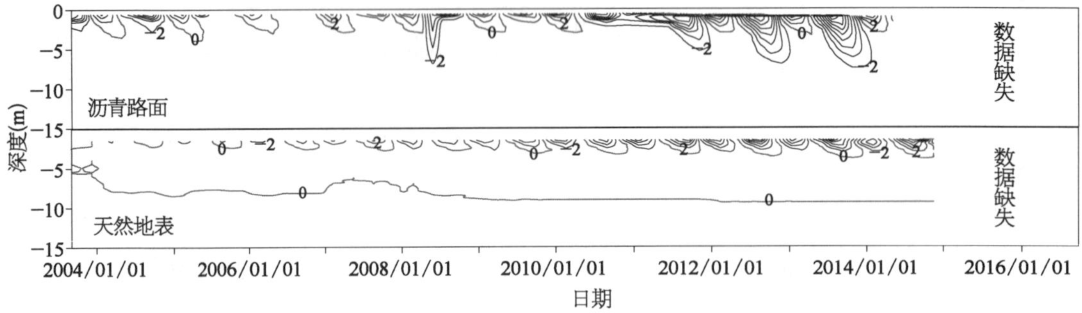

(g) 沱沱河

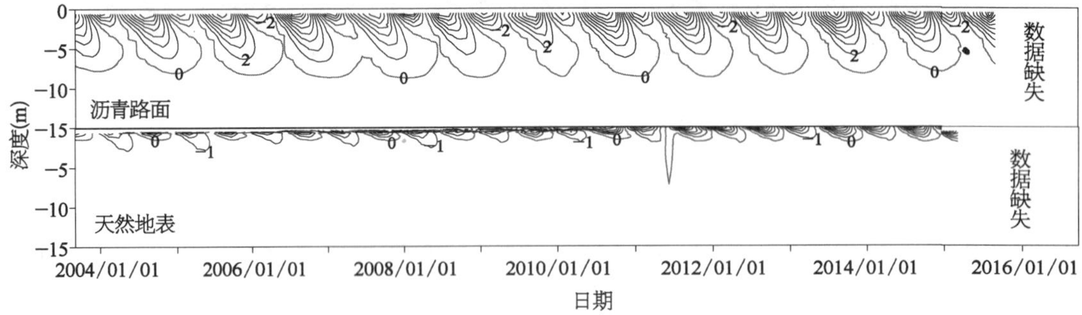

(h) 开心岭

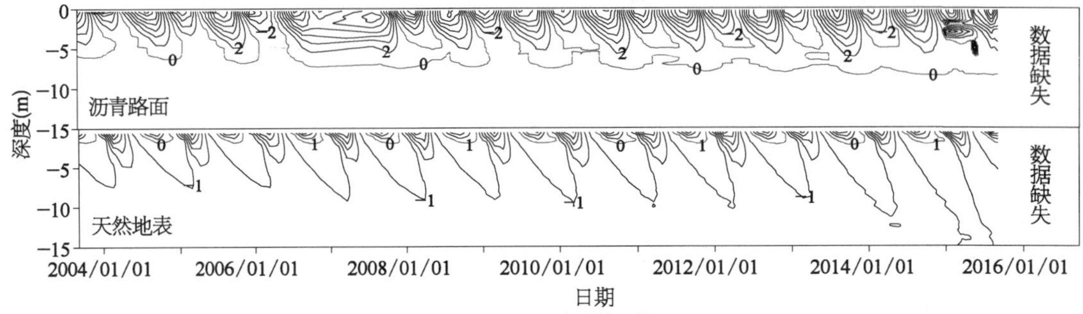

(i) 唐古拉北坡

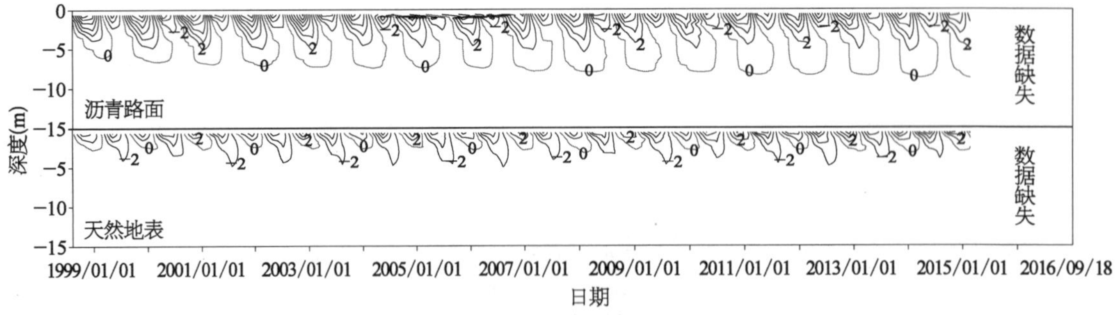

(j) 扎加藏布河

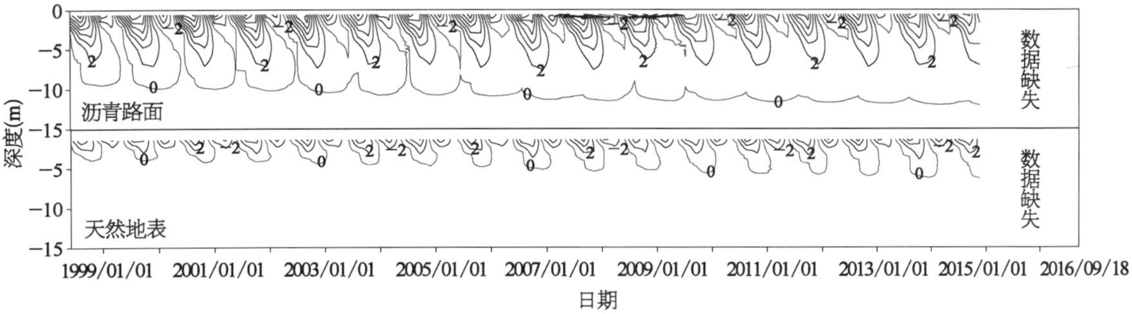

(k) 头二九山

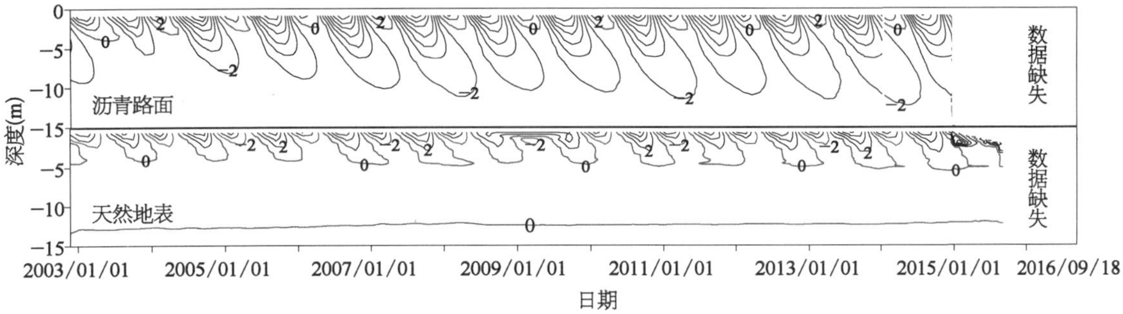

(l) 安多(一)

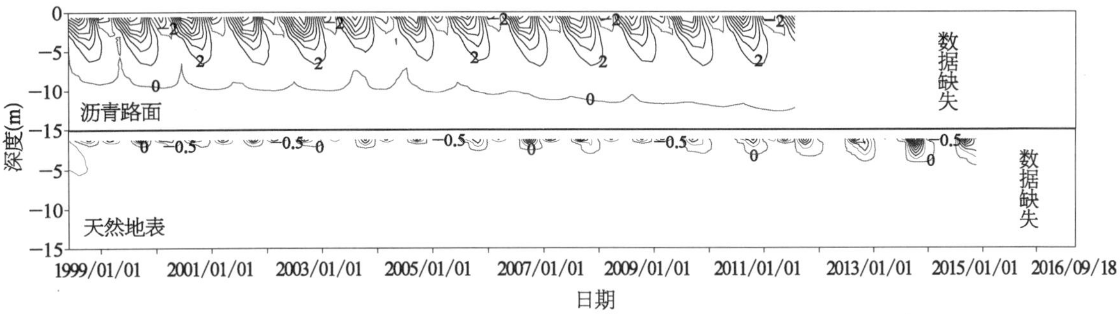

(m) 安多(二)

图 3 - 14　不同地区多年冻土冻融循环过程

与此同时,沥青路面也改变了多年冻土的冻结融化时间。在天然地表,每年的冻结期为每年 10 月中旬至次年的 4 月下旬,时间长达 6 个半月,比融化期时间长约 1 个月的时间;在沥青路面,每年的冻结期为每年的 11 月下旬至次年的 4 月上旬,时间长为 5 个月,比融化期时间短约 2 个月的时间。由此可见,沥青路面修筑后,改变了下伏多年冻土的冻结融化时间,冻结期开始时间滞后 1.5 个月,结束时间提前近 20 d,从而导致多年冻土热量不断积聚,多年冻土不断退化。

气候升温与工程作用导致了土体吸热量大于放热量,显著引起了冻土温度升高。图 3 - 15、图 3 - 16 给出了沥青路面与天然地表下 6 m、10 m 及 15 m 深度处的地温增温率。从图中可以看出,同一深度处沥青路面下地温增温率明显高于天然地表下增温率。6 m 深度处沥青路面下平均增温率为0.024℃/年,天然地表下平均增温率为0.016℃/年;10 m深度处沥青路面下平均增温率为0.022℃/年,天然地表下平均增温率为0.013℃/年;15 m深度处沥青路面下平均增温率为0.020℃/年,天然地表下平均增温率为0.013℃/年。

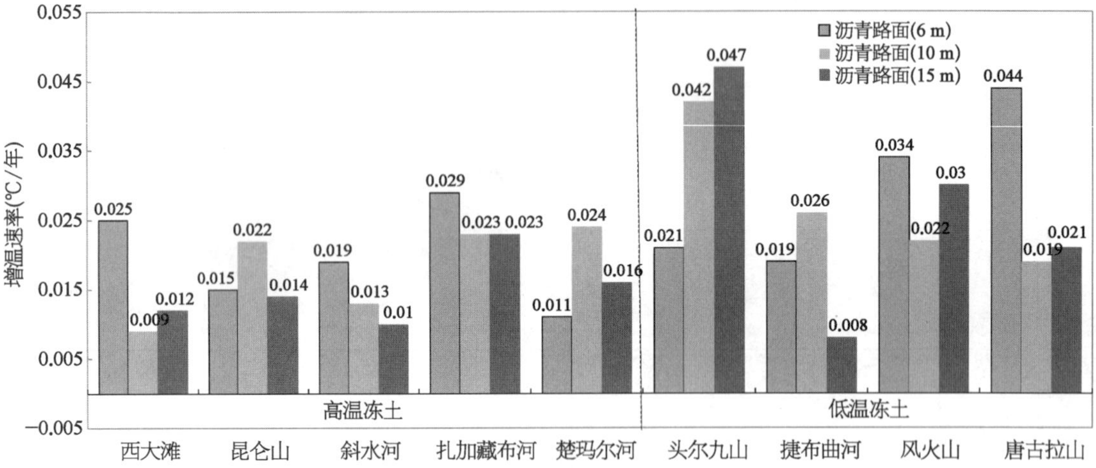

图3-15 沥青路面下不同深度处增温率

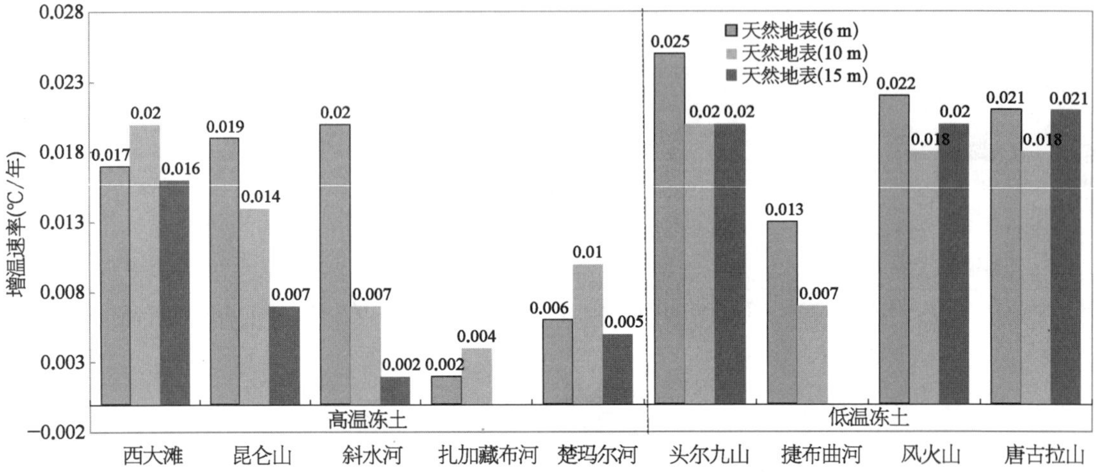

图3-16 天然地表下不同深度处增温率

在气候变暖的情况下,高温冻土区天然地表下6 m深度处平均增温率为0.016℃/年,10 m深度处平均增温率为0.014℃/年,15 m深度处平均增温率为0.012℃/年。低温冻土区天然地表下6 m深度处平均增温率为0.016℃/年,10 m深度处平均增温率为0.012℃/年,15 m深度处平均增温率为0.014℃/年。在气候变暖与工程活动影响下,高温冻土区沥青路面下6 m深度处平均增温率为0.018℃/年,10 m深度处平均增温率为0.025℃/年,15 m深度处平均增温率为0.019℃/年。低温冻土区沥青路面下6 m深度处平均增温率为0.032℃/年,10 m深度处平均增温率为0.019℃/年,15 m深度处平均增温率为0.021℃/年。同一深度处高低温冻土区平均升温率的差异主要与冻土上限深度有很大关系。天然状态冻土上限深度不超过 6 m,该处升温率较其他两处深度大。沥青路面下高温区冻土上限在 8~11 m,10 m 处深度升温率大于其他两处;低温区冻土上限在 5~8 m,6 m 处深度升温率大于其他两处。

3.3.3 路基断面形式与结构

路基断面形式与结构包括路堤高度、路面宽度、边坡坡度和护道、排水沟等辅助设施、路基结构及是否采用保温材料、碎石垫层、热棒等工程措施,这些都直接影响路堤内热状况与路基稳定性。

路堤高度增大意味着从上界面流向地中的热量传递过程中热阻增大,相应减小热量传入基底,有利于路堤的热稳定性。当路堤高低过低时,一方面路堤使基底天然土体压密排水,减小天然土层的热阻和热储,另一方面路堤增加的热阻和热储上不足补偿因天然压密排水所减少的量值,导致路基整体的热状态恶化。当路堤过高时,冬冷季节的环境气候对路堤提供的冷储能力不能完全消除夏令时赋予路堤的总热量,在堤内出现残留的融区,以至于多年不能消失,年复一年的热储将导致基底冻土上限下降,因而出现多年冻土区路堤的"下临界高度"和"下临界高度"。

路堤是有一定几何图形的断面,与天然土层温度状态年际变化的主要差别在于存在坡面的水平热流影响,缺乏天然地面那种热力水平均衡状态,冬夏各半年的热量影响不同,导致路堤朝阳坡面的吸热量大于阴面,影响着基底的地温状态,增大季节融化深度,造成路堤基底的融深向阳面偏移,路堤高度越大,阴阳面的接收太阳辐射热的差异越明显,以至于在路堤中形成高温核。

综上所述,以上三类对路基稳定性的影响因素不是孤立作用,在一定条件下它们之间是相互作用、相互关联的。概括地讲,路基稳定性最核心的内容就是寻找气候、天然地面、多年冻土、工程特性等之间的最佳结合,使路基既要满足稳定性的要求,又要经济合理。

第4章

多年冻土公路路基长期变形研究

为了保证道路通畅,冻土路基在满足热稳定性要求的同时,道路路基的变形也必须满足设计规范要求。路基的热稳定性是冻土区路基稳定的必要条件,而结构稳定性是冻土路基稳定的充分条件。一直以来,寒区路基工程研究的核心问题是其长期变形规律及其机理的研究。冻土路基结构稳定性主要反映在路基变形量的大小及其对路面平整度的影响,路基失稳主要是指冻土路基在道路运营过程及路基设计使用年限内,产生了超过路基容许变形的沉降量。

本章针对路基长期变形预测模型的研究将从两个方面展开:其一,在部分路段不同路基结构层中设置分层变形观测设备,通过几年的分层变形观测数据与现有的长序列路基总变形观测数据,建立路基变形预测的时间序列模型;其二,设计相关试验,研究路堤活动层内部在冻融循环下的破坏过程,提出适合路基变形特征的融沉固结的物理模型,通过数值计算方法研究路基长期变形的规律。

4.1 多年冻土路基变形特征分析

4.1.1 冻土上限变化过程

图 4－1 给出了青藏公路沿线沥青路面及天然地表下冻土上限深度下降变化情况。可以看出,自 1995 年至 2016 年以来,沥青路面及天然地表下冻土上限深度下降均呈现出明显的增大趋势,高温冻土区冻土上限深度下降幅度显著大于低温冻土区。在全球气候变暖的背景下,低温冻土区天然地表下冻土上限深度下降幅度在 0.1～1.06 m,平均下降幅度为 0.44 m;高温冻土区天然地表下冻土上限深度下降幅度在 0.14～1.50 m,平均下降幅度为 0.68 m。在气候变暖与工程活动共同影响下,低温冻土区沥青路面下冻土上限深度下降幅度在 0.97～2.32 m,高温冻土区沥青路面下冻土上限深度下降幅度在 0.82～2.99 m。在工程活动影响下,低温冻土区冻土上限深度下降幅度在 0.34～2.22 m,平均下降幅度为 1.38 m,高温冻土区冻土上限深度下降幅度在 0.55～2.24 m,平均下降幅度为 1.23 m。由此可知,高温冻土区气候对冻土上限下降的影响大于低温冻土区,工程对冻土上限下降的影响小于低温冻土区。高、低温冻土区上限深度下降幅度的差异,与气候变化背景下多年冻土退化过程有关。当最大季节融化深度超过最大季节冻结深度时,冻土开始下引式退化,通常形成融化夹层,造成多年冻土和季节冻结层不衔接。当多年冻土层中地温梯度减小到小于下伏或周边融土层时,则产生上引式或侧引式退化。

通过计算多年冻土上限深度与时间拟合函数相关性的统计值,可以进一步反映冻土的退化速率。沥青路面下冻土退化速率最小为 11.68 cm/年,最大达到 20.14 cm/年,平均退化速率为 16.39 cm/年;天然地表下冻土退化速率最小为 1.82 cm/年,最大达到 12.88 cm/年,平

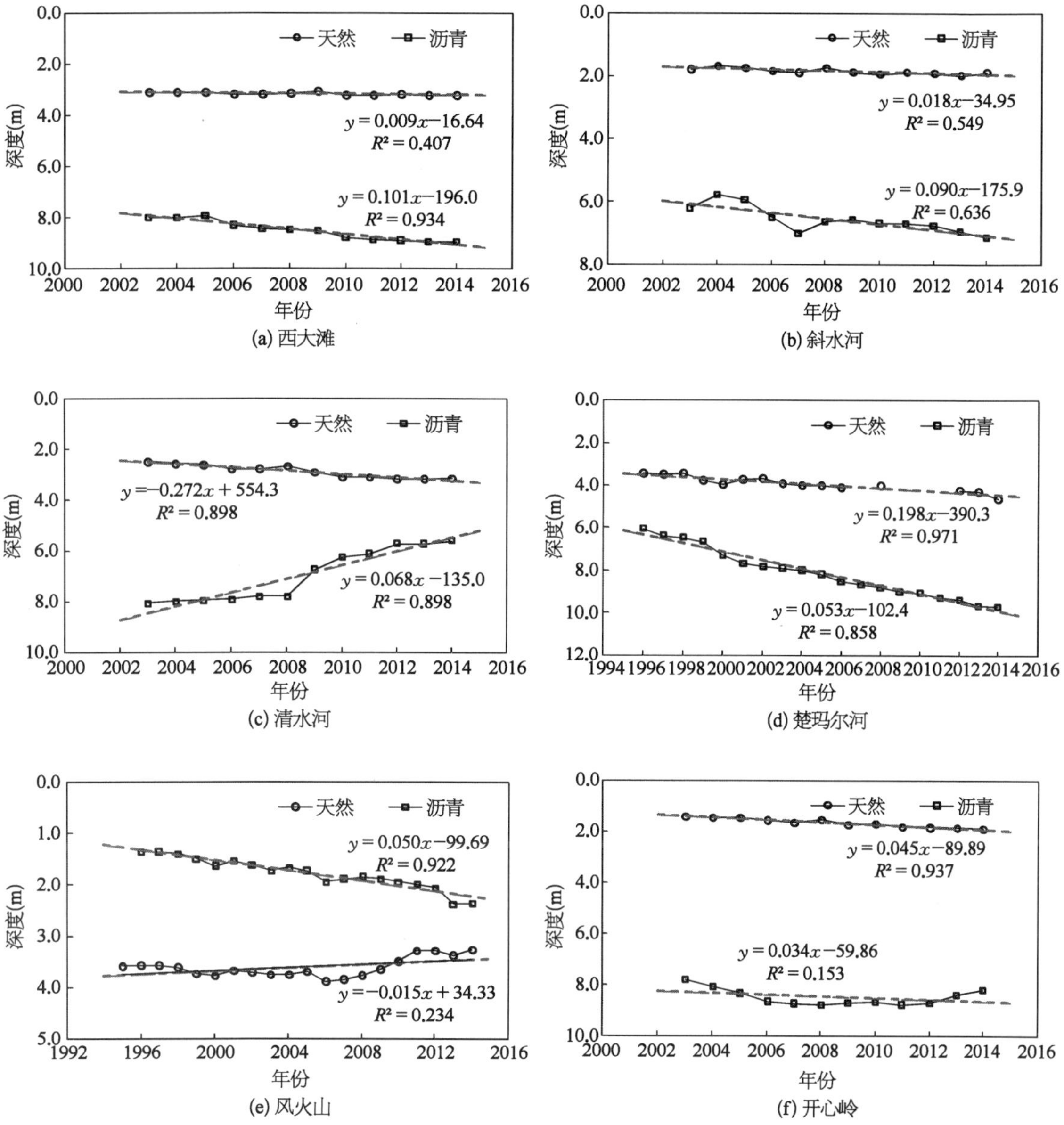

图 4－1 不同地区各年上限深度变化特征

均退化速率为 4.67 cm/年。沥青路面下冻土平均退化速率是天然地表下的 4.6 倍。

从图 4－1 中可以看出，在气候变暖背景下，高温区天然地表下冻土平均退化速率为 5.72 cm/年，低温区天然地表下冻土平均退化速率为 3.42 cm/年。在气候变暖与工程活动共同影响下，高温区沥青路面下冻土平均退化速率为 16.9 cm/年，低温区沥青路面下冻土平均退化速率为 15.7 cm/年。在工程活动影响下，高温区冻土平均退化速率为 11.18 cm/年，低温区冻土平均退化速率为 12.28 cm/年。气候影响下高温区冻土平均退化速率大于低温区，工程影响下高温区冻土平均退化速率小于低温区，其规律与冻土上限下降幅度保持一致。

4.1.2 多年冻土路基变形规律

1）路基变形总规律

图 4-2 给出了青藏公路沿线典型断面冻土路基变形监测结果。可以看出，冻土路基变形主要以下沉变形为主，绝大部分路段没有明显的冻胀变形过程或冻胀变形很小。同时，不同断面的沉降变形特征及趋势并不完全一致，反映了路基变形的复杂性，但其实质上都表现出强烈的融沉变形的共同特点。从长期变形监测结果来看，变形一直未达到稳定状态。基于场地温度场变化推测，在未来一段时间内，随着路基下伏多年冻土的融化，路基的沉降变形仍将继续。

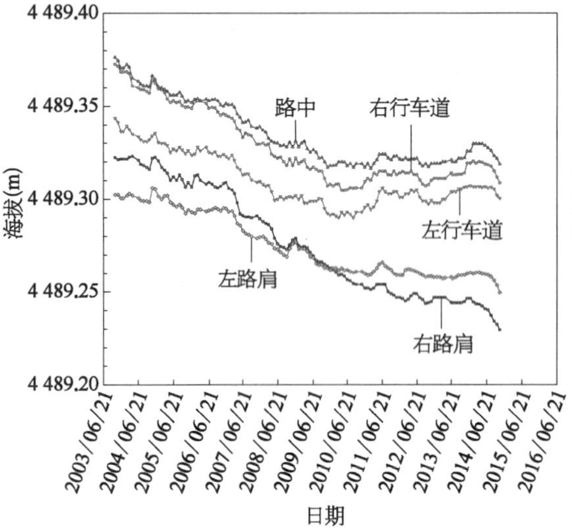

(a) 西大滩

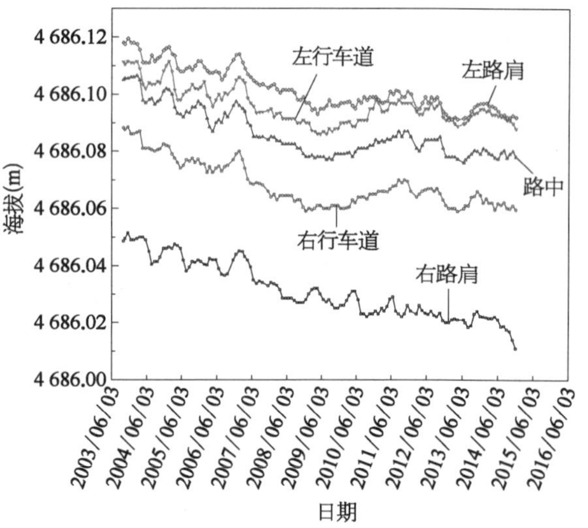

(b) 乌丽

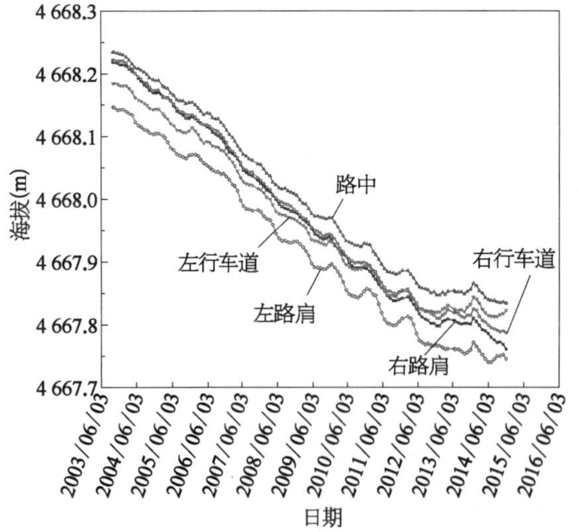

(c) 沱沱河

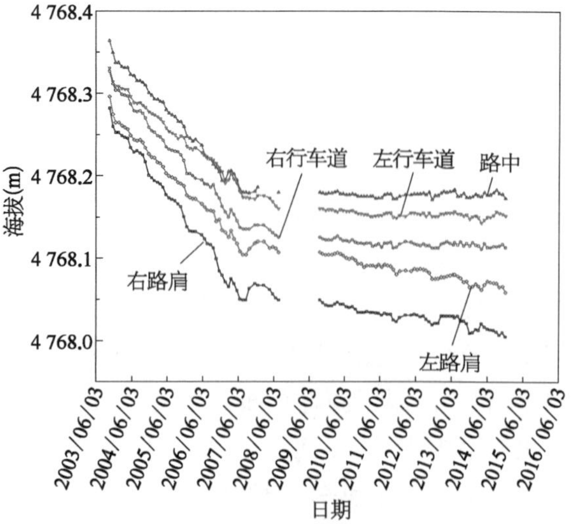

(d) 开心岭

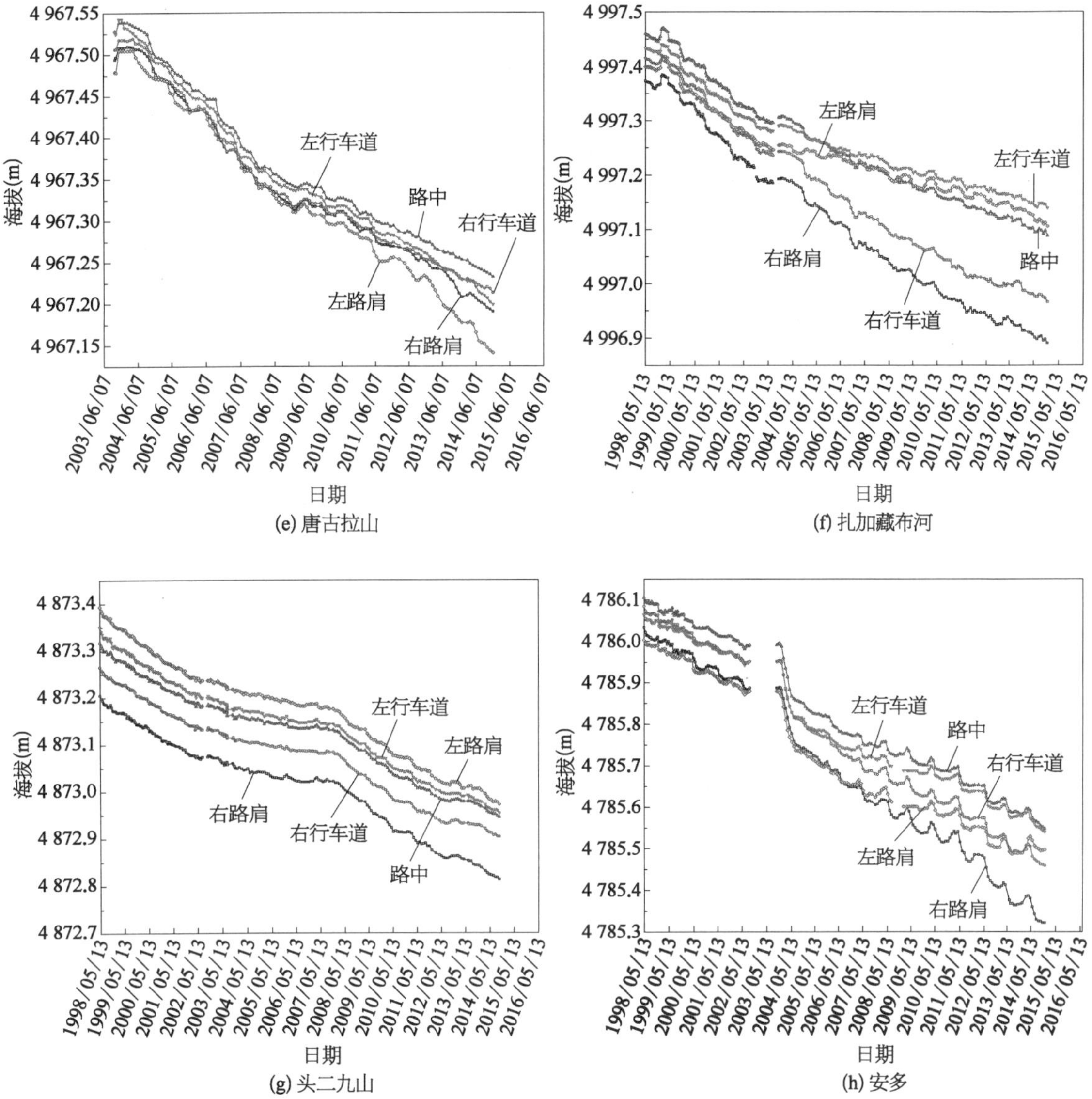

(e) 唐古拉山

(f) 扎加藏布河

(g) 头二九山

(h) 安多

图 4－2　**不同地区路基变形曲线**

不同地区的路基，在路基不同部位的变形量也有很大差别。根据路基不同部位变形量差值的变化情况，可以将路基变形分为两类。一类路基变形是均匀变形，如图 4－2 中沱沱河地区和唐古拉山脉北坡地区，这些地区路基不同部位的变形量都随着时间的增加而增加，但是其各部位变形量差值基本上都保持不变，即路基各部位变形速率保持一致。另一类路基变形是不均匀变形，如图 4－2 中西大滩地区和扎加藏布河地区，这两个地区不同部位的变形量都随着时间的增加而增加，同时各部位变形量差值也发生较大变化，即各部位变形速率不一致。

图 4－3 给出了 9 个监测场地变形速率的汇总图，可以看到青藏公路沿线不同地区路基

的沉降速率各不相同,其年平均变形速率大致分布在 0.2~5.5 cm/年。从地形地貌上来说,不同地貌区路基变形也存在较大差异。河流沟谷地区路基变形速率最大,其主要原因在于河流流经地区形成融区,导致多年冻土退化加快。从沿线 9 个变形观测断面来说,沱沱河地区路基年平均变形速率达到 5.5 cm/年,扎加藏布河地区路基年平均变形速率达到 2.5 cm/年。山区路基变形速率次之,如昆仑山、开心岭和唐古拉山地区,其路基变形速率分别为 1.9 cm/年、2.5 cm/年和 3.3 cm/年。其他地貌区如乌丽盆地等,路基变形速率最小。

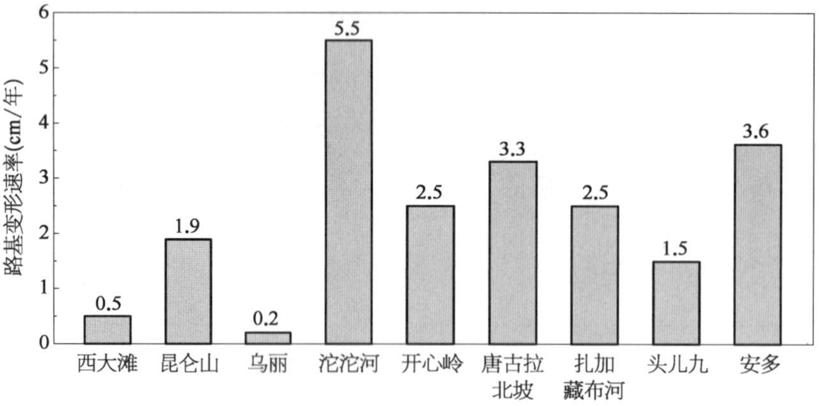

图 4-3 不同地区青藏公路路基变形速率

2) 路基纵向变形规律

沿路基纵向方向(行车方向)上,若各个横剖面路基变形沉降量不一致,会导致路面起伏波动。这种路基变形称为路基纵向变形。路基纵向变形与路基波浪病害有很大关系。路基纵向变形差越大,其波浪病害越严重,其行车安全性越差。从图 4-4 可以看出,不同地区路基沉降量有很大差异,具体来说可以分成三类:西大滩、昆仑山及乌丽地区,路基总体沉降量很小,基本上总的沉降量不超出 10 cm;开心岭、唐古拉山脉、扎加藏布河及头儿九地区,其总体沉降量分布在 20~35 cm;而沱沱河与安多地区,沉降量超过 35 cm,最大达到 50 cm。

根据路基段不同横剖面变形沉降差可以将路基纵向变形分为两类:纵向均匀变形与纵向不均匀变形。如图 4-4 中西大滩、昆仑山、乌丽、开心岭及扎加藏布河地区,尽管这些地区总体沉降量存在很大差异,且部分地区沉降量达到 30 cm 左右,但其年平均最大变形量与最小变形量差值基本上不超过 5 cm,属于纵向均匀变形。这些地区对行车安全影响程度较小,但对行车舒适性有很大影响。图 4-4 中沱沱河、唐古拉山脉、头儿九及安多地区,这些地区不仅路基总体沉降量较大,而且其年平均最大变形量与最小变形量差值基本上在 10 cm 以上,尤其是沱沱河地区,其差值达到 20 cm。这种变形属于纵向不均匀变形,在这些地区公路路基波浪病害比较严重,不仅会对车辆造成损耗,同时对行车安全有较大影响。由此分析可以表明,路基纵向变形对路基的影响主要体现在路面变形上,不会对路基造成实质性破坏,但是这种变形对行车舒适性与安全性都有很大影响。

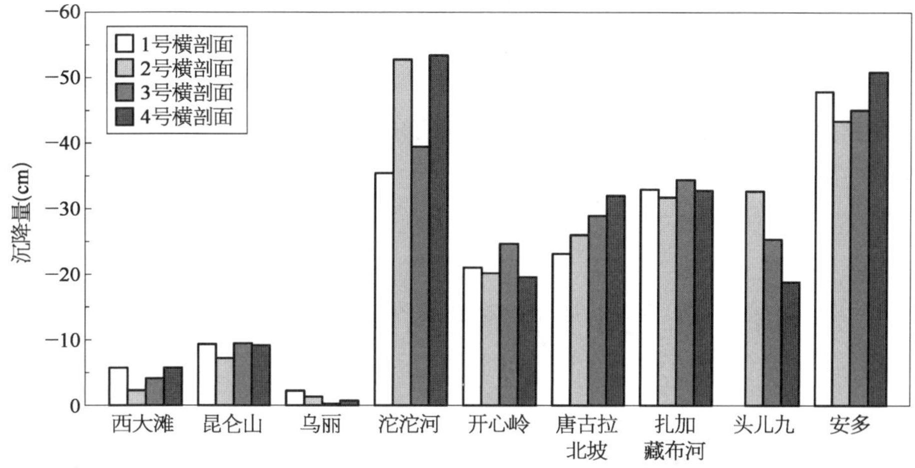

图 4-4 不同地区青藏公路路基纵向沉降量

3）路基横向变形规律

沿路基横向方向，如路基各部位变形沉降量不一致，路基会向变形较严重一侧倾斜，对路基的稳定性有很大影响。这种变形称为路基横向变形。从图 4-5 可以看出，路基横向变形总体规律与路基纵向变形总体规律基本一致，但是各部位变形沉降量各不相同。由于受到路基走向、道路荷载等各种因素的综合影响，很难给出一个定量的评价。如西大滩、昆仑山、沱沱河、开心岭、扎加藏布河及安多地区右路基沉降量较大，而沉降量最小的部位却各不相同。根据路基各部位沉降变形差，可以将路基横向变形分为两类：横向均匀变形与横向不均匀变形。横向均匀变形是指路基各部位变形差较小，对路基的影响主要体现在路基的局部沉降；横向不均匀变形是指路基各部位变形差较大，对路基的影响主要体现在路基的纵向裂隙，导致路基向变形较严重一侧坍塌。从图中可以看出，西大滩、昆仑山、乌丽、唐古拉山

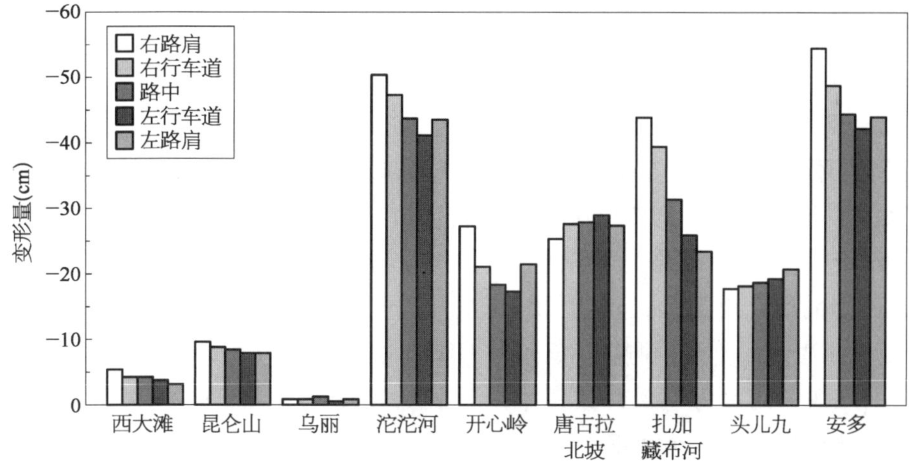

图 4-5 不同地区青藏公路路基横向沉降量

脉与头儿九地区，横向变形年平均最大差值不超过 5 cm。这些地区横向变形量差值较小，属于横向均匀变形。沱沱河、开心岭、扎加藏布河及安多地区，横向变形年平均最大差值均超过 10 cm，最大值达到 20 cm。这些地区横向变形量差值较大，属于横向不均匀变形。横向均匀变形主要引起路面的倾斜与局部坑陷，对冬季与夜间行车安全有较大影响，而横向不均匀变形则会导致路基开裂，影响路基稳定性。

4.2 冻土路基变形的时间序列模型分析

多年冻土区公路工程处于复杂的气候及地理环境条件下，公路的运营寿命受众多因素影响和制约，从目前青藏公路的使用状况来看，病害主要表现为路基融沉和路面坑槽、开裂等。对于路基融沉问题，学者及工程技术人员都已意识到其重要性，但由于尚无合理的计算及评价方法，因此无法就融沉问题进行科学量化分析。本节考虑到影响路基融沉因素的复杂性，基于现场观测数据序列，利用数学方法进行冻土路基融沉预测，以便为冻土区路基设计提供依据。多年冻土区路面的破坏是路基融沉造成不均匀沉降及路面材料物理、力学性能降低的外部表现，本节在对微分方程模型、时间序列法、灰色预测、BP 神经网络、混沌理论、小波分析、机器学习、时间序列法等多种数学方法对比的基础上，选取以下几种方法对不同路基融化盘形状下路面变形及应力分布进行有限元数值模拟，得出了从路基填筑、路面施工到开放交通整个过程路面位移及应力变化特征。

4.2.1 基于人工神经网络的冻土路基融沉预测

神经网络是一种较新的信息处理学科，它从神经心理学和认识科学研究成果出发，应用数学方法对各类信息进行分析处理，具有并行分布的、适应性的、大脑风格的信息处理本质和能力，本质上是大规模并行处理的自适应非线性系统。其具有很强的鲁棒性和容错性，善于联想、概括、类比和推广，具有很强的自学能力。

从神经网络 BP 算法和遗传算法自身特点上讲，BP 算法的训练是基于误差梯度下降的权重修改原则，不可避免地存在落入局部最小点问题。遗传算法善于全局搜索，而对于局部的精确搜索显得能力不足。遗传算法和 BP 算法的结合实现了优势互补，有利于更好地解决冻土路基融沉预测问题。按照上述思想，网络的训练过程可分为两个步骤：一是采用遗传算法优化 BP 网络的初始权重；二是利用 BP 算法修改网络权重。

对青藏公路唐南段 1 号观测场(K3363+810)2 号测点 1998—2009 年路基变形监测值进行研究，数据序列中元素为每个月或每半个月的路基变形观测值，从 1998 年 5 月 13 日到 2009 年 12 月 19 日，共 203 个数据。

本研究选择的 1 号观测场地处唐古拉山与头二九山间盆地，该地区多年冻土年平均地

温约为 -1.0℃，多年冻土天然上限为 2.6 m，路基下岩性以洪积沙砾石为主，夹有少量中细砂和碎石层，多年冻土类型属富冰冻土与饱冰冻土，路基平均高度为 2.6 m。

设置在唐南的 3 个观测场路基变形观测点布置如图 4-6 所示。

在具体实施过程中，不需要对所取的时间序列做任何假设，直接根据已有的样本数据对网络进行训练，训练后的网络从时间序列的过去值中抽取系统随时间演化的规律，待网络训练完毕，就可以应用这一网络对时间序列的将来值进行预测。用神经网络对时间序列进行建模一般可写成如下的非线性映射：

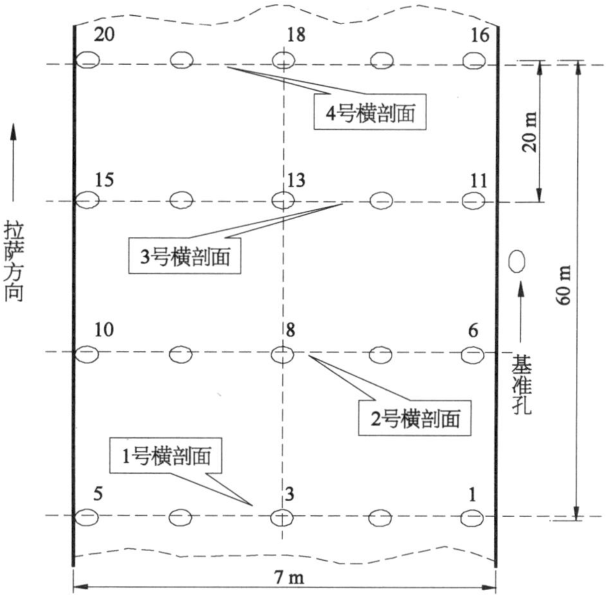

图 4-6 各路基变形观测场布置示意图

$$x(t+T)=f[x(t),\ x(t-1),\ \cdots,\ x(t-m+1)] \tag{4-1}$$

式中 T——预测步；

m——嵌入维数。

为了实现上述具体过程，借助于 Matlab 中遗传算法及神经网络工具箱，编写训练程序并仿真。从数据序列中构造出 91 个样本，选取训练样本 192 个、检验样本 11 个，把如上网络用于原数据序列最后 11 个观测值（即 2009 年观测值）进行模型检验，结果见表 4-1。

表 4-1 神经网络样本检验结果

序 号	实测值(cm)	预测值(cm)	绝对误差(cm)	相对误差(%)
193	0.010 0	0.010 6	0.000 6	5.50
194	-0.050 0	-0.055 5	-0.005 5	11.00
195	-0.200 0	-0.216 0	-0.016 0	8.00
196	-0.800 0	-0.846 6	-0.046 6	5.83
197	0.010 0	0.010 2	0.000 2	2.30
198	-0.300 0	-0.302 0	-0.002 0	0.67
199	-0.200 0	-0.207 5	-0.007 5	3.73
200	-0.100 0	-0.105 0	-0.005 0	5.00
201	-0.300 0	-0.318 3	-0.018 3	6.10
202	-0.300 0	-0.319 3	-0.019 3	6.42
203	0.200 0	0.206 2	0.006 2	3.10

从网络设计、训练到检验，目的是用网络进行路基融沉预测，因此利用上述网络进行已有数据序列之后 12 个月（即 2010 年全年变形值）的路基变形量进行预测，共 12 个预测值，结果见表 4－2。

表 4－2 神经网络预测结果

序 号	变形（cm）	序 号	变形（cm）
1	0.105 5	7	−0.207 5
2	0.111 0	8	−0.420 0
3	0.108 0	9	0.010 6
4	−0.740 8	10	0.021 3
5	−0.613 8	11	−0.010 3
6	−0.302 0	12	−1.339 0

从表 4－1 可以看出，总体误差是较小的，可以用该神经网络模型进行冻土路基融沉预测。对于表 4－1 中出现的相对误差较大的点，还需要更深入的研究，从现场实测及模型两方面进行分析，可能是由于主观原因引起的数据序列噪声较大，也可能是因模型的鲁棒性较差而引起，这将在以后通过更完善的网络结构优化得以解决。

4.2.2 基于混沌理论的冻土路基融沉预测

由混沌动力学理论可知，Lyapunov 指数可以用来表征系统的混沌行为和系统在相空间中相邻轨迹的指数辐射，它刻画了相空间中相体积收缩和膨胀的几何特性。因此 Lyapunov 指数作为量化对初始轨道的指数发散和估计系统的混沌量，是系统一个很好的预测参数。

仍以青藏公路唐南段多年冻土区 1998—2009 年路基变形时间序列为例，用最大 Lyapunov 指数法进行预测。整个计算过程用 Matlab 语言编制的程序实现，用 C－C 法计算选取嵌入维数 $m = 35$，延迟时间 $\tau = 2$，然后利用时间序列进行 Lyapunov 指数计算，求得最大 Lyapunov 指数 $\lambda_1 = 0.020\,3 > 0$，表明该序列为混沌时间序列。

利用最大 Lyapunov 指数预测方法进行时间序列预测，对比原时间序列中的最后 11 个观测值（即 2009 年路基沉降观测值），结果见表 4－3。

表 4－3 基于 Lyapunov 指数的预测检验结果

序号	实测值（cm）	预测值（cm）	绝对误差（cm）	相对误差（%）
193	0.010 0	0.010 5	0.000 5	5.05
194	−0.050 0	−0.052 3	−0.002 3	4.60
195	−0.200 0	−0.200 8	−0.000 8	0.40
196	−0.800 0	−0.827 4	−0.027 4	3.43
197	0.010 0	0.010 8	0.000 8	8.00

（续表）

序号	实测值(cm)	预测值(cm)	绝对误差(cm)	相对误差(%)
198	-0.300 0	-0.307 1	-0.007 1	2.37
199	-0.200 0	-0.206 5	-0.006 5	3.26
200	-0.100 0	-0.103 5	-0.003 5	3.50
201	-0.300 0	-0.317 6	-0.017 6	5.86
202	-0.300 0	-0.308 5	-0.008 5	2.83
203	0.200 0	0.204 1	0.004 1	2.05

由计算所得的最大 Lyapunov 指数，可以得到最长预报时间为 $T_m = 1/\lambda_1 = 49$，单位为“半月”，其实际物理意义是利用该时间序列的实际数据进行预测时，在精度损失不太严重的情况下，最大预测时间是 735 d。应该指出精度并不是在最长预报时间内都是一样的，它随着预报时间的增大而降低，因此混沌理论一般只适合短期预报。

利用上述方法进行已有数据序列之后 12 个月(即自 2010 年全年变形值)的路基变形量进行预测，时间间隔同样为半个月，共 12 个预测值，结果见表 4－4。

表 4－4　基于最大 Lyapunov 指数的预测结果

序　号	实测值(cm)	序　号	实测值(cm)
1	0.105 0	7	-0.206 5
2	0.104 6	8	-0.414 0
3	0.100 4	9	0.010 6
4	-0.724 0	10	0.020 6
5	-0.648 0	11	-0.010 2
6	-0.307 1	12	-1.326 0

由预测结果看出，基于最大 Lyapunov 指数的冻土路基融沉预测结果和上节的神经网络预测结果相比，相对误差有较明显的降低。冻土路基融沉是包括温度、气候、交通荷载等众多因素非线性叠加的结果，这种时间序列具有混沌特性，通过实例的计算分析证实，利用 Lyapunov 指数进行路基融沉预测是科学可信的方法，该方法将有着较为广泛的前景。和神经网络预测相比各有优点，Lyapunov 指数预测适合于短期预测，其预测精度较高；神经网络预测可进行长期预测。因此如果把两者结合起来将会是一种理想的预测模型，这有待以后对混沌时间序列神经网络(chaos time series neural network, CTSNN)研究上的进一步探索，并希望得到更好的预测结果。

4.2.3　基于变形数据的数学预测

继 20 世纪 70—80 年代对青藏公路冻土路基变形的观测以来，90 年代又对冻土路基变形进行了观测。本节在观测数据的基础上,建立冻土路基变形预测的数学模型。

从1998年5月至2009年12月三段观测路段[1号观测场路基变形资料: K3363+810,设水准点标高为4 997 m(5 009,3 242 437,9 152 608)。2号观测场路基变形资料: K3393+950,设水准点标高为4 873 m(4 415,3 229 179,3 149 615)。3号观测场路基变形资料: K3411+810,设水准点标高为4 786 m(4 803,3 223 497,9 142 966)]的观测资料可以看出,青藏公路冻土路基的冻融变形随时间按一定规律变化。从由资料得到的图4-7、图4-8可以看出,冻土路基的冻融变形随着时间呈周期性波动,并且随着时间的推移,冻融变形的量的大小有减小的趋势,路基变形绝大部分时间是处于下沉状态。

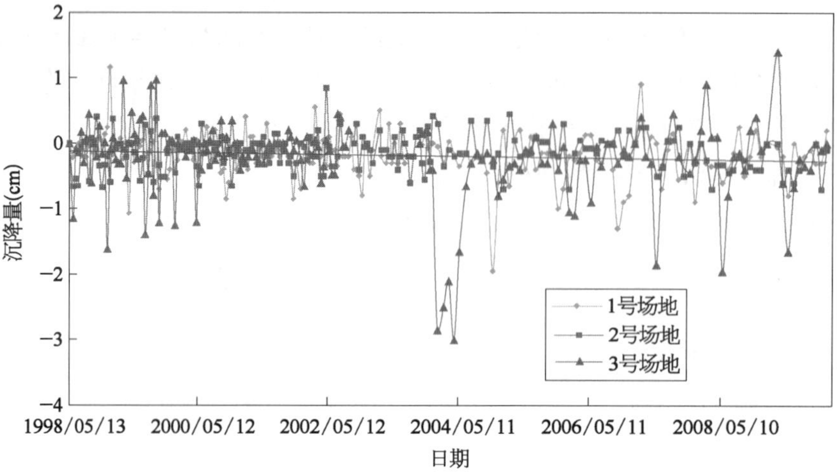

图4-7 观测场沉降观测值

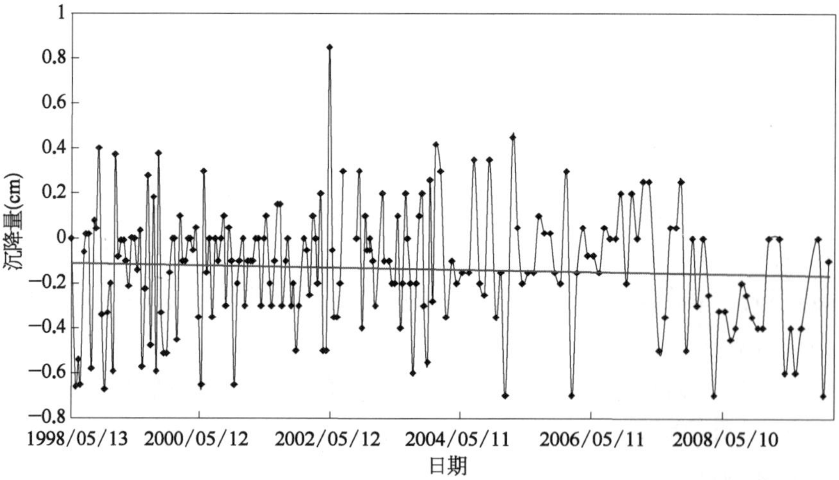

图4-8 2号观测场8号观测点沉降观测值

周期叠加模型认为数据往往都可以表示为cycle(周期)、season(季节)、trend(趋势)和irregular(不规则)这四个部分的组合。对于数据先分解因子(decomposition),再进行叠加。

在进行处理的过程中，并非每个部分都存在，需要对数据进行分析处理来考虑数据中存在的因子。通过对模型的应用结果来看，叠加模型较好地把握了冻土路基沉降变形规律，充分反映了季节因素对数据的影响，预测精度也较其他模型更高(图 4－9)。因此推荐采用周期叠加模型对冻土路基冻融变形进行预测分析。

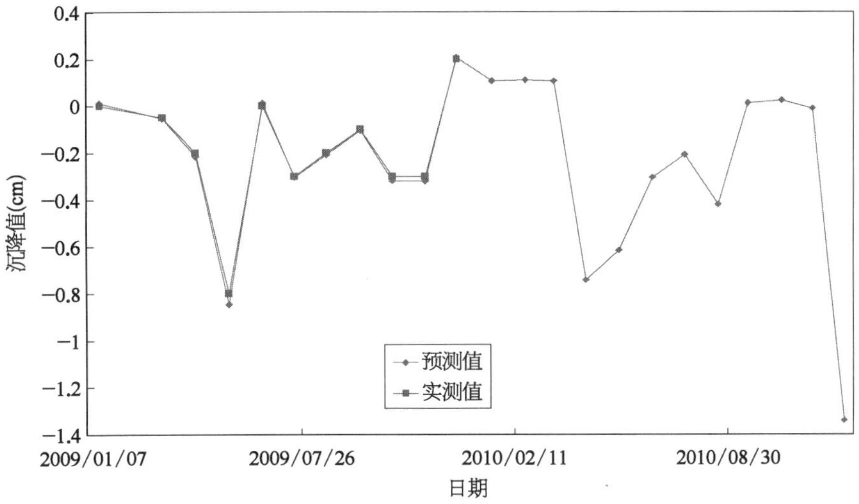

图 4－9 预测值与实测值对比

4.3 多年冻土路基变形计算模型及路基变形特征

在多年冻土地区修筑道路工程，不仅改变了路基下多年冻土的温度状况，而且也改变了地基土的受力状态。随着冻土路基温度及受力条件的改变，必然引起路基力学稳定性发生变化，从而导致路基产生沉降变形。青藏公路大量的调查研究结果表明，多年冻土地区路基总变形可分为以下几个部分：填土路堤压密变形、天然状况下季节融化层压密变形、多年冻土层融化下沉变形、融化部分压密变形及高温冻土的蠕变。

4.3.1 冻土路基三场耦合模型研究

大量的研究表明，土体冻融过程中的水分迁移，即热状况、水分状况与变化规律及由此引起的应力重分布是引起冻害及融沉的主要因素。土体中的温度场、水分场及应力场的相互作用是一个极其复杂的热力学、物理化学和力学的综合问题。土体冻涨、融沉过程受控于土体中的水、热、力的变化规律，本质是冻土多孔介质中土颗粒、冰晶体、未冻水这三种物质在温度势、土水势、压力与变形等外界因素作用下的相互运动、迁移、扩散与相变。

本节主要归纳总结三场耦合理论方面的已有成果，结合青藏高原多年冻土地区实际情况，提出适合多年冻土地区公路路基变形的耦合模型，揭示路基变形规律。

参考国内外学者在水、热、力三场耦合方面的研究成果，归纳总结，提出适合多年冻土地区公路路基变形规律的三场耦合模型。

基本假定：

（1）冻结层与未冻结层中，水分仅以液相水的形式运动。气体的相变效应及水蒸气的运动均忽略不计。

（2）忽略盐分的化学排析作用。

（3）土体为饱和土体（高含冰量），水的渗流服从达西定律。

（4）土颗粒与水分不可压缩，土体的变形是由于孔隙体积压缩变形的结果。

（5）冻土与未冻土均为各向同性体。

（6）由水分迁移引起的对流传热通量和导热通量与相变潜热相比可以忽略不计。

（7）忽略冰水系统中冰的作用，冻土中未冻水含量与土壤负温处于动平衡之中。

1）温度场模型构建

基于以上假设，若不考虑对流传热和蒸发潜热，仅考虑介质的热传导和冰水相变问题，则温度场方程可以表示为

$$\rho c \frac{\partial T}{\partial t} = \nabla \cdot (\lambda \ \nabla T) + L\rho_i \frac{\partial \theta_i}{\partial t} \tag{4-2}$$

式中 c——土体的比热；

λ——土体导热系数；

θ_i——体积含冰量；

ρ_i——冰的密度；

ρ——土体的密度；

T——温度；

L——冰水相变潜热。

其中，

$$c = \begin{cases} c_u & (T > T_a) \\ c_f + \dfrac{c_u - c_f}{T_a - T_b}(T - T_b) + \dfrac{L}{1+w}\dfrac{\partial w_i}{\partial T} & (T_b \leqslant T \leqslant T_a) \\ c_f & (T \leqslant T_b) \end{cases}$$

$$\lambda = \begin{cases} \lambda_u & (T > T_a) \\ \lambda_f + \dfrac{\lambda_u - \lambda_f}{T_a - T_b}(T - T_b) & (T_b \leqslant T \leqslant T_a) \\ \lambda_f & (T \leqslant T_b) \end{cases}$$

式中 u、f——融化状态和冻结状态的参数；

w、w_i——总含水量和含冰量。

2）水分场模型构建

因为假设为饱和冻土，所以无论是降温引起的冻胀还是升温引起的融沉及荷载引起的变形等，均是由土体孔隙比 e 的变化引起的。孔隙比的变化伴随着水分的迁移和冰—水相变两个过程。

（1）对于融区（$T > 0$℃），微元体体积在 Δt 时间内的变化量为

$$\Delta V = \varepsilon_v \cdot V = \frac{e - e_0}{1 + e_0} = \frac{\Delta e}{1 + e_0} \cdot V \tag{4-3}$$

式中 ε_v——土体的体应变；

e——土体的孔隙比；

e_0——初始孔隙比；

Δe——孔隙比的变化量；

ΔV——Δt 时间内土体体积变化量。

将达西定律 $v = - k \cdot \left(\nabla \frac{p}{\rho_w g} \right)$ 代入式(4-3)，有

$$\frac{1}{1 + e_0} \cdot \frac{\partial e}{\partial t} = \nabla \cdot \left(k \nabla \frac{p}{\rho_w g} \right) \tag{4-4}$$

式中 k——水的渗透系数；

p——孔隙水压力；

g——重力加速度。

（2）对于冻土区（$T < 0$℃），进入微元体的水的质量为 Δm，其中有 Δm_i转化为冰，则引起微元体的体积变化量为

$$\Delta V = \frac{\Delta m}{\rho_w} - \frac{\Delta m_i}{\rho_w} + \frac{\Delta m_i}{\rho_i} \tag{4-5}$$

在这一过程中未冻水含量的变化量为 Δw_u（质量含量），有

$$\Delta w_u = \frac{\Delta m - \Delta m_i}{m_s} \tag{4-6}$$

式中 m_s——土颗粒的质量。

根据达西定律 $v = - k \cdot \left(\nabla \frac{p}{\rho_w g} \right)$，则有

$$\frac{\partial e}{\partial t} = \left(\frac{1}{\rho_w} - \frac{1}{\rho_i} \right) \cdot \rho_d \cdot (1 + e_0) \frac{\partial w_u}{\partial t} + \frac{\rho_w}{\rho_i} \cdot (1 + e_0) \cdot \left(\frac{K'}{\rho_w g} \nabla p \right) \tag{4-7}$$

以上是水分场的基本公式，式(4-4)、式(4-7)构成了土体在冻结融化过程中水分场的基本变化规律。

3) 变形(应力)场模型构建

在土体中选取一微元体，体积力只考虑重力，则土体微分方程可以表示为

$$\nabla\sigma = -\rho g \tag{4-8}$$

式中 ρ——土的密度，应力为总应力。

根据有效应力原理，总应力为有效应力与孔隙水压力 p 之和，则式(4-8)可以表示为

$$\nabla\sigma' + \nabla p = -\rho g \tag{4-9}$$

式中 ∇p——各方向的单位渗透力。

此式是以土骨架为脱离体建立的平衡微分方程。

对于一维的压缩试验来说，有

$$\nabla\sigma' + \nabla p = -\rho g \tag{4-10}$$

而 $-\dfrac{\mathrm{d}e}{\mathrm{d}\sigma'} = a = \dfrac{1+e_0}{E_s}$，$a$ 为土体的压缩系数，E_s 为土体的压缩模量。代入式(4-10)，可得

$$-\frac{E_s}{1+e_0}\cdot\nabla e + \nabla p = -\rho g \tag{4-11}$$

4.3.2 工程应用变形模型

多年冻土的变形其本质上就是融化排水固结的过程，此部分的变形是冻土变形的主要组成部分，冻土的融沉特性决定了冻土的变形规律。4.2.1 节从理论上阐述了冻土变形的基本规律，但是由于模型的强非线性及耦合的复杂性，计算中存在较大困难。为了便于工程应用，在工程中经常采用以下经验公式计算。

1) 路堤填土及季节融化层的压密变形

路堤填土变形主要与填料的成分及压密程度有关。观测资料显示，黏性土填料比砂粒土填料有较大的压密变形。用黏性土作为填料的路堤在施工后 3 年内有 1%~1.5%的相对压密变形量，而以沙砾土为填料的路堤其相对压密变形量一般小于 1%。季节融化层的压密变形主要取决于季节融化层的岩性及物理性质。在沼泽化地段，其相对压密变形量可达 3%~4%；在黏性土地段，其相对压密变形量一般为 2%~3%；在粗颗粒土地段，其相对压密变形量一般为 1%~2%；在干燥沙砾土路段及半坚硬黏性土路段，其相对压密变形量小于 1%。吴紫汪根据青藏公路大量的现场观测结果，给出了计算融土压密变形的经验公式：

$$S_1 = \delta_1 h_{填} + \delta_2 h_{天} \tag{4-12}$$

式中 S_1——沥青路面铺设至稳定的压密变形量(m)；

$h_{填}$——路堤填土高度(m);

$h_{天}$——天然季节融化深度(m);

δ_1、δ_2——路堤填土及天然季节融化层的相对压缩系数。

2) 多年冻土融化下沉及融化压缩变形

在多年冻土地区,由于长期的冰冻作用,土颗粒间形成冰晶体、冰包裹体,有时形成冰透镜体甚至冰夹层。人为活动影响下,当多年冻土的温度升高到融化温度时,颗粒间的冰晶体就逐渐融化成水,土的结构与构造重新排列。在没有外荷载作用的情况下,土体在自重下发生固结沉降,冻土的这种特性称为融沉变形。融沉变形主要取决于路堤高度与多年冻土的含冰情况。在相同冻土条件下,路基变形量随路堤高度的增加而减小,这是因为当路堤高度小于临界高度时,路基下多年冻土的融化深度随路堤高度的增加而减小。在相同路堤高度条件下,路基变形量随多年冻土含冰量的增加而增大,这是由于含冰量的大小决定了多年冻土的融沉系数。冻土融化以后,其力学性质又和普通土类似,当施加外荷载时,将产生压缩变形。大量的试验资料表明,冻土的融化压缩特性具有如下形式:

$$S_2 = Ah + \alpha ph \tag{4-13}$$

式中 S_2——总的融化压缩变形量(m);

A——冻土的融沉系数;

h——融化层厚度(m);

α——融化压缩系数(1/MPa);

p——外荷载强度(MPa)。

由式(4-13)可以看出,计算冻土融化压缩变形量的关键在于确定冻土的融沉系数 A 及融土的压缩系数 α。其中 A 与外荷载无关,而 α 与外荷载有关。

综上所述,冻土路基的总变形可以表示为

$$S = S_1 + S_2 = S_1 = \delta_1 h_{填} + \delta_2 h_{天} + Ah + \alpha ph \tag{4-14}$$

为了验证工程应用模型与三场耦合模型的合理性,进行了室内冻土的融化压缩试验,并结合现场实体工程观测结果,与计算结果进行对比分析。

从图 4-10~图 4-12 可以看出,三场耦合计算结果能够较为准确地反映冻土融化固结变形过程,适用于变形时序规律的精确计算;工程应用模型较为准确地反映了实体工程的变形趋势,其精度符合工程设计要求;与三场耦合理论相比,工程应用模型具有计算方便、易于推广的优点,其计算结果偏于保守,可通过容许变形量确定设计参数。

确定了工程应用模型之后,为了便于预测路基运营期的变形量,还需要确定一个关键的参数——融化层厚度 h(m)。为了弄清楚在各种条件(不同年平均地温、不同路基高度、不同路基宽度等)下 h 的变化规律,采用数值仿真手段进行研究。经过大样本数值计算,分析计算结果发现,h 具有以下规律:

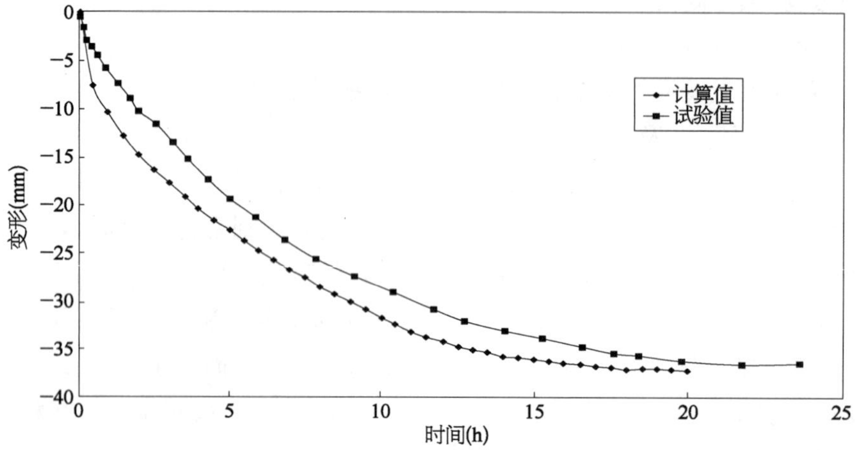

图 4 - 10 室内压缩试验与三场耦合计算结果对比

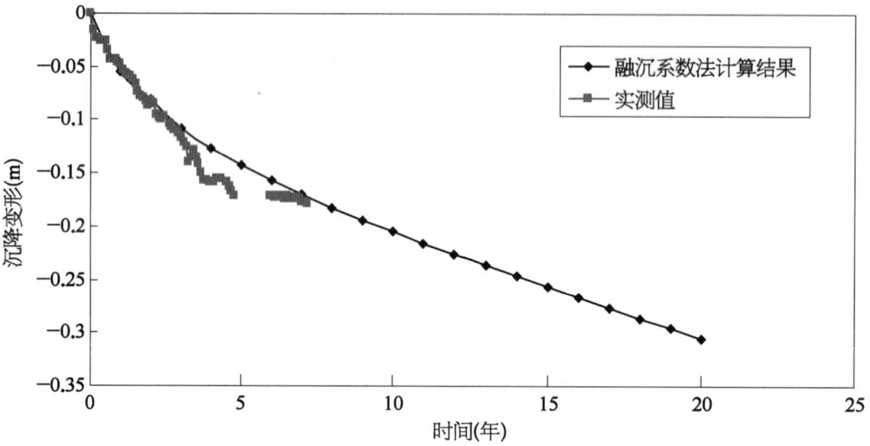

图 4 - 11 野外实测变形数据与工程应用模型对比

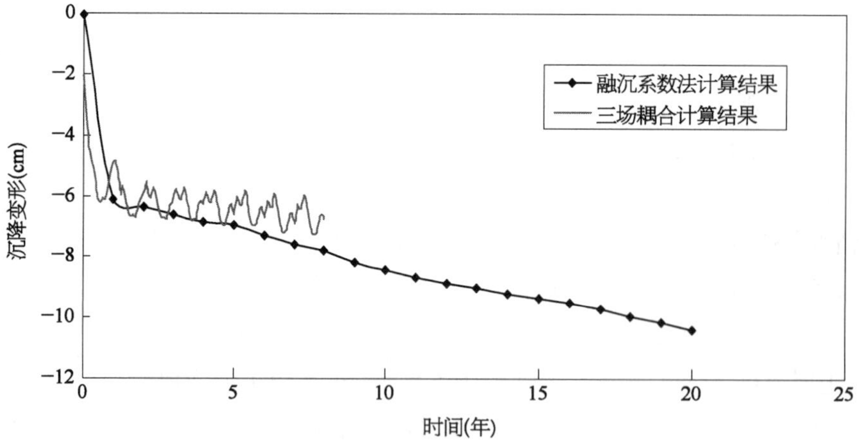

图 4 - 12 三场耦合计算结果与工程应用模型对比

(1) h 与冻土路基运营时间呈线性关系：

$$h=(a\quad b)\cdot\begin{pmatrix}t\\1\end{pmatrix}$$

(2) 由规律(1)可得，参数 a、b 也分别与路基高度呈线性关系：

$$\begin{pmatrix}a\\b\end{pmatrix}=\begin{pmatrix}a_1 & b_1\\a_2 & b_2\end{pmatrix}\cdot\begin{pmatrix}h_{填}\\1\end{pmatrix}$$

(3) 由规律(1)和(2)可知，参数 a_1、a_2、b_1、b_2分别与年平均地温呈线性关系：

$$\begin{pmatrix}a_1\\b_1\\a_2\\b_2\end{pmatrix}=\begin{pmatrix}a_3 & b_3\\a_4 & b_4\\a_5 & b_5\\a_6 & b_6\end{pmatrix}\cdot\begin{pmatrix}T_{cp}\\1\end{pmatrix}$$

由以上规律就可以确定 h 的表达式。根据计算结果回归计算参数，可得

$$h=(0.01h_{填}t+0.06t-0.02h_{填}+0.22)T_{cp}+(0.03h_{填}t+0.18t-0.72h_{填}+1.12)$$

式中 t——路基运营时间；

$h_{填}$——路基填土高度；

T_{cp}——年平均地温。

将上式代入式(4-14)就可以利用工程应用变形模型预测冻土路基在运营期间的沉降变形。

4.3.3 高温冻土的蠕变规律

4.3.3.1 高温冻土的蠕变试验研究

为研究高温冻土的蠕变，首先需要给出“高温冻土”的定义。本研究以青藏粉质黏土为研究对象，将土配制成含冰量分别为 40%、80%和 120%试样，利用自制的压缩仪精确地控制温度，施加压力分别为 0.1 MPa、0.2 MPa 和 0.3 MPa，进行 9 次变温 K_0压缩试验。

将试样安装到仪器上，控制内部温度约为-1.5℃并恒温 24 h，然后施加压力。当变形达到稳定，调整下一级温度，在温度变化的作用下，试样发生新的变形。变形稳定后再调整下一级温度，如此往复，对每一级压力采用了-1.5℃、-1.0℃、-0.6℃、-0.5℃和-0.3℃五级温度。含冰量为 40%的三个试验如图 4-13 所示。

图 4-13a 给出了应变速率的定义，依此得到 9 次试验的应变速率，其与随着温度的变化规律如图 4-14 所示。

定义冻土的压缩系数：$C=\dfrac{\Delta\varepsilon}{\sigma_2-\sigma_1}$。本研究中，$C$ 采用 0～0.2 MPa 所对应的应变，图 4-15 为不同含冰量试样的压缩系数随温度的变化。

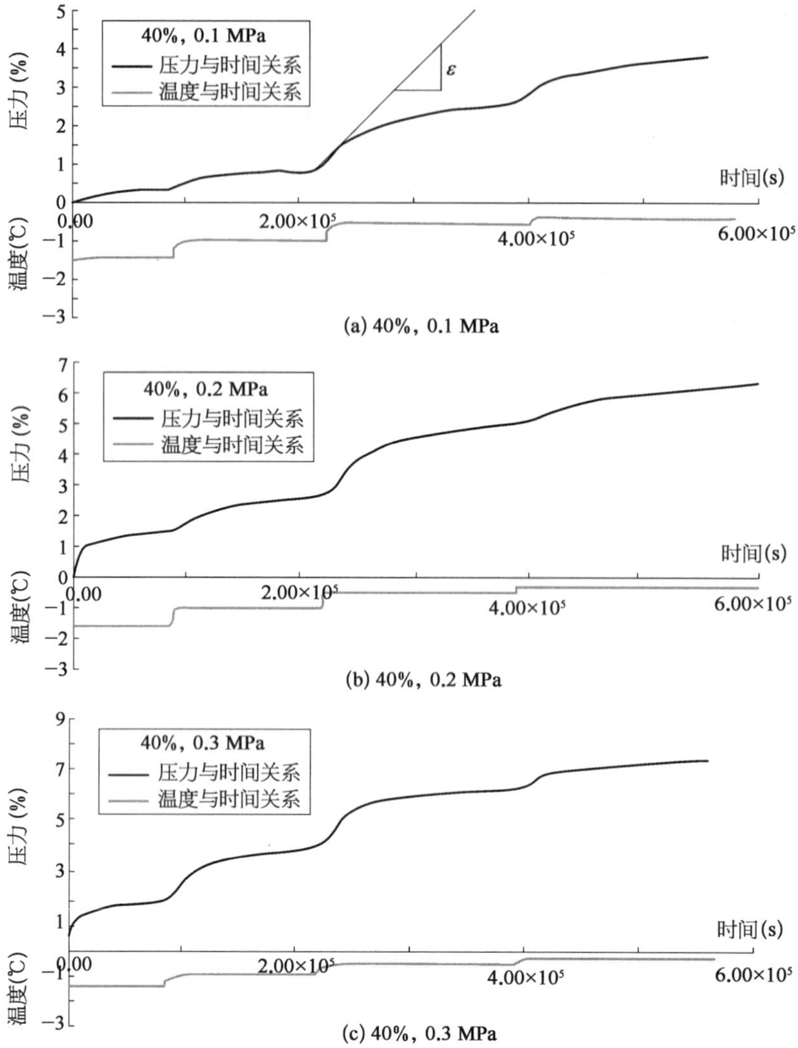

图 4-13 含冰量为 40%的试样在三级压力下的变温 K_0 试验

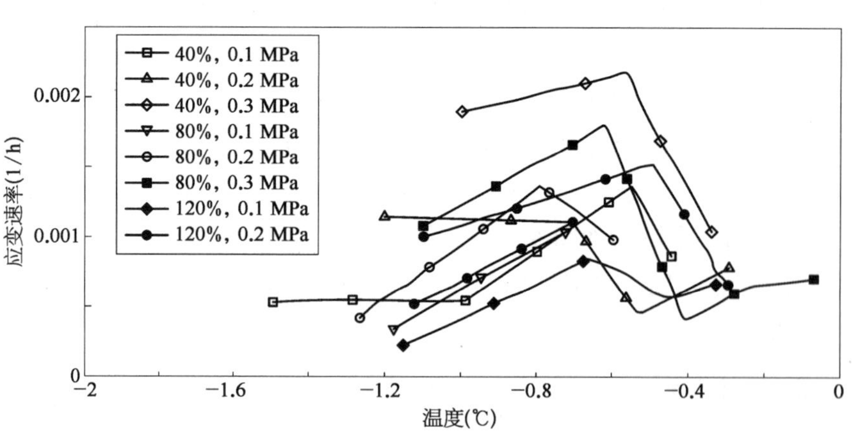

图 4-14 应变速率与温度的关系

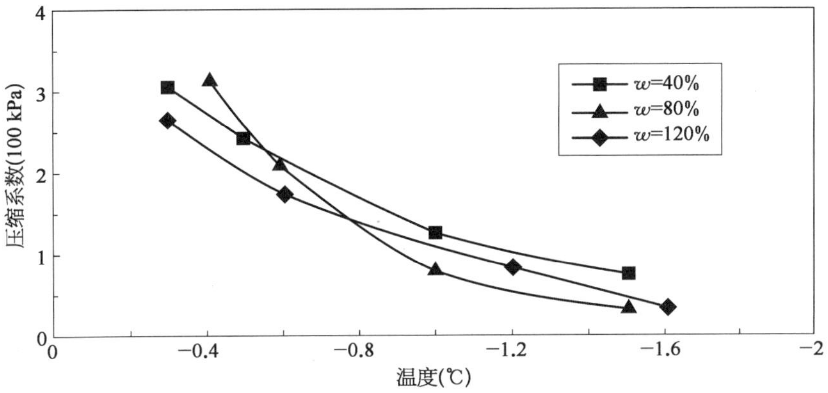

图 4-15 压缩系数随温度的变化

由于未冻水含量对冻土力学性质有着较大的影响,试验得到了三种试样的未冻水含量随温度的变化规律,如图 4-16 所示。

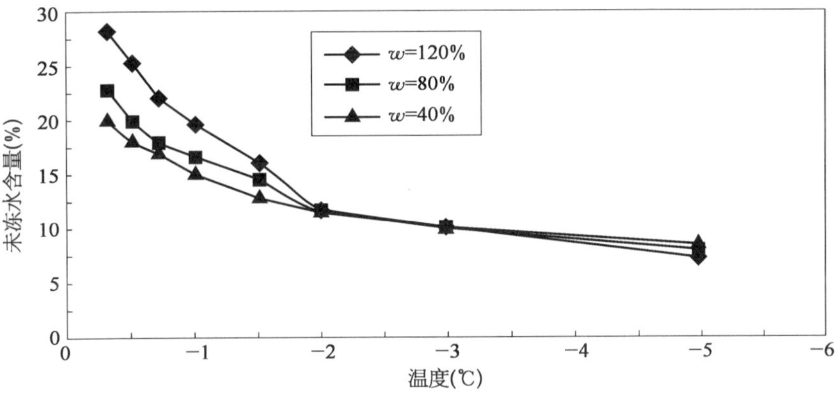

图 4-16 不同温度下的未冻水含量

综合以上结果可以看出,当温度在-1.0~-2.0℃,应变速率、压缩系数和未冻水含量随着温度的变化出现拐点。考虑到公路系统的规范,将-1.5℃定义为高温冻土的温度界限。

本研究进行了高温冻土的蠕变试验,一方面为下一步建立理论模型积累规律的认识,同时在项目需要时提供一个可用的应变-时间关系式,用以进行计算分析。基于这个理念,将青藏粉质黏土制备成 16.0 kN/m^3 和 17.0 kN/m^3 的试样,16.0 kN/m^3 的试样在-0.5℃的温度条件下进行三轴应力状态下的蠕变试验研究,轴向压力和侧向压力分别为 500 kPa 和 400 kPa;17.0 kN/m^3 的试样在-0.2~-2.0℃的温度条件下进行三轴应力状态下的蠕变试验研究,轴向压力和侧向压力分别为 300 kPa 和 200 kPa(图 4-17、图 4-18)。

通过试验可以得出,高温冻土的蠕变可采用以下形式表示:$\varepsilon = A\ln(t) + B$,其中 A、B 为试验参数,与温度和应力状态有关。根据现场温度资料(或数值计算结果),确定高温冻土层的厚度 h,即可得到高温冻土层的蠕变为 $S = h\varepsilon$。

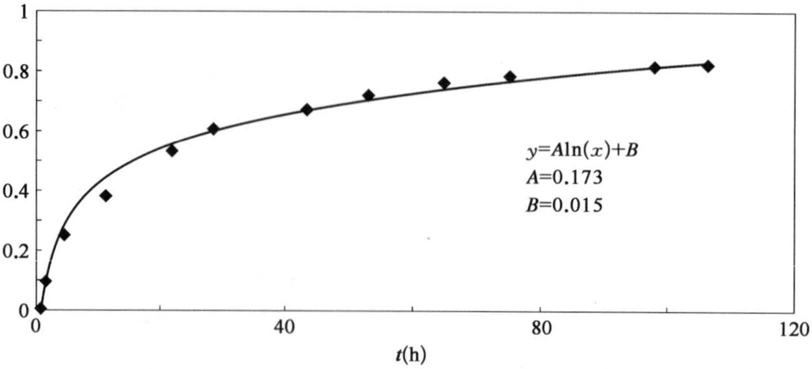

图 4－17 高温冻土的蠕变随时间变化曲线（干重度 16 kN/m^3，−0.5℃）

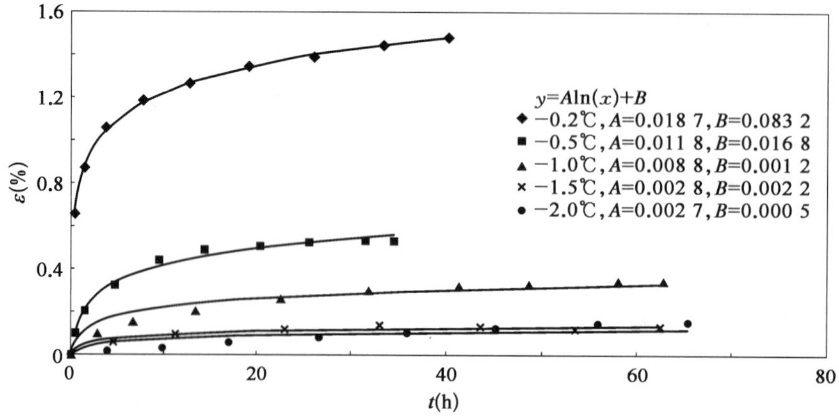

图 4－18 高温冻土的蠕变随时间变化曲线（干重度 17 kN/m^3，−0.2～−2.0℃）

4.3.3.2 高温冻土的蠕变长期规律研究

目前对高温冻土的力学性质缺少研究，对其变形机理缺乏足够的认识。所以在全球气温变暖的环境条件下，多年冻土地区高温冻土（特别是高温−高含冰量冻土）在较高附加应力（由路堤填土高度的增加引起）作用下的压缩（蠕变）变形量及变形速率的量级如何？这种变形能否在一定的时间内达到稳定？如果变形持续发展下去，是否会对道路的正常运行造成严重危害？所有这些问题都亟待给出明确的回答。本节将针对这些问题，通过数值仿真计算，研究高温冻土蠕变特征（图 4－19）。

基本方程选用建立的水、热、力三场耦合模型，计算两种工况（蠕变模型和非蠕变模型）下路基运行 20 年的沉降变形。

从图 4－20 可以看出，在路基运营开始阶段，采用蠕变模型所得到的变形大于非蠕变模型，蠕变对于路基变形的影响较大，影响了运营初期沉降曲线的形态；而随着路基运营时间的增加，蠕变对于变形的影响逐渐减小，第六年之后，两种模型所得计算结果基本相同。因此高温冻土的蠕变具有强烈的时间效应，表现为衰减型蠕变，对于冻土路基的影响随运营时

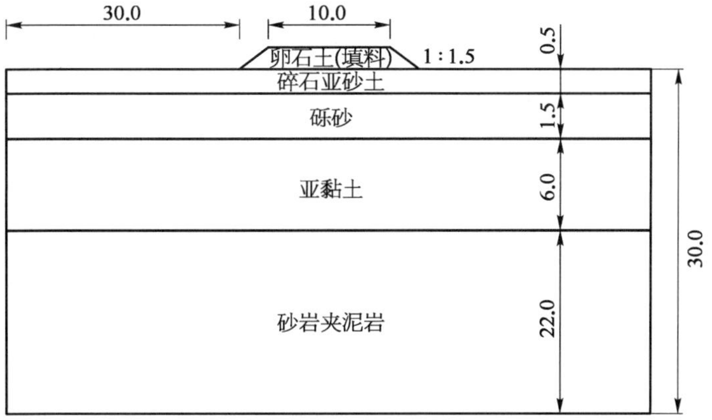

图 4－19　冻土路基计算区域图(单位：m)

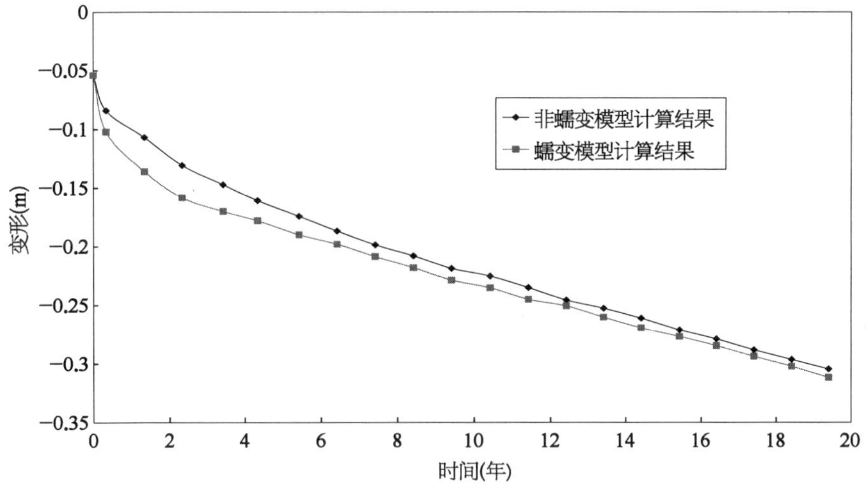

图 4－20　冻土路基蠕变模型计算结果对比图

间的增加,其影响逐渐减弱,并不影响路基长期总变形量,对于冻土路基的长期变形预测影响不大。所以在实际工程应用中,采用非蠕变模型进行计算,完全可以满足工程需求。

4.3.4　多年冻土路基变形特征及传递规律

根据以上冻土路基沉降变形的计算模型,可以计算得出路基中心位置不同深度处总沉降变形随时间的变化规律。由表 4－5 可以看出,在道路运营期 20 年内,路基表面与路基基底处的变形量基本保持一致,由此表明路堤填筑土体的压缩变形(路基表面与路基基底的沉降量之差)一般较小。季节融化层的压缩变形(路基基底与多年冻土天然上限的沉降量之差)随道路运营时间的增长逐渐减小,这表明多年冻土路基变形在道路运营后期主要受控于多年冻土层的融沉变形(冻土上限处的沉降量)。对于路堤较低和年平均地温较高的路段,多年冻土天然上限与路基基底处的变形在道路运营期内差别甚微,多年冻土层的融沉变形在路基总沉降量中占有绝对优势。而在路堤较高和年平均地温较低的路段,由于路基下没有多年冻土融沉变形产生,路基表面、路基基底及多年冻土天然上限三者的变形很小。如此说明路基沉降变形主要来自天然上限以下多年冻土层的融沉变形,而这种变形显然是由于路基下多年冻土层温度升高,导致冻土层融化造成的。并且从沉降过程曲线来看,这种变形还将持续下去。特别是在地温较高及路堤较低路段,其沉降变形量将达到可观的量级,且沉降过程尚无衰减趋势,须给予高度重视。

表4-5 道路运营20年后路基中心位置沉降变形量统计

编号	年平均气温(℃)	路基高度(m)	位置	深度(m)	沉降量(cm)
1	-3.0	1.0	路基表面	0.0	-27.468 58
			路基基底	1.0	-27.680 38
			原冻土天然上限	3.5	-28.205 43
2	-3.0	2.0	路基表面	0.0	-26.581 12
			路基基底	2.0	-26.899 12
			原冻土天然上限	4.5	-27.230 64
3	-3.0	3.0	路基表面	0.0	-25.552 51
			路基基底	3.0	-25.841 51
			原冻土天然上限	5.5	-25.803 33
4	-3.0	4.0	路基表面	0.0	-24.863 24
			路基基底	4.0	-25.011 34
			原冻土天然上限	6.5	-24.164 38
5	-3.5	1.0	路基表面	0.0	-20.845 4
			路基基底	1.0	-21.015
			原冻土天然上限	3.25	-21.072 79
6	-3.5	2.0	路基表面	0.0	-19.816 69
			路基基底	2.0	-20.034 19
			原冻土天然上限	4.25	-19.682 98
7	-3.5	3.0	路基表面	0.0	-18.417 15
			路基基底	3.0	-18.563 55
			原冻土天然上限	5.25	-17.661 33
8	-3.5	4.0	路基表面	0.0	-17.211 29
			路基基底	4.0	-17.153 49
			原冻土天然上限	6.25	-15.271 6
9	-4.0	1.0	路基表面	0.0	-15.843 58
			路基基底	1.0	-15.975 08
			原冻土天然上限	3.0	-15.633 22

（续表）

编号	年平均气温(℃)	路基高度(m)	位置	深度(m)	沉降量(cm)
10	−4.0	2.0	路基表面	0.0	−14.636 83
			路基基底	2.0	−14.759 43
			原冻土天然上限	4.0	−13.820 35
11	−4.0	3.0	路基表面	0.0	−12.782 91
			路基基底	3.0	−12.781 61
			原冻土天然上限	5.0	−11.197 71
12	−4.0	4.0	路基表面	0.0	−10.921 2
			路基基底	4.0	−10.655 2
			原冻土天然上限	6.0	−8.017 96
13	−4.5	1.0	路基表面	0.0	−10.447 43
			路基基底	1.0	−10.549 93
			原冻土天然上限	3.0	−10.167 18
14	−4.5	2.0	路基表面	0.0	−7.604 82
			路基基底	2.0	−7.615 92
			原冻土天然上限	4.0	−7.114 52
15	−4.5	3.0	路基表面	0.0	−4.773 23
			路基基底	3.0	−4.571 03
			原冻土天然上限	5.0	−4.011 48
16	−4.5	4.0	路基表面	0.0	−3.249 7
			路基基底	4.0	−2.705
			原冻土天然上限	6.0	−0.286 35
17	−5.5	1.0	路基表面	0.0	−6.066 77
			路基基底	1.0	−6.081 17
			原冻土天然上限	2.8	−5.076 11
18	−5.5	2.0	路基表面	0.0	−2.515 86
			路基基底	2.0	−2.365 9
			原冻土天然上限	3.8	−0.426 37
19	−5.5	3.0	路基表面	0.0	−1.399 36
			路基基底	3.0	−1.035 19
			原冻土天然上限	4.8	−0.359 02
20	−5.5	4.0	路基表面	0.0	0.140 97
			路基基底	4.0	0.818 36
			原冻土天然上限	5.8	−0.400 94

4.4 多年冻土路基长期变形规律预测

4.4.1 与路基高度的依变规律

图 4-21 和图 4-22 为计算得到的冻土公路路面中心在不同路堤高度条件下的沉降变形典型过程曲线。

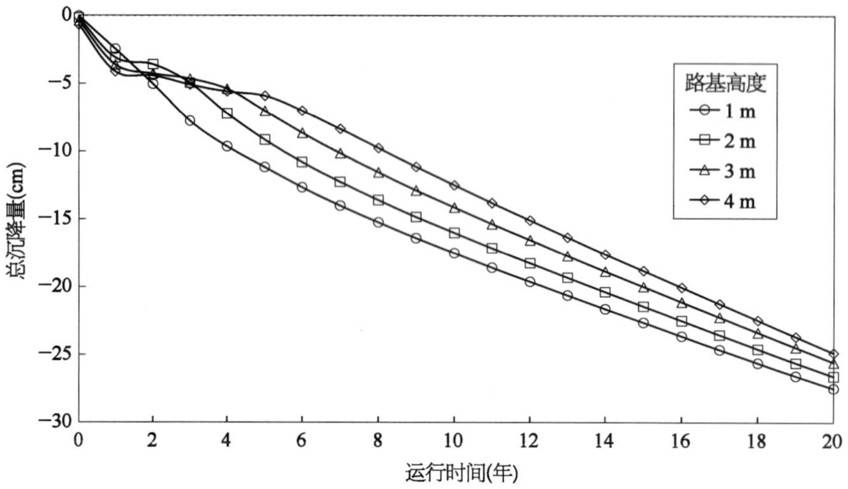

图 4-21 不同路基条件下冻土路基沉降变形过程曲线(年平均地温-0.5℃)

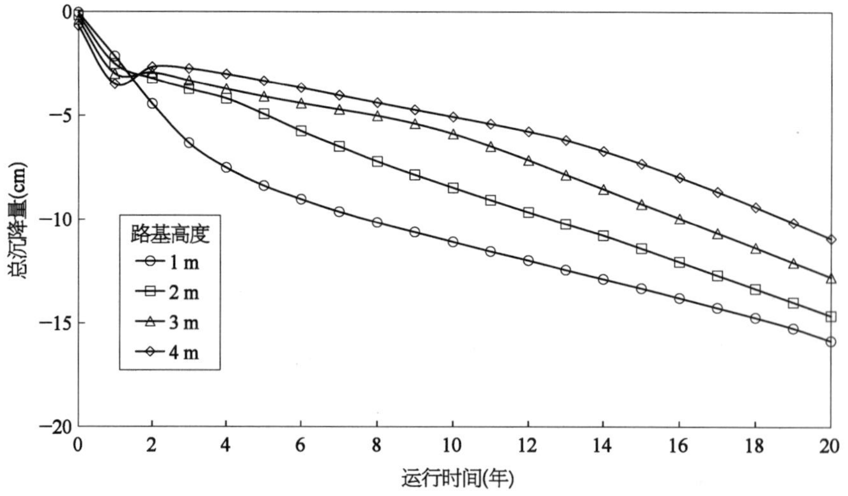

图 4-22 不同路基条件下冻土路基沉降变形过程曲线(年平均地温-1.5℃)

从图中可以看出，冻土路基的沉降过程与路堤高度有关，路堤高度越高，路基沉降变形量越小。当年平均地温为-0.5℃时，对于 1 m 高路堤，第 20 年路基中心变形量为 27.47 cm，对于 4 m 高路堤，第 20 年路基中心变形量为 24.86 cm，高路堤与低路堤地段路基沉降变形量差异为 2.61 cm。当年平均地温为-2.0℃时，对于 1 m 高路堤，第 20 年路基中心变形量为 10.45 cm，对于 4 m 高路堤，第 20 年路基中心变形量为 3.25 cm，高路堤与低路堤地段路基沉降变形量差异为 7.20 cm。当年平均地温为-3.0℃时，对于 1 m 高路堤，第 20 年路基中心变形量为 6.07 cm，对于 4 m 高路堤，第 20 年路基中心几乎没有变形产生，高路堤与低路堤地段路基沉降变形量差异约为 6.07 cm。表明随着年平均地温的升高，路基高度对融沉变形影响的显著性逐渐减弱。在高温冻土区，当路基高度增加 3 m 时，路基长期总变形减小量也不大于 5 cm。进一步说明高温冻土区增加路基高度已不能有效解决冻土路基变形问题。

4.4.2 与路基宽度的依变规律

图 4-23 为不同宽度的路基长期变形过程曲线。从图中可以看出，冻土路基的沉降过程与路基宽度相关，路基宽度越大，路基沉降变形量也随之增大。宽度为 10 m、12 m、14 m、16 m、18 m 和 20 m 的路基在年平均地温-0.5℃时，高度为 1 m 的路基第 20 年路中心沉降总变形量分别为 27.47 cm、30.87 cm、32.68 cm、33.59 cm、34.10 cm、34.40 cm，普通二级公路与宽幅路基（20 m）的变形差异为 6.93 cm；高度为 4 m 的路基第 20 年路中心总沉降变形量分别为 24.86 cm、28.13 cm、31.43 cm、33.90 cm、35.82 cm、37.15 cm，普通二级公路与宽幅路基（20 m）的变形差异为 5.72 cm。分析其原因，主要是由于路基宽度的增大，黑色沥青路面的宽度也随之增大，而有研究表明，在公路条件下，路基吸热量主要来源于黑色路面，路面吸热量约为坡面的 3 倍。因此在宽幅路基条件下，外界通过路面传入的热量要远远大于普通二级公路，反映到路基变形上，造成路基总沉降量增大。

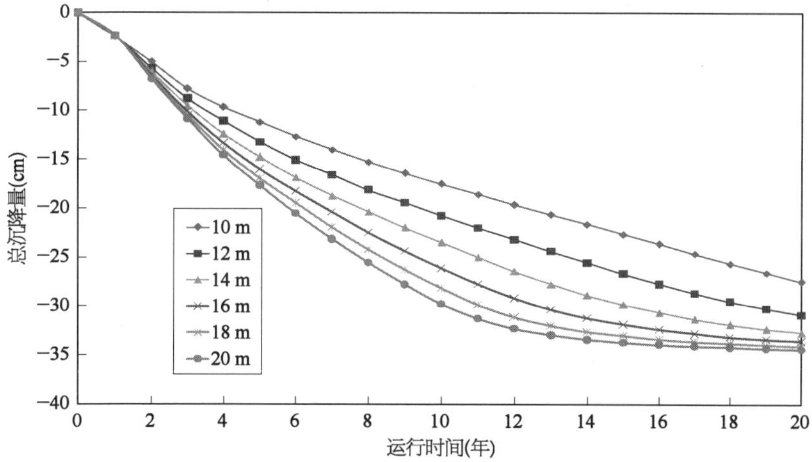

(a) 路基高度1 m，年平均地温−0.5℃

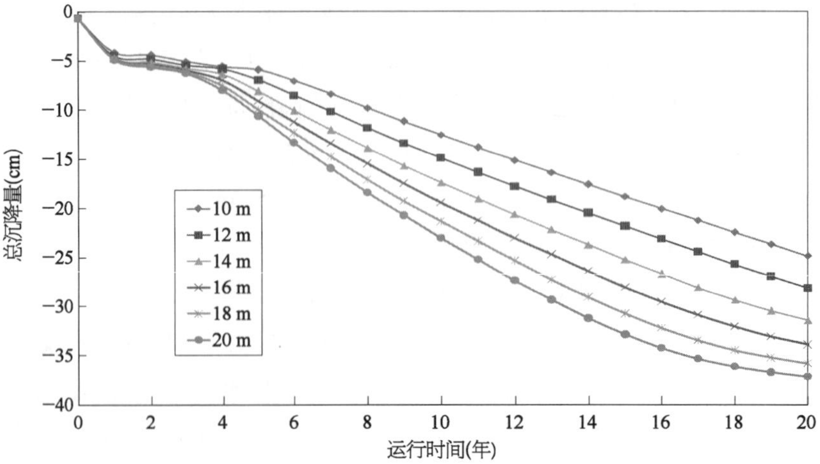

(b) 路基高度4 m，年平均地温-0.5℃

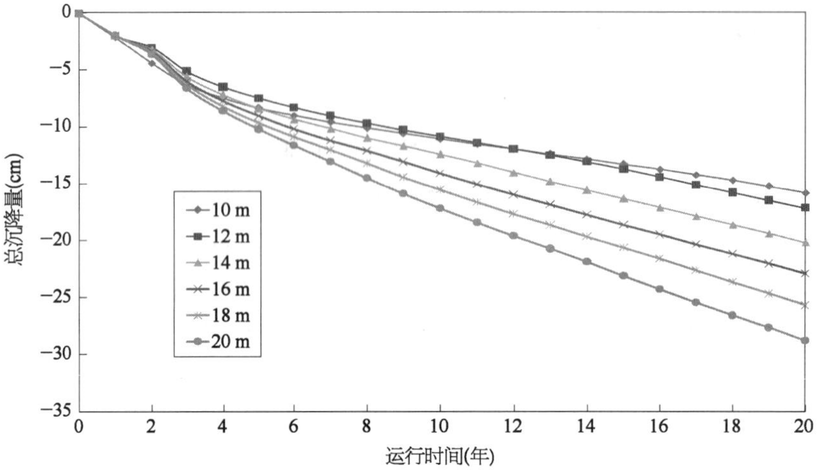

(c) 路基高度1 m，年平均地温-1.5℃

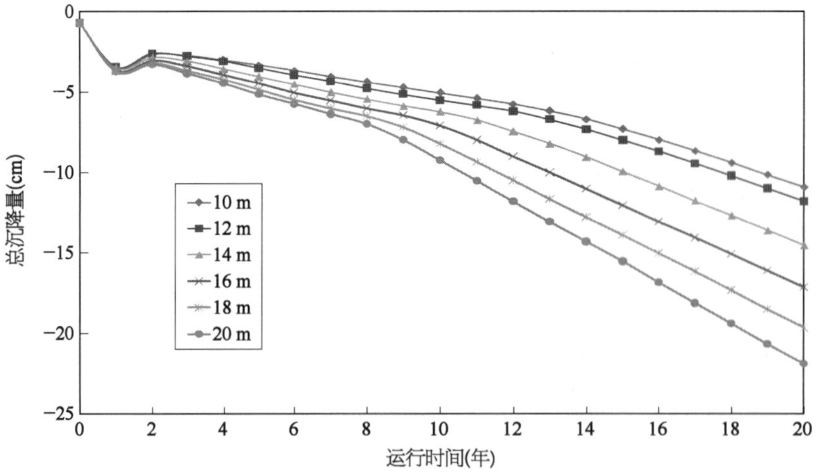

(d) 路基高度4 m，年平均地温-1.5℃

图 4-23 不同路基宽度条件下冻土路基沉降变形过程曲线

4.4.3 与年平均地温的依变规律

图 4 - 24 和图 4 - 25 为计算得到的冻土公路路面中心在不同年平均地温条件下的沉降变形典型过程曲线。从图中可以看出，冻土路基的沉降过程与年平均地温有关，年平均地温越高，路基沉降变形量越大，且变形终态时的曲线斜率越大，变形发展相对较快。原因是随着年平均地温的升高，多年冻土天然上限在道路运营期内下降的幅度变大，从而加剧了多年冻土融沉变形的产生，使得冻土路基的总沉降变形增大。此外，在 4.0 m 高的路堤范围内，随着路堤高度的增加，年平均地温对路基沉降变形影响的效果是逐渐增加的，但增幅有变缓的趋势。

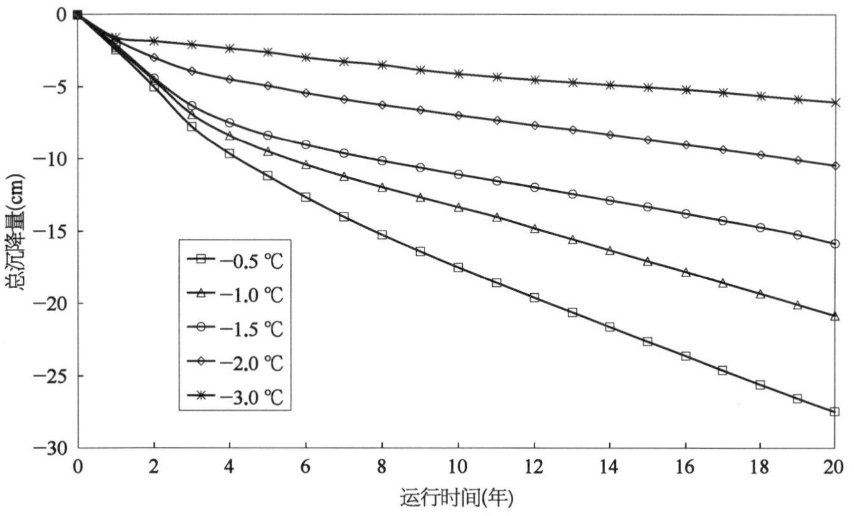

图 4 - 24 不同年平均地温条件下冻土路基沉降变形过程曲线(路基高度 1 m)

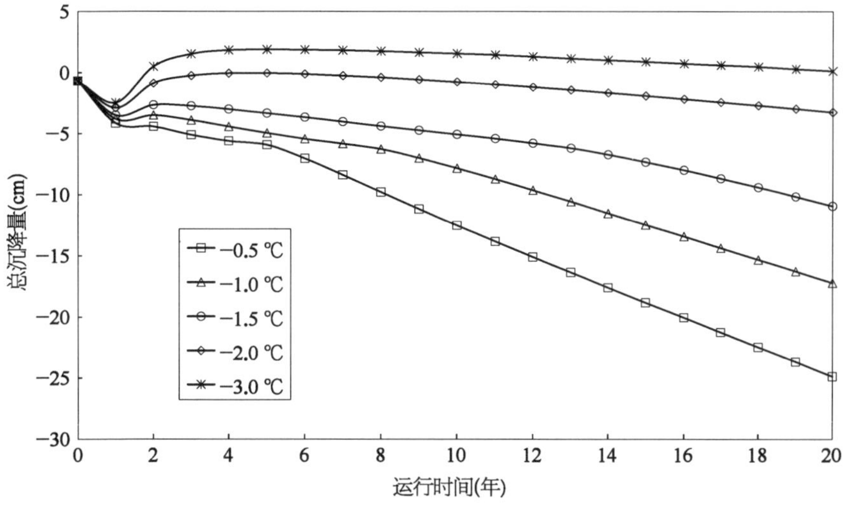

图 4 - 25 不同年平均地温条件下冻土路基沉降变形过程曲线(路基高度 4 m)

4.4.4 路基变形速率的变化规律

为了进一步分析年平均地温和路基高度对冻土路基变形的影响，做出了路基变形速率的变化规律曲线。定义路基变形速率为路基达到稳定变形阶段时的年变形量。图 4－26 为不同年平均地温条件下路基变形速率与路基高度的关系。从图中可以看出，在高温冻土区（年平均地温为－0.5℃和－1.0℃），随路基高度的增加，变形速率也在逐渐增加；而当年平均地温为－1.5℃时，变形速率随路基高度基本无变化；在低温冻土区（年平均地温为－2.0℃和－3.0℃），随路基高度的增加，变形速率逐渐减小。但是总体看来，路基高度对变形速率的影响不明显，在年平均地温为 0.5℃时，路基高度由 1 m 增加到 4 m，变形速率的增加量也仅为 0.24 cm/年。图 4－27 为路基变形速率随年平均地温的变化规律。从图中可以看出，不管在哪种路基高度条件下，变形速率都是随年平均地温的升高而急剧增加，在 4 m 路基高度下，

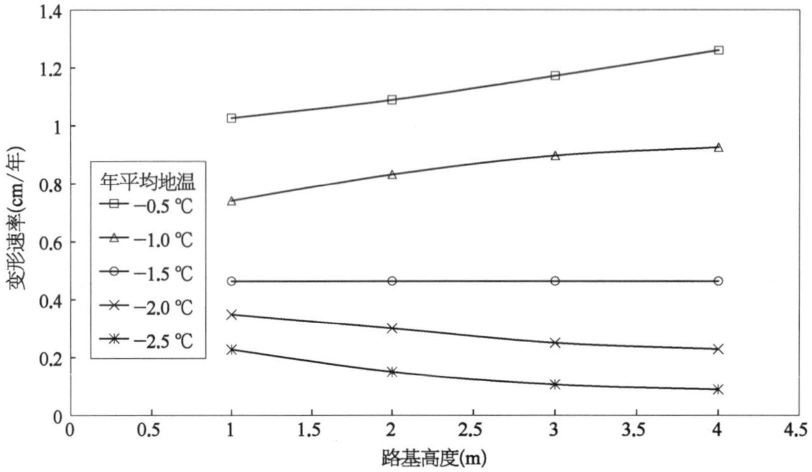

图 4－26 冻土路基变形速率随路基高度的变化规律

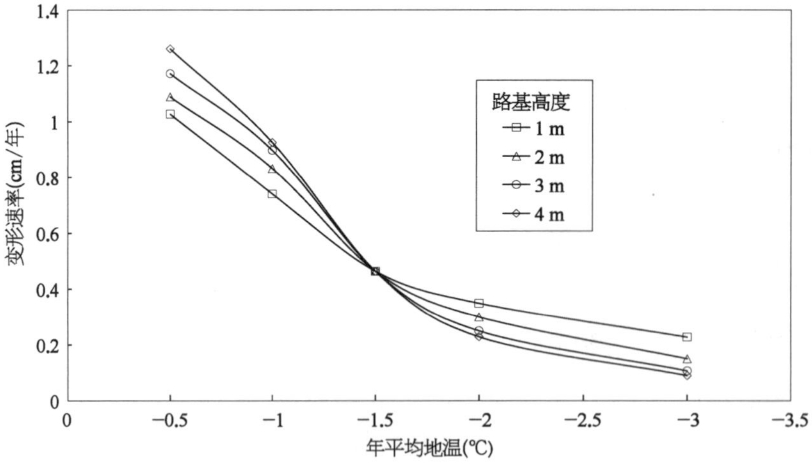

图 4－27 冻土路基变形速率随年平均地温的变化规律

年平均地温从-3.0℃升高到-0.5℃时,变形速率的增加量为 1.17 cm/年。综上所述,冻土路基变形速率主要受年平均地温控制,与路基高度的依变关系不显著,高温冻土区的路基变形速率尤其值得关注。

4.5 工程应用

冻土路基变形稳定性主要反映在路基变形量的大小及其对路面平整度的影响,路基变形失稳主要是指冻土路基在公路运营过程及路基设计使用年限内,产生了超过路基容许变形的沉降量。长期的现场观测及路况调查结果表明,如果路基在较大范围内缓慢而均匀地发生沉降,则对路基路面强度和平整度不会造成较大影响。但如果路基在一年内的冻融变形量很大,则会造成路基内应力剧增,促使路基、路面过早破坏,这一指标可与路面的容许变形量相一致。因此路基的容许变形量须用总沉降量和年内变形量两个指标控制。吴紫汪根据青藏公路多年观测资料给出冻土路基的年内容许变形量为 2~3 cm/年,总沉降量为 12~15 cm。喻文学通过大量的现场试验研究得出冻土路基的年内容许变形量为 4~6 cm/年,总沉降量为 15~20 cm。

如果沥青路面的设计使用年限按 20 年考虑,则冻土路基产生的沉降变形量见附表 1。将路基的沉降变形量分为五级,表中蓝色区域为Ⅰ级变形(0~5 cm),绿色区域为Ⅱ级变形(5~10 cm),黄色区域为Ⅲ级变形(10~15 cm),红色区域为Ⅳ级变形(15~20 cm),黑色区域为Ⅴ级变形(20 cm 以上)。从表中可以看出,随着路基高度的增加或年平均地温的降低,路基沉降变形的量级逐渐减小。值得注意的是,在多年冻土年平均地温高于-1.0℃的地区,不论路基高低,冻土路基的总沉降量将达到Ⅴ级变形的量级,路基路面有可能发生严重破坏。

由此可将冻土路基的变形稳定性与工程设计与养护工作结合起来。冻土路基变形等级反映了路基变形的过程,可以在一定程度上反映道路破坏等级,因此可以通过路基变形预测,由不同的冻土条件选择合适的理论设计高度,确保道路建成后路基变形不超过容许变形。同样,如果将路基变形等级与路基维修养护级别相对应(表 4-7),则可以对道路维修养护工作提出一定的建议。普通填土路基道路维修养护可参考表 4-6 进行。

表 4-6 路基变形等级与路基维修养护级别对应关系

变形等级	年最大变形量(cm)	维修养护级别	维修养护建议
Ⅰ	0~5	1	不处理
Ⅱ	5~10	2	日常养护
Ⅲ	10~15	3	中、小修
Ⅳ	15~20	4	大修
Ⅴ	>20	5	整治改建

第5章

多年冻土路基稳定性评价

青藏公路是我国第一条大面积穿越多年冻土区的二级公路，沿线自然环境恶劣、地质条件复杂，穿越多年冻土段累计里程达 624 km。自 1973 年开始铺筑沥青路面以后，青藏公路路基下多年冻土层受到强烈扰动，冻土上限逐渐下降，导致路基出现大面积融化沉陷病害，大多表现为路基中心变形过大、波浪、坑槽及不均匀沉陷等。针对当时的青藏公路冻土路基融沉变形特征，提出沥青路面下融化盘的形成和发展是形成路基病害的主要原因，并提出抬高路基高度能有效保护冻土、抑制路基病害的发生和发展。因此在 1991—1999 年青藏公路的整治改建中，采用了提高路基高度、设置保温护道、放缓边坡及增设保温层等改变路基尺度的措施。实践证明，经过整治原有的路基融化沉陷病害得到了有效控制，但随着路基高度的抬升，路基内相继出现了众多纵向裂缝、开裂、路肩（边坡）滑移、横向倾斜等一系列高路基病害。高路基病害与冻土路基边坡力学稳定性直接相关。因此基于工程实践与理论研究的客观需要，对冻土地区路基边坡力学稳定性机理及其评价的研究不仅能对冻土区热融滑塌、融冻泥流等热融灾害及高路基病害的形成和发展机理做出合理解释，还能解决设计中冻土路基上临界高度问题，对冻土路基设计具有重要的指导意义。

5.1 冻土和融土的抗剪强度理论

5.1.1 冻土的抗剪强度机理

冻土强度试验表明，砂土和黏性土不论是原状还是重塑的，当应力小于 9.5 MPa 时，其冻结后的抗剪强度均可用 Mohr－Coulmn 准则来表示：

$$\tau = c + \sigma \tan \varphi \tag{5-1}$$

影响固结土类的抗剪强度的主要因素有以下三个：土体成分、温度和加荷时间。本节主要介绍温度对剪切变量的影响。温度影响着冻土的瞬时黏聚力 c 和瞬时内摩擦角 φ：

$$c = c_0 + c_1 | \theta |^{\alpha} \tag{5-2}$$

$$\varphi = a + k | \theta | \tag{5-3}$$

式中 θ——温度；

α、a、k——试验参数。

并从试验得出，冻土的内摩擦角实际上等于未冻土的内摩擦角，而黏聚力则比未冻土大得多。

在荷载的长期作用下，冻土抗剪强度降低特别明显，主要是由于黏聚力 c 的松弛有关，根据 C.C. Volyv 的结论：

$$c = \beta/\ln(t/t_0) \tag{5-4}$$

5.1.2 冻融交界面剪切强度

冻融交界面是指在多年冻土区由于外界气候变化、热环境条件等作用，在斜坡路堤内形成的岩土冻结和融化状态分界面。

多年冻土区斜坡路堤内岩土体在外界气温周期性正负交替变化影响下，在路堤内形成了如图 5－1 所示的两种典型形式的冻结和融化现象。由于处于冻结状态的多年冻土类似于次坚石，强度极大，一般认为在其中不发生剪切破坏作用。而在正融或正冻状态的剧烈相变区内，冻土的力学强度因冰水相变作用而发生较大变化，即冻融交界面为冻结岩土体与融化或正融岩土体力学性质变化的分界面。通过砂黏土和黏砂土的室内快剪试验，分别对其抗剪强度的变化规律进行研究，认为寒季冻融交界面的抗剪强度大于冻后全融土的抗剪强度；而在暖季，冻融交界面的抗剪强度显著下降，试验结果见表 5－1，试验用土分别为山西黄土和甘肃黄土。

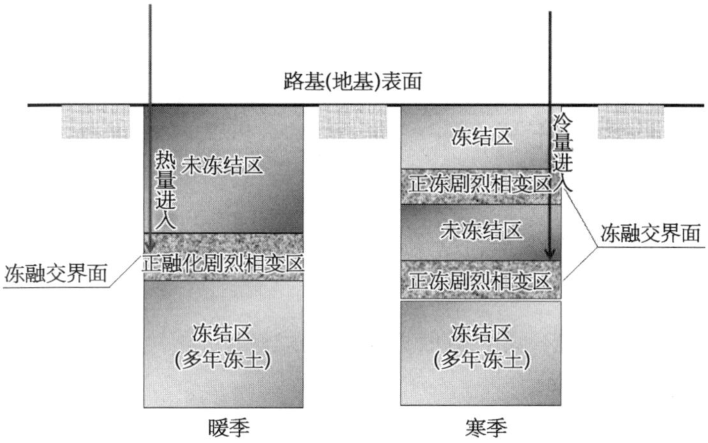

图 5－1 路基内两种典型冻融状态形式

表 5－1 暖季冻融交界面抗剪强度

试验用土	土样编号	c(kPa)	φ(°)	试验用土	土样编号	c(kPa)	φ(°)
甘肃黄土	L4	2.288 6	7.686 718	山西黄土	S2	11.134	29.542 19
	L1	3.209 2	9.753 195		S3	−5.050 8	29.715 5
	W1－4	3.177 2	7.743 01		S4	1.067	24.149 39
	W3	3.353 9	7.939 916		S5	1.748 9	33.660 83
	W4	−2.81	8.759 214		S6	8.047	17.680 84
	W5	7.178 2	7.821 795		S7	0.419 9	30.120 43
	G2	−1.244 3	16.259 65		S8	−4.657 6	30.708 94
	G11	−2.002 2	33.189 47		S9	−0.669 6	32.095 76

（续表）

试验用土	土样编号	c(kPa)	φ(°)	试验用土	土样编号	c(kPa)	φ(°)
甘肃黄土	G17	−8.787 9	11.777 92	山西黄土	S10	0.119	33.293 77
	G19	−5.097 5	11.221 93		S11	9.72	17.075 14
	G20	−16.444	27.429 68		S12	−0.691 7	33.205 53
	G21	−4.209 1	11.321 18		S19	0.614 7	28.582 78
	G22	−10.88	12.293 36		S23	−1.143 1	36.218 76

由表 5－1 可知，在暖季冻融交界面抗剪强度有明显下降，其中主要集中在黏聚力的下降，而内摩擦角的下降则不显著，主要是因为在融化时由于融化的排水作用使得冻融交界面土体饱和度增加，从而形成"融土促滑"效应，抗剪强度的变化与含水量有直接关系。

5.2 耦合温度场的冻土路基力学稳定性评价程序

5.2.1 程序的结构设计

1）编程总体思路

（1）数据的预处理部分包括先读入地层参数及钻孔参数，而后求解各个地层折线方程，导入区域温度场。

（2）根据滑面类型，使用不同的滑面搜索方法求解临界滑面和最小稳定性系数。

（3）数据的输出及后处理。

2）程序结构

程序主要分为六个模块，几个模块之间的程序编制是相互独立的，但在计算过程中又互相调用。六个模块分别如下：

（1）MAIN，控制程序总体运行顺序。

（2）INPUT AND OUTPUT，数据的输入输出文件的建立、存储及结果输出。

（3）USER，用户界面数据的输入及预处理。

（4）GRID_TEMPER，滑体区域温度场网格的划分及节点温度值的最小二乘距离加权拟合。

（5）SETUP，各个地层折线方程的求解、程序参数初值的设定、几何合理性条件验证。

（6）SA_METHOD，圆弧滑面的模拟退火滑面搜索算法和非圆弧滑面的蒙特卡罗滑面搜索算法。

（7）BISHOP，圆弧滑面的简化 BISHOP 法求滑面稳定性系数和非圆弧滑面的扩展 BISHOP 法求滑面稳定性系数。

程序主流程图如图 5-2 所示。

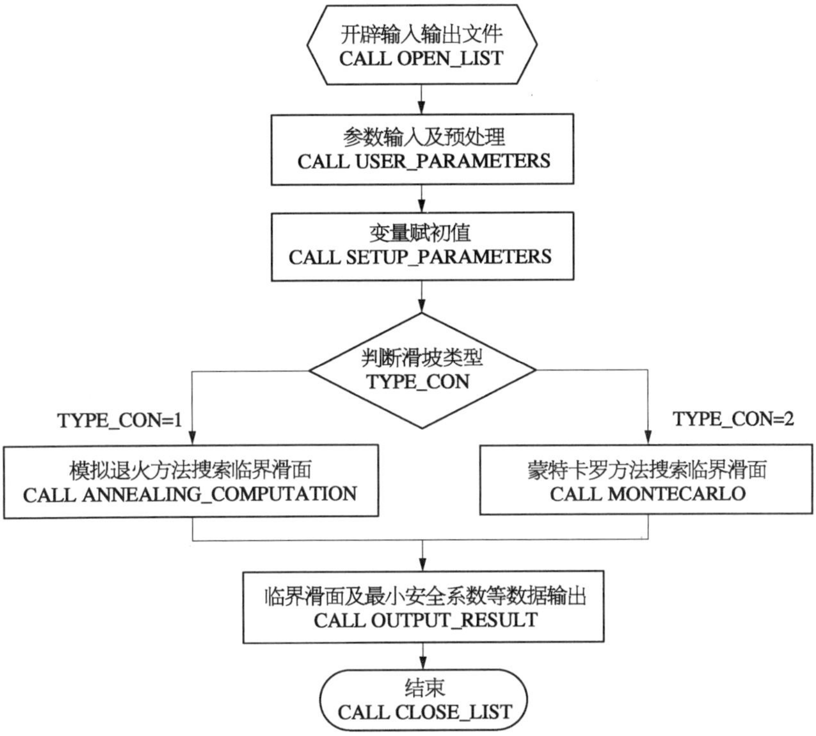

图 5-2 程序主流程图

5.2.2 最危险滑面搜索

5.2.2.1 基于模拟退火算法的圆弧滑面搜索

当假定滑面为圆弧滑面时,本程序采用模拟退火算法搜索临界滑面。具体的程序实现思路如下:

(1) 依据待搜索滑坡的几何参数,确定模拟退火算法中圆弧滑面圆心坐标(x_0, y_0)及半径 r 的取值范围。

(2) 根据确定的随机圆弧滑面,使用简化 BISHOP 法计算对应滑面的稳定性系数。

(3) 对圆心及半径做随机扰动,计算新滑面的稳定性系数。

(4) 执行收敛标准判断,若收敛则程序结束,若不收敛则在此温度下继续迭代搜索。

(5) 若在某温度下迭代一定次数后计算仍未收敛,执行退火算法降低温度回到步骤(2)继续计算。

本程序采用了与 Geo-slope 等工程计算通用软件类似的圆弧滑面搜索计算方法,即通过设定圆弧滑面圆心及半径的搜索范围,在此范围内采用一定的搜索计算方法求得最危险滑裂面。总体而言,每一个可能的圆弧滑裂面均可表示成圆心(x_0, y_0)的坐标和半径 r 的函数。这样就使得临界滑裂面的搜索问题转化成了通过变化(x_0, y_0)的坐标和半径 r 的数值

来确定最小稳定系数的问题，即

$$F = F(A,\ B,\ t) \tag{5-5}$$

圆弧滑面的圆心及半径随机值确定后，圆弧滑面的形状就确定了。设圆心坐标为 $O'(x_0,\ y_0)$，滑裂面半径为 R_a。坡面线可看作由 A、B 和 n 个坡面点的连线构成。第 i 段的地面线方程为

$$y_i = a_i x + b_i \tag{5-6}$$

程序采用简化 BISHOP 法计算圆弧滑面的稳定性系数，则还需求解圆弧滑面的剪出点 A 和后缘点 B 两点的坐标为 $A(x_a,\ y_a)$ 和 $B(x_b,\ y_b)$。此处需要特别提及的是，在某些情况下由于圆心及半径的较大随机取值范围，圆弧滑面可能位于坡体之外，此时 $O'(x_0,\ y_0)$ 和 R_a 值为不合理值，需要剔除并重新生成合理范围内的相关值。在程序中根据实际问题的特点，首先通过联立圆弧滑面方程与斜坡面直线方程，看其是否有交点：

$$\begin{cases}(x-x_0)^2+(y-y_0)^2=R_a^2\\ y=kx+b\end{cases} \tag{5-7}$$

若联立方程有根，则圆弧与斜坡面交点即为剪出点；若联立方程无根，则需进一步判断圆心到平直坡面与半径的大小关系以确定圆弧滑面是否在坡体外部。

程序中先依据确定模拟退火算法中圆弧滑面圆心坐标$(x_0,\ y_0)$及半径 r 的取值范围，求得圆心坐标及半径的随机值。

根据 $O'(x_0,\ y_0)$ 和 R_a 值的取值范围，确定随机剪出点 A、后缘点 B 数值。而后运用简化 BISHOP 法计算对应圆弧滑面的稳定性系数。接着随机扰动圆心及半径值，计算对应滑面的稳定性系数。最后执行收敛判断以确定是否继续搜索。当某一温度下搜索一定次数后，执行退温操作，直到得到收敛解。

在每次随机滑面稳定性系数计算完成后，程序会与记录的历史最危险滑面的稳定性系数相比较，判断是否需要更新并记录历史最危险滑面。在每个温度下完成一定次数的搜索后，程序执行退温操作的同时，搜索滑面初值为上一温度下搜索得到的历史最危险滑面。这样就可以得到并记录搜索过程中得到的最危险滑面，避免模拟退火算法本身由于计算思路带来的陷入局部最小的情况出现。具体的计算流程如图 5－3 所示。

5.2.2.2 基于蒙特卡罗的非圆弧滑面搜索技术

程序中，设 $y=A_0x+B_0$ 为地表曲线，$y=A_ix+B_i$ 为土层分界线。可能的滑面也由一系列节点相连组成，折线方程为 $y=A_sx+B_s$。在笛卡尔坐标系中，滑面可以表示为 $2n$ 维空间中的一个点：

$$S = [x_1,\ y_1,\ x_2,\ y_2,\ \cdots,\ x_n,\ y_n] \tag{5-8}$$

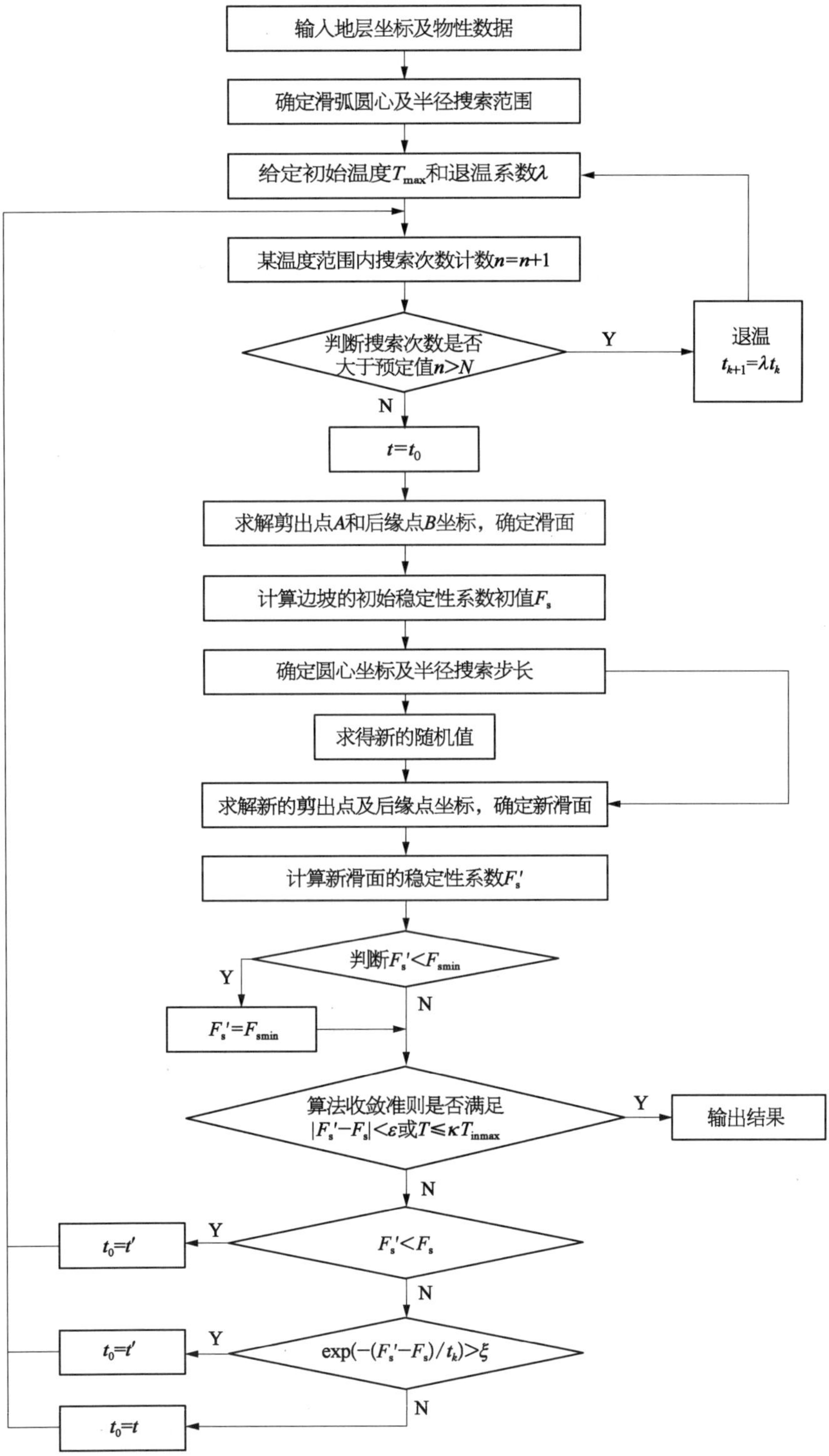

图 5－3　模拟退火算法计算流程图

滑面搜索的思路为节点随机摆动与合理性假设检验、滑面整体移动及合理性检验、收敛条件的判断。

1）节点探测循环

滑面某节点 S_i 的起始坐标为 (x_i, y_i)，若此节点 S_i 沿某方向移动到新坐标位置 (x_i', y_i') 时，此时滑面变为

$$S' = [x_1, y_1, x_2, y_2, \cdots, x_i', y_i', \cdots, x_n, y_n] \tag{5-9}$$

计算新滑面下的稳定性系数 F_s'，并与节点移动前的滑面稳定性系数 F_s 比较，若 $F_s' < F_s$，则称此次节点探测成功，节点 S_i 完成探测，进行下一节点 S_{i+1} 的探测；若 $F_s' \geqslant F_s$，则节点 S_i 退回到原先位置，再向其他方向移动探测，直到找到 $F_s' < F_s$ 的新节点位置 (x_i', y_i')。每个节点最多具有 8 个方向的探测机会，如果 8 个方向都探测一遍节点 S_i 也没有找到 $F_s' < F_s$ 的新节点位置 (x_i', y_i')，则节点 S_i 保持原位置不变，搜索流程进入下一节点 S_{i+1}。

2）滑面的整体探测

节点探测循环一次后，进入滑面整体探测阶段，此阶段滑面 S 各个节点同时移动。各节点的新坐标由下式计算：

$$\left.\begin{aligned} x_i^c &= 2x_i^{k+1} - x_i^k \quad (i = 1, \cdots, n) \\ y_i^c &= 2y_i^{k+1} - y_i^k \quad (i = 2, \cdots, n-1) \\ y_i^c &= t(x_i^c) \quad (i = 1, n) \end{aligned}\right\} \tag{5-10}$$

如果 $F(S^c)$ 小于 $F(S)$，则以 S^c 为初始滑面进入新一轮的节点探测循环；否则以 S 为初始滑面也进入新一轮节点探测循环。

滑面整体探测的几何合理性判断如下：整体移动形成的新滑面 S^c 也需要进行几何合理性的条件检验，检验标准参见节点探测循环的几何合理性检验标准。

3）MC 滑面搜索过程的收敛条件判断

非圆弧滑面的最危险滑面的搜索过程包括节点探测循环和整体循环。周而复始，直到满足下列条件，标志着搜索过程结束：

$$Dx_i^{k+1} < \Delta, \; Dy_i^{k+1} < \Delta \quad (i = 1, \cdots, n) \tag{5-11}$$

$$|F(S^k) - F(S^{k+1})| < \delta \tag{5-12}$$

其中，Δ 和 δ 均为容差，δ 一般取为 0.001，Δ 应满足

$$\Delta = (x_n - x_1)/(200(n-1)) \tag{5-13}$$

水平方向 x 及竖向 y 的初始基准步长为

$$Dx_0 = (x_n - x_1)/(2(n-1)) \tag{5-14}$$

$$Dy_0 = (y_{max} - y_{min})/(2n-2) \tag{5-15}$$

式中　y_{max}、y_{min}——滑面节点坐标的最大值和最小值。

蒙特卡罗算法计算流程如图 5-4 所示。

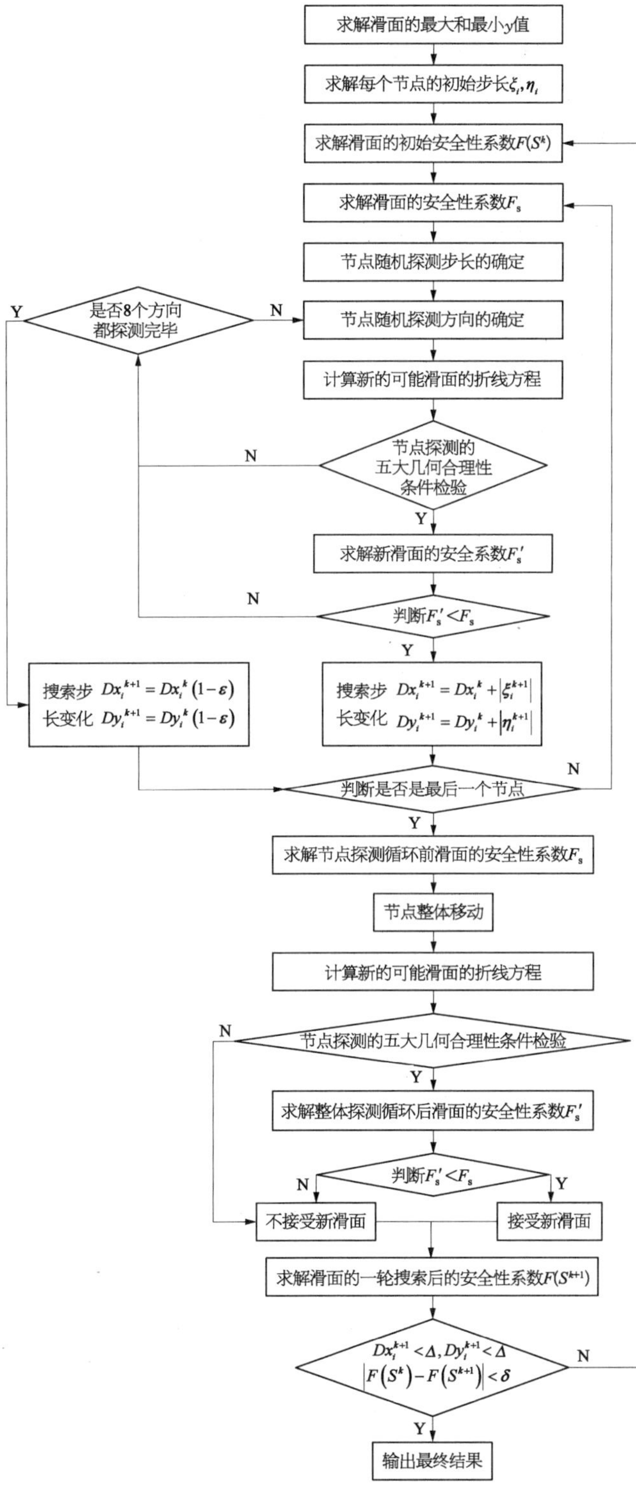

图 5-4　蒙特卡罗算法计算流程图

5.2.3 非圆弧滑面的改进型极限平衡法

5.2.3.1 扩展简化 BISHOP 法基本原理(ESBM)

长期以来,刚体极限平衡法是边坡稳定分析中最常用的计算方法,其中经典简化 BISHOP 法因其简单、快捷且具有很好的精度而运用最为广泛。然而此算法仅适用于圆弧滑面(均匀土质边坡),而不适用于非圆弧滑面(非均匀土质及岩质边坡),具有一定的局限性。

本研究采用扩展简化 BISHOP 条分法求解滑面的稳定性系数(图 5-5)。

简化 BISHOP 法的假定:

(1) 假定只存在水平条间力,竖向条间力为 0。

(2) 各土条满足竖向力矩平衡条件。

(3) 滑体满足总体力矩平衡条件。

(4) 土体屈服条件满足 Mohr-Coulomb 准则。

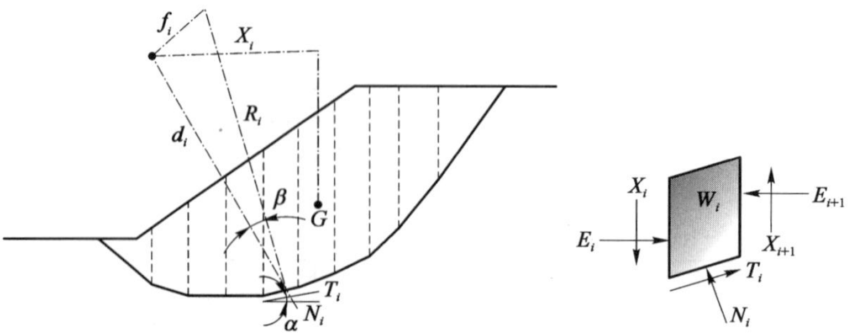

图 5-5 条分法计算示意图

根据竖直方向分力的平衡条件,建立平衡力矩方程:

$$W_i + X_i - X_{i+1} - T_i \sin \alpha_i - N_i \cos \alpha_i = 0 \tag{5-16}$$

式中 W_i——重力;

X_i、X_{i+1}——左右两侧的条件竖向分力;

T_i、N_i——底面切向分力和法向分力;

α_i——底边相对于水平方向的倾角。

将所有外力对取矩中心 O 取矩,总力矩平衡如下:

$$\sum W_i x_i - \sum T_i R_i - \sum N_i f_i = 0 \tag{5-17}$$

式中 R_i、f_i——底面切向力 T_i 和法向力 N_i 绕 O 点的转动力臂;

x_i——滑体重力绕矩心的转动力臂。

又根据 Mohr-Coulomb 准则和切向力假设,有

$$T_i = \frac{1}{F_s}(c_i b_i \sec \alpha_i + N_i \tan \varphi_i) \tag{5-18}$$

式中 b_i、c_i、φ_i——土条的宽度、黏聚力和内摩擦角；

F_s——边坡的稳定性系数。

那么由式(5－16)～式(5－18)可得：

$$F_s=\frac{\sum\left(c_il_i+\dfrac{W_i+(X_i-X_{i+1})-\dfrac{1}{F_s}c_ib_i\tan\alpha_i}{m_{ai}}\tan\varphi_i\right)R_i}{\sum W_ix_i-\sum\dfrac{W_i+(X_i-X_{i+1})-\dfrac{1}{F_s}c_ib_i\tan\alpha_i}{m_{ai}}f_i} \tag{5-19}$$

其中，$m_{ai}=\cos\alpha_i+\tan\varphi_i\sin\alpha_i/F_s$。

当忽略条间竖向剪切力时，即认为

$$\sum\frac{X_i-X_{i+1}}{m_{ai}}\tan\varphi_iR_i=0 \tag{5-20}$$

$$\sum\frac{X_i-X_{i+1}}{m_{ai}}f_i=0 \tag{5-21}$$

此时式(5－19)可以简化为

$$F_S=\frac{\sum\left(c_il_i+\dfrac{W_i-\dfrac{1}{F_s}c_ib_i\tan\alpha_i}{m_{ai}}\tan\varphi_i\right)R_i}{\sum W_ix_i-\sum\dfrac{W_i-\dfrac{1}{F_s}c_ib_i\tan\alpha_i}{m_{ai}}f_i} \tag{5-22}$$

此表达公式不受滑面形状为圆弧还是非圆弧的限制，且计算量没有大幅增加。

简化 BISHOP 法求解滑面稳定性系数流程如图 5－6 所示。

5.2.3.2 坡体取矩中心的求解

对于一个可能的滑面体，由上节可知需要确定取矩中心 O 来求得计算滑坡稳定性系数所需的底面切向力 T_i 和法向力 N_i 绕 O 点的转动力臂 R_i 和 f_i。

1) 广义 BISHOP 法严格成立的取矩中心求解方法

王军在其论文《边坡稳定性分析的广义 BISHOP 法》中探讨了将简化 BISHOP 法应用于非圆弧一般滑面的推广公式，给出了简化 BISHOP 法应用于非圆弧滑面的适用性条件，得到了新的满足水平平衡条件的取矩中心的求解方法。

由式(5－19)可知，若条间切向力满足式(5－20)、式(5－21)，则无论条间切向力考虑与

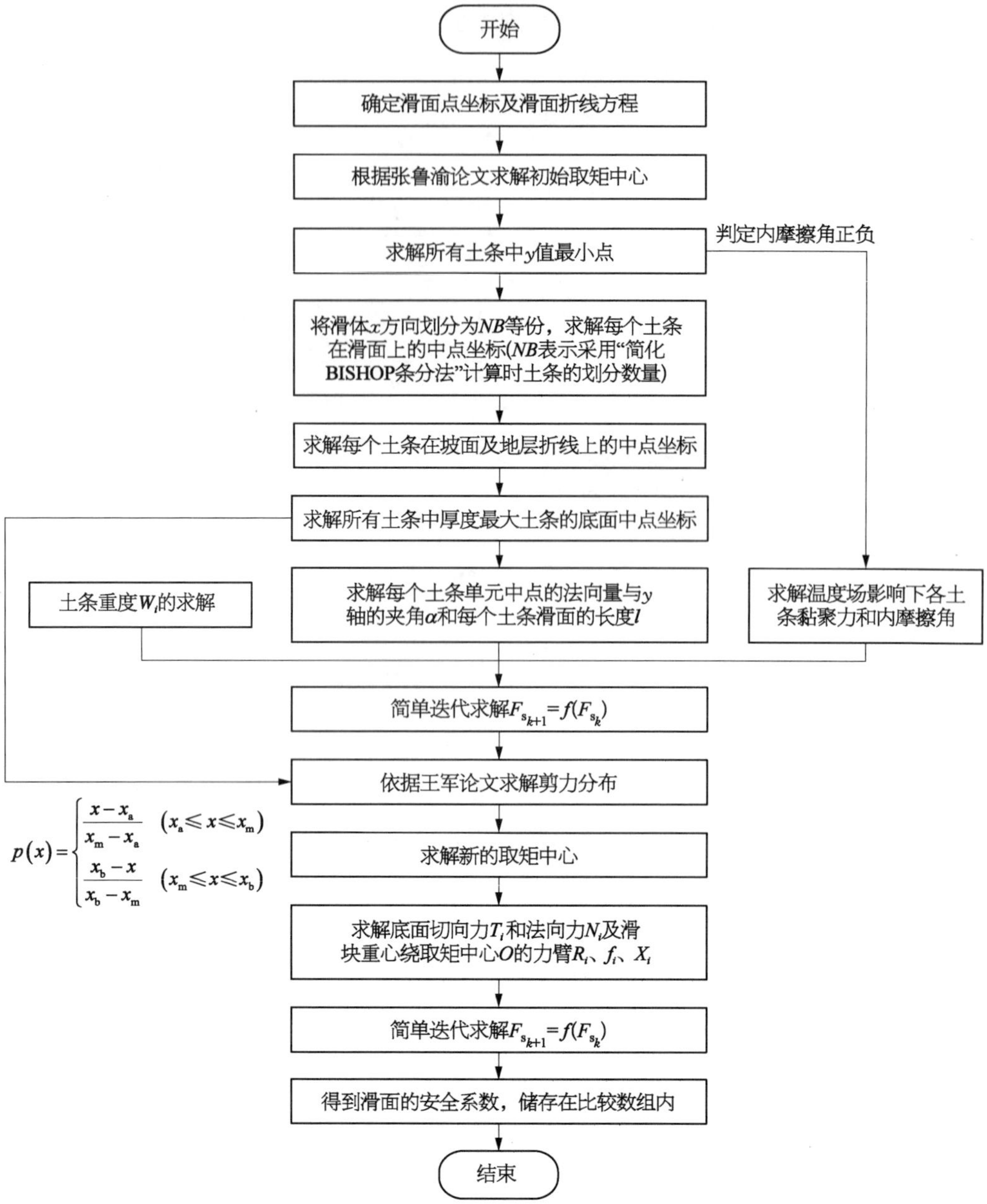

图 5-6 简化 BISHOP 法求解滑面稳定性系数流程图

否，均不影响稳定性系数的结果。但上述问题为超静定问题，为转化成可求解的静定问题，王军借鉴了 Correia 思想，引入条间力分布假设消除多余未知量：

$$X_i = \lambda p_i(x) \tag{5-23}$$

式中 λ——待定常数；

$p_i(x)$——与坐标有关的待定函数。

则式(5-20)、式(5-21)可简化为

$$\sum \frac{p'(x)b_i}{m_{ai}}\tan\varphi_i R_i = 0 \tag{5-24}$$

$$\sum \frac{p'(x)b_i}{m_{ai}} f_i = 0 \tag{5-25}$$

从上式可以看出,若选择合适的函数 $p_i(x)$ 和取矩中心 O,就可以使得式(5-20)、式(5-21)成立,进而考虑条间切向力的稳定性系数公式与不计条间切向力的简化公式完全等效,且此时稳定性系数的结果与 l 无关。

当滑面为非圆弧滑面时,设矩心为 $O(x_0, y_0)$,矩心 O 到第 i 条块的底面中心 (x_i, y_i) 的距离为 d_i,根据几何关系可知:

$$d_i = \sqrt{(x_0 - x_i)^2 + (y_0 - y_i)^2} \tag{5-26}$$

$$\beta_i = \arcsin\left(\frac{x_i - x_0}{d_i}\right) - \alpha_i \tag{5-27}$$

$$R_i = d_i\cos\beta_i,\ f_i = d_i\sin\beta_i \tag{5-28}$$

显然,选取合适的 $p(x)$ 后就可以确定满足式(5-20)、式(5-21)的取矩中心 $O(x_0, y_0)$。

2)基于逐步逼近思想的取矩中心求解方法

张鲁渝和王军均提出了各自的取矩中心求解方法,然而他们各自都有自己的局限性,都还有不完善的地方。在程序编制过程中,取矩中心的求解一度成为难点。

基于高次复杂方程求根方法的逐步迭代求根思想,本程序的取矩中心求解方法思路为结合张鲁渝与王军方法的各自优点,首先使用张鲁渝的方法较快确定一个取矩中心 O,基于此取矩中心,代入式(5-19)中迭代求解得到一个滑面误差较小的稳定性系数 F_s。然后以此 F_s 代入式(5-20)、式(5-21)求解得到更新的取矩中心 O,然后计算得到使得简化 BISHOP 法的在忽略条间力假设下严格成立的稳定性系数 F_s。

根据张鲁渝的取矩三角形获得取矩中心的方法,设非圆弧滑面的折线点首末两点坐标为 (x_1^s, y_1^s) 和 (x_n^s, y_n^s),则得到其直线方程 L_1 为

$$y = \frac{y_1^s - y_n^s}{x_1^s - x_n^s}(x - x_1^s) + y_1^s \tag{5-29}$$

由几何关系可知其中垂线 L_2 方程为

$$y = -\frac{x_1^s - x_n^s}{y_1^s - y_n^s}\left(x - \frac{x_1^s + x_n^s}{2}\right) + \frac{y_1^s + y_n^s}{2} \tag{5-30}$$

令 $A_s = \dfrac{y_1^s - y_n^s}{x_1^s - x_n^s}$,则直线 L_3 的斜率可由下式求得:

$$k_c = \arctan A_s - \theta_{Wang} \tag{5-31}$$

式中 k_c——直线 L_3 的斜率;

θ_{Wang}——取矩角,按照张鲁渝论文中相关结论,本程序取为60°。

则直线 L_3 的方程为

$$y = k_c x + y_n^s - k_c x_n^s \tag{5-32}$$

求解 L_3 与 L_2 的交点即为初始取矩中心 $O(x_0, y_0)$。

由式(5-26)~式(5-28)可知:

$$R_i = d_i \cos\beta_i = (y_0 - y_i)\cos\alpha_i + (x_i - x_0)\sin\alpha_i \tag{5-33}$$

$$f_i = d_i \sin\beta_i = (x_i - x_0)\cos\alpha_i + (y_i - y_0)\sin\alpha_i \tag{5-34}$$

注意此处有一判断,即一般认为 $|y_i - y_0| = y_0 - y_i$。

在本程序中,采用朱大勇在其论文《简化 BISHOP 法严格性的论证》中提出的条间剪力满足三角分布:

$$p(x) = \begin{cases} \dfrac{x - x_a}{x_m - x_a} & (x_a \leqslant x \leqslant x_m) \\ \dfrac{x_b - x}{x_b - x_m} & (x_m \leqslant x \leqslant x_b) \end{cases} \tag{5-35}$$

式中 x_a、x_b——画面的首末两点横坐标;

x_m——BISHOP 法中土条划分高度最大条块的底面中点 x 坐标(此处 x_m 的选取具有经验性,根据与李同录的讨论结果,x_m 按上述方法选取)。

将式(5-33)~式(5-35)代入式(5-24)、式(5-25)中,可得下列方程,求解得到新的取矩中心:

$$\sum \frac{p'(x_i)b_i}{m_{ai}}\tan\varphi_i\cos\alpha_i \cdot y_0 - \sum \frac{p'(x_i)b_i}{m_{ai}}\tan\varphi_i\sin\alpha_i \cdot x_0 + \sum \frac{p'(x_i)b_i}{m_{ai}}\tan\varphi_i(-y_i\cos\alpha_i + x_i\sin\alpha_i) = 0 \tag{5-36}$$

$$-\sum \frac{p'(x_i)b_i}{m_{ai}}\sin\alpha_i \cdot y_0 - \sum \frac{p'(x_i)b_i}{m_{ai}}\cos\alpha_i \cdot x_0 + \sum \frac{p'(x_i)b_i}{m_{ai}}(y_i\sin\alpha_i + x_i\cos\alpha_i) = 0 \tag{5-37}$$

此方法一方面克服了王军的方法中 F_s 难以预知的缺点,也摆脱了张鲁渝的方法中取矩中心具有随意性、缺乏通用性的缺点。实际计算结果表明,采用逐步逼近的取矩中心求解方法可以获得较张鲁渝与王军的方法误差都小的滑面稳定性系数。

5.3 冻土路基边坡稳定性评价

5.3.1 评价模型的建立

为保持研究的一致性，斜坡稳定性评价模型仍采用前述所设模型。本研究分别对不同路基高度就不同地温进行 20 年范围内的稳定性评价。

冻土的力学性质随着土温的不同而发生变化，研究表明，冻土的抗剪强度与土温的关系可用下式表示：

$$\left.\begin{aligned} C &= a_1 + b_1 \mid \theta \mid^{0.5} \\ \varphi &= a_2 + b_2 \mid \theta \mid^{0.5}，\text{其中} \mid \theta \mid \leqslant 4℃ \end{aligned}\right\} \tag{5-38}$$

式中 a_i、b_i——试验常数，各层土的具体数值见表 5-2，当土温大于 0.05℃时，认为处于融化状态，b_i 均等于 0，当土温小于-0.05℃时，认为土体处于冻结状态，a_i、b_i 按上式取值；

θ——土体负温。

表 5-2 路基各土层的力学参数

路基土层	计算参数				
	ρ(kg/m^3)	a_1(kPa)	b_1	a_2	b_2
路基填土	20	10	89	15	9.5
亚黏土	18	8	65	15	8
全风化泥岩	30	74	154	26	11

在暖季如 $-0.05℃ \leqslant \theta \leqslant 0.05℃$，则认为其处于冻融交界面区域，其抗剪强度取值为 $C = 4$ kPa，$\varphi = 13$；在寒季则不考虑冻融交界面的影响，认为当土温大于 0℃时，则处于融化状态，反之处于冻结状态。

5.3.2 冻土路基稳定性变化特征

利用编制的耦合温度场冻土斜坡稳定性评价程序，采用折线法和圆弧法两种改进型的极限平衡法对 2 m、2.5 m、3 m、3.5 m、4 m、4.5 m、5 m、5.5 m、6 m 高度路基在不同地温条件下所构成的大量工况进行了冻土路基斜坡稳定性评价。

5.3.2.1 冻土路基斜坡稳定性的月份变化特征

4 m 路基不同地温下第 9 年一年中 12 个月的稳定系数如图 5 – 7 所示。由图可知，在一年中，冻土路基斜坡稳定系数暖季和寒季的变化差异极大。

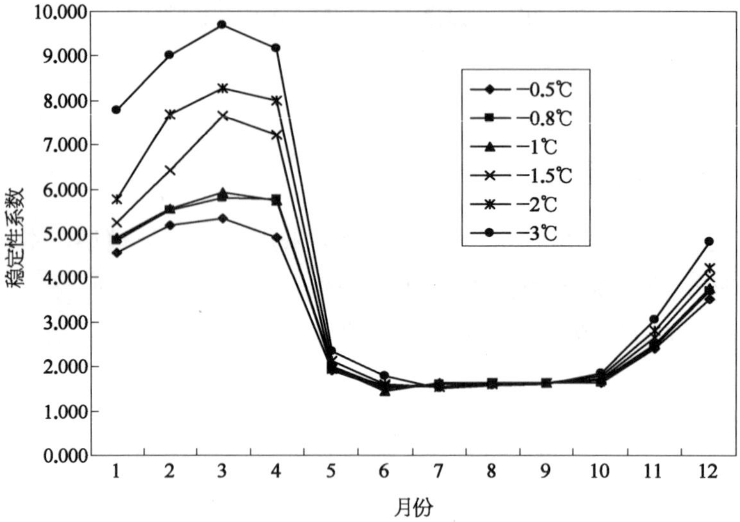

图 5 – 7 路基稳定性随月份的依变关系

由图 5 – 7 可知，每年的 4 月开始进入暖季，由于路基开始融化，其稳定性相应减小，直至每年的最大融深季节即 10 月，而后进入寒季，路基开始冻结，其稳定性相应增大，在每年的最大冻结期即 3 月稳定性系数达到最大。

但其最小稳定性系数并非出现在每年的最大融深季节 10 月，而出现在每年的 6、7 月，−1℃ 地温的 5—10 月的温度场和最危险滑面叠加效果图如图 5 – 8 ~ 图 5 – 13 所示。

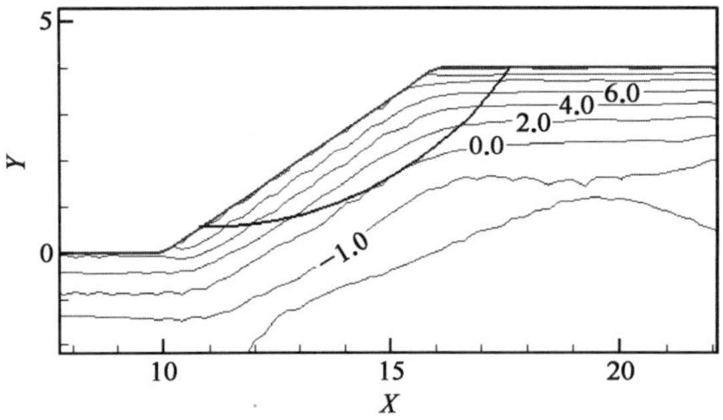

图 5 – 8 4 m 路基 −1℃ 第 9 年 5 月温度场和最危险滑面叠加效果图

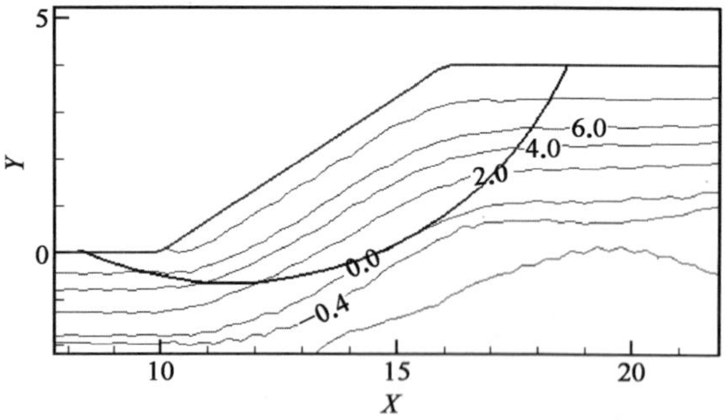

图 5 – 9 4 m 路基 −1℃ 第 9 年 6 月温度场和最危险滑面叠加效果图

由图 5 – 8 ~ 图 5 – 13 可知，在路基开始融化时由于其融深较小，其最危险滑面受冻土区影响，只能存在于冻融交界面之上，其下滑力较小，从而使得路基斜坡稳定性系数较大。而后随着融化的深入，其下滑力逐渐增大，在 8 月之后其最危险滑面不再受冻土区限制，则最危险滑面几乎不变，其稳定性系数也无变化。

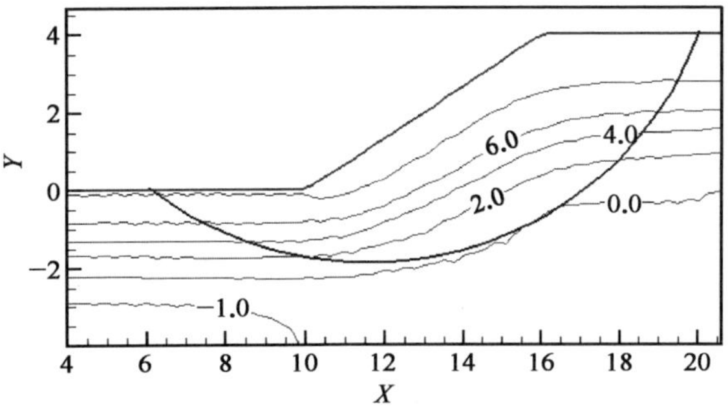

图 5－10　4 m 路基－1℃第 9 年 7 月温度场和最危险滑面叠加效果图

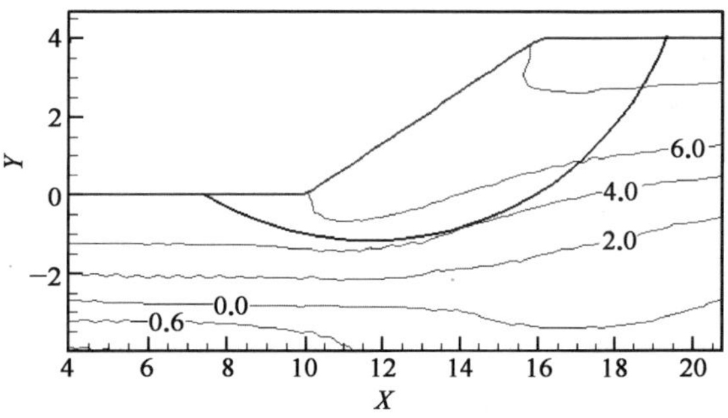

图 5－11　4 m 路基－1℃第 9 年 8 月温度场和最危险滑面叠加效果图

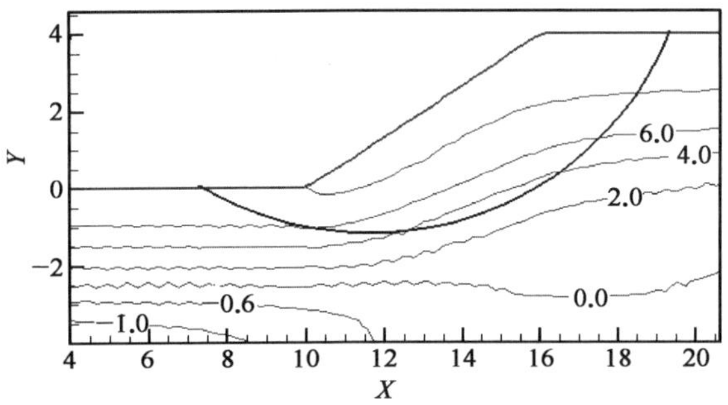

图 5－12　4 m 路基－1℃第 9 年 9 月温度场和最危险滑面叠加效果图

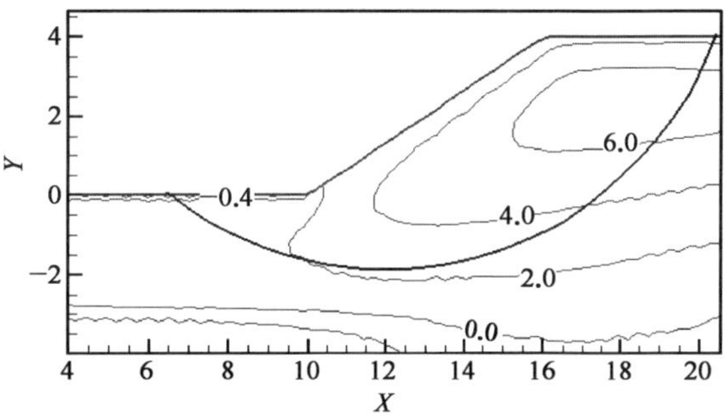

图 5－13　4 m 路基－1℃第 9 年 10 月温度场和最危险滑面叠加效果图

但从图 5－7 可知，路基稳定性并非随着融深增加而减小，在暖季特别是 6—10 月其稳定性系数变化较小，而所有地温中 6 月稳定性系数均小于 5 月，为比较分析，将 6—10 月稳定性系数与月份的依变关系单独作图，如图 5－14 所示。

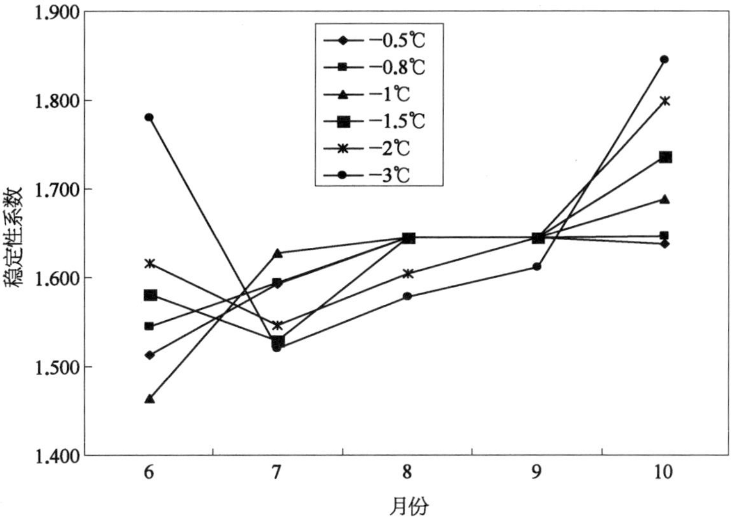

图 5－14　圆弧滑面暖季 6—10 月不同地温的路基稳定性

由图 5－14 可知，路基稳定性系数最小值通常出现在每年的 6、7 月，而后随着融深增加，其稳定性相应增加，在 10 月由于地表和路基表面开始冻结，其稳定性达到最大。按照地温的不同可以分成如下几种情况：

（1）对于高温路基，如－0.5℃、－0.8℃和－1℃地温的路基，5 月由于其融深过浅，虽然其抗滑力由于受冻融交界面影响相对较小，但由于下滑力不足，使得其稳定性较大。随着融化深度增加，其下滑力增加起控制作用，稳定性开始降低，其年度稳定性最小月份出现在 6 月。而后随着融深的增大，抗滑力增加起控制作用，稳定性相应增大。达到 8 月以后，由于其最危险滑面已远离冻融交界面，即冻土区和冻融交界面不对最危险滑面起约束作用，则其斜坡稳定性和普通融土无差异，其最危险滑面和稳定性系数均无明显差异。而在 10 月由于地表和路基表面开始冻结，其稳定性相应有所增加。

（2）对于低温路基，如－1.5℃、－2℃和－3℃地温的路基，其前期特征和高温路基相同，只是其同月份融深相对于高温路基较浅，则出现年度最小稳定性系数的月份相应往后推移，出现在每年的 7 月，而由于其冻融交界面和冻结区对于最危险滑面一直起控制作用，则其稳定性随月份推移而增加，在 10 月由于地表和路基表面开始冻结，其稳定性相应明显增大。

由以上分析可知，对于冻土路基其年度稳定性系数最小值通常出现在每年暖季，其出现的月份随地温的降低相应往后推移，暖季前期的稳定性略小于后期，其原因在于冻融交界面的抗剪强度明显小于融土，则当最危险滑面通过冻融交界面时，其稳定性系数明显小于同一滑面在融土时的稳定性系数。

以 4 m 路基－1℃第 9 年情况为例，在滑体所划分的 50 个土条当中，5—10 月各土条的定性温度见表 5－3。

表 5－3　4 m 路基－1℃第 9 年不同月份各土条温度　　单位：℃

土　条	月　份					
	5	6	7	8	9	10
1	7.918 0	8.455 3	9.990 9	9.364 1	5.261 2	−0.052 7
2	7.446 3	8.086 6	8.986 5	8.471 8	5.189 0	0.589 7
27	0.305 1	0.268 6	0.217 4	3.316 3	4.125 2	2.837 7
28	0.033 8	0.332 8	0.268 4	3.164 4	4.044 7	2.780 1
29	−0.036 6	0.344 2	0.112 2	3.224 8	4.137 6	2.859 4
30	0.175 8	0.069 8	0.086 3	3.305 5	4.246 8	2.944 0
31	−0.032 7	0.041 9	0.180 0	3.131 1	4.136 7	2.965 4
32	0.032 5	0.044 7	0.121 8	3.271 6	4.302 9	3.096 0
33	−0.090 6	−0.039 1	0.120 3	3.316 3	4.382 5	3.163 7
34	0.041 2	−0.044 0	0.044 0	3.358 1	4.470 7	3.261 2
35	0.030 4	0.000 5	0.019 9	3.425 4	4.567 9	3.334 6
36	0.217 0	0.027 5	−0.049 7	3.468 1	4.644 8	3.401 2

（续表）

土 条	月 份					
	5	6	7	8	9	10
37	0.295 9	0.024 9	−0.022 0	3.715 5	4.894 8	3.595 8
38	0.591 0	0.212 7	0.040 2	3.697 7	4.904 6	3.831 8
39	0.643 6	0.393 2	0.299 5	4.198 4	5.360 1	4.067 7
49	7.653 5	10.586 8	11.308 9	13.334 6	10.762 8	6.311 1
50	9.415 3	13.843 4	16.103 0	15.300 2	11.034 6	4.685 5

注：为显示方便，删除的土条均为融化状态。

由表 5 − 3 可知，在 6 月，处于冻融交界面的土条数为 7 个，对于稳定性系数的降低起到了关键作用；而 8、9 月无土条处于冻融交界面，属于融土特征；在 10 月则有土条通过了表层冻土区，增大了其稳定性。

根据以上分析，冻融交界面作为一个抗剪强度很低的软弱夹层，起到了“促滑”效应，而圆弧滑面由于受其画面线形必须为圆弧形的限制，并不能完全反映冻融交界面的控制作用，为此必须引入折线法来对冻土路基暖季的早期进行稳定性评价。

5.3.2.2 圆弧法与折线法对比分析

考虑到进入寒季以后，路基斜坡为正冻期滑坡，则无冻融交界面这一软弱夹层存在，则不需要采用折线法进行稳定性评价，本研究只对暖季的正融期滑坡进行评价。采用两种方法计算的 4 m 路基暖季不同工况下稳定性系数见表 5 − 4。

表 5 − 4 圆弧滑面和折线面稳定性系数对比

年平均地温(℃)	计算方法	月 份					
		5	6	7	8	9	10
−0.5	圆弧法	1.909	1.514	1.593	1.645	1.645	1.638
	折线法	1.249	1.225	1.267	1.346	1.391	1.411
−0.8	圆弧法	2.017	1.545	1.594	1.645	1.645	1.647
	折线法	1.253	1.224	1.263	1.332	1.391	1.406
−1	圆弧法	1.967	1.464	1.628	1.645	1.645	1.688
	折线法	1.322	1.223	1.261	1.314	1.343	1.387
−1.5	圆弧法	1.947	1.582	1.529	1.645	1.645	1.736
	折线法	1.295	1.222	1.259	1.305	1.318	1.364
−2	圆弧法	2.139	1.616	1.546	1.604	1.645	1.799
	折线法	1.415	1.248	1.252	1.287	1.296	1.343
−3	圆弧法	2.342	1.780	1.521	1.578	1.611	1.846
	折线法	1.497	1.296	1.243	1.266	1.287	1.318

由表 5－4 可知，采用折线法即使在高温冻土路基的暖季后期不受冻土区和冻融交界面控制时的稳定性系数也要小于圆弧法，主要原因在于折线滑面计算稳定性时采用了比简化 BISHOP 法更为严格的扩展简化 BISHOP，并对滑体取距中心进行了二次更新，使稳定性系数的求解更为严格。

对表 5－4 的分析可以得出如下结论：

（1）冻土路基稳定性在暖季并非随着融深增加而减小，而是存在一个临界融深，在此时路基稳定性系数为最小值，该深度并非最大融深。

（2）-0.8℃地温的 5—10 月的温度场和最危险滑面叠加效果如图 5－15～图 5－20 所示。

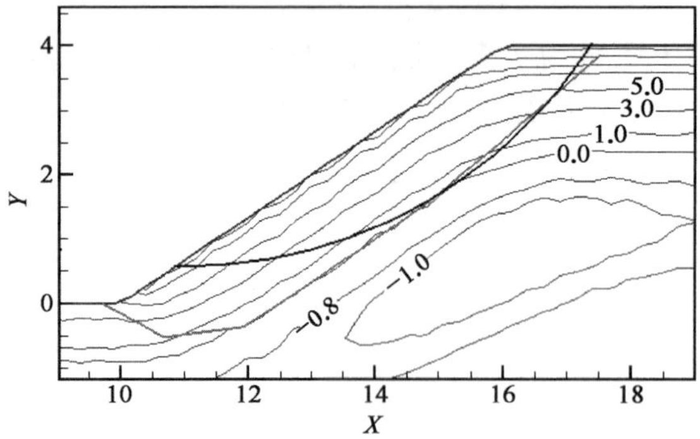

图 5－15　4 m 路基-1℃第 9 年 5 月温度场和最危险滑面叠加效果图

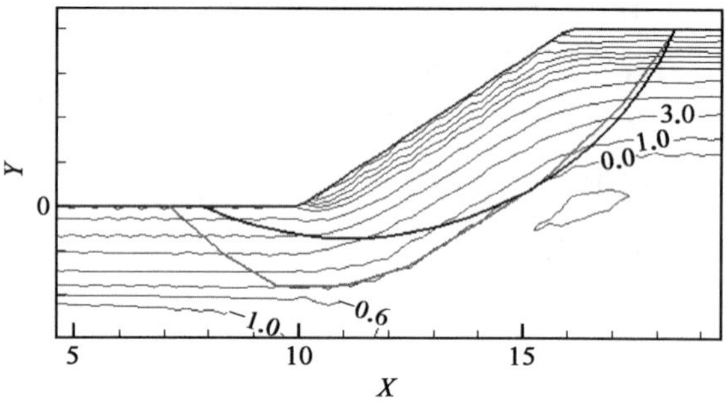

图 5－16　4 m 路基-1℃第 9 年 6 月温度场和最危险滑面叠加效果图

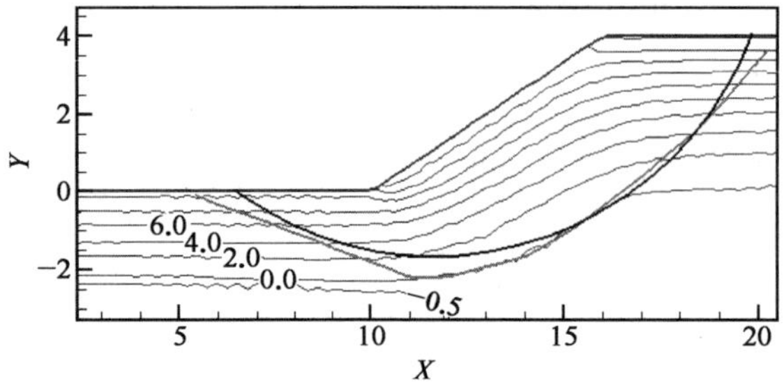

图 5－17　4 m 路基-1℃第 9 年 7 月温度场和最危险滑面叠加效果图

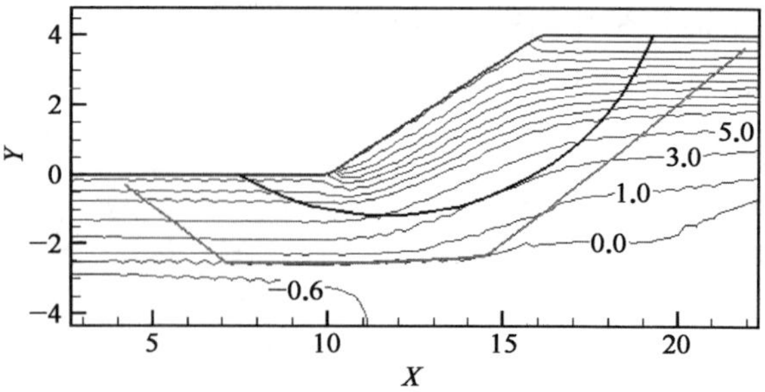

图 5－18　4 m 路基-1℃第 9 年 8 月温度场和最危险滑面叠加效果图

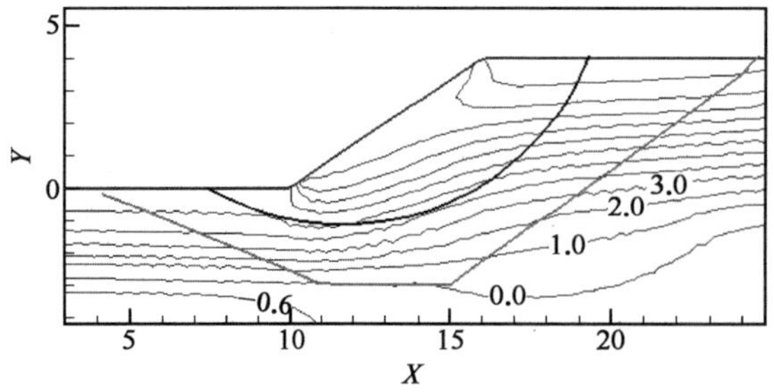

图 5－19　4 m 路基-1℃第 9 年 9 月温度场和最危险滑面叠加效果图

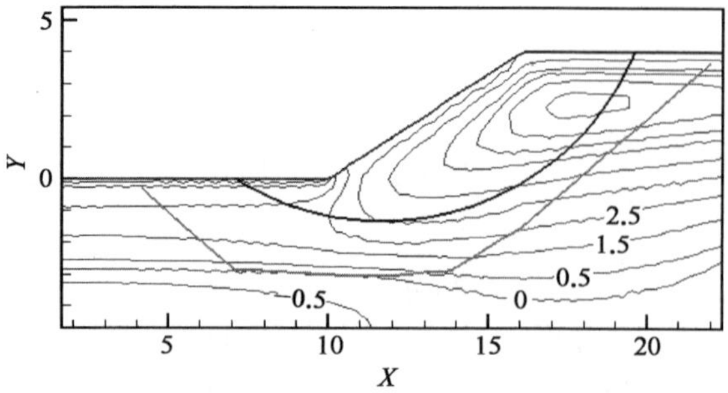

图 5－20　4 m 路基-1℃第 9 年 10 月温度场和最危险滑面叠加效果图

由图 5－15～图 5－20 可知，在暖季早期由于冻融交界面的存在，采用折线法的最危险滑面通过此软弱夹层的距离更长，最大限度地体现了该夹层的控制作用，从而使得折线法的稳定性系数远低于圆弧法，且低于暖季后期，即此时为冻土路基稳定性最小的时刻。

在暖季的早期，由于融深很浅，则滑体的厚度较小，但其稳定性系数较小，且滑面主要通过冻融交界面，即认为除了前缘点和剪出口，此时的滑面即为冻融交界面，这就是所谓的热融滑塌现象。

由以上分析可知，对于存在软弱夹层斜坡的稳定性评价，由于圆弧法假设的前提为滑动面为圆弧，从而人为削弱了软弱夹层的影响，造成评价结果过大，对于冻土路基这种存在冻融交界面的斜坡稳定性评价采用折线面逼近更为严格，所以本研究主要采用折线法来评价冻土路基在暖季时的斜坡稳定性，这也与《公路路基设计规范》（JTG D30—2015）中对于路堤软弱层滑动稳定性计算的规定相对应。

5.3.2.3 冻土路基稳定性随地温变化特征

采用折线法对 4 m 路基不同地温进行暖季时的路基稳定性计算，计算结果如图 5－21 所示。

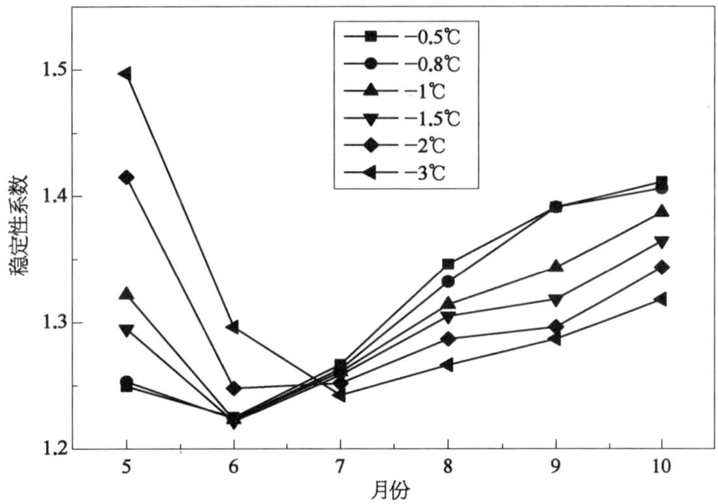

图 5－21　4 m 路基折线滑面暖季稳定性系数-地温特征

由图 5－21 可知，4 m 路基稳定性在不同地温下第 9 年年度最小稳定性系数并无明显差异，主要差异在于计算步长为 1 个月，即认为冻土路基年度最小稳定性与地温关联性很小。

但从图中也可知，年度最低稳定性系数出现时间与地温相关，地温越低，则出现年度最小稳定性的时间越往后推移。这是因为在暖季开始融化时，由于融深过低，其下滑力不足，导致稳定性系数较大，此时下滑力的增加起控制作用，稳定性系数随融化加深而降低。当融化至一定深度以后，抗滑力的增加对稳定性起控制作用，则稳定性随融化深度增加而增大。因此可认为存在一个最危险融深，当小于此融深时，路基稳定性随融深增大而减小，超过此融深时，路基稳定性随融深增加而增大，当融深继续增加时，则最危险滑面不通过冻融交界面，此时冻土路基稳定性呈现普通融土路基特征。

对于路基断面固定的冻土路基温度场，在暖季早期，其冻融交界面基本形状是一致的，先平行于路面，而通过坡脚以后则平行于坡面，所以不同地温其达到最危险融深时的冻融交界面形状是基本一致的，因此其稳定性在一定地温范围内，与地温的相关性不大。

5.3.2.4 冻土路基稳定性随运行时间的变化特征

由以上对冻土路基稳定性与地温变化特征可知，冻土路基年度最低稳定性对地温的敏感性很低，而运行时间对于冻土路基温度场的影响主要在于随着运行时间的增加，其地温增加，则可认为冻土路基稳定性与运行时间的变化特征和冻土路基稳定性随地温变化的特征具有本质上的一致性，即认为冻土路基年内最小稳定性与运行时间也无显著关系。

然而实际中，随着运行时间的增加，由于路基内水分的迁移，水分可能富集于边坡脚等区域，从而降低该区域的抗剪强度，造成路基稳定性下降而失稳。

5.3.3 路基高度对冻土路基稳定性的影响

1）无荷载时年度最小稳定性与路基高度的关系

由于冻土路基年度最小稳定性与地温、运行时间均无显著关系，则可以相应地简化计算样本，本研究对 2 m、2.5 m、3 m、3.5 m、4 m、4.5 m、5 m、5.5 m、6 m 共九种路基高度在−0.8℃地温时在暖季不同时间进行了暖季斜坡稳定性评价，计算步长为 10 d，即每年共 36 个步长。不同路基高度年度最小稳定性系数如图 5－22 所示。

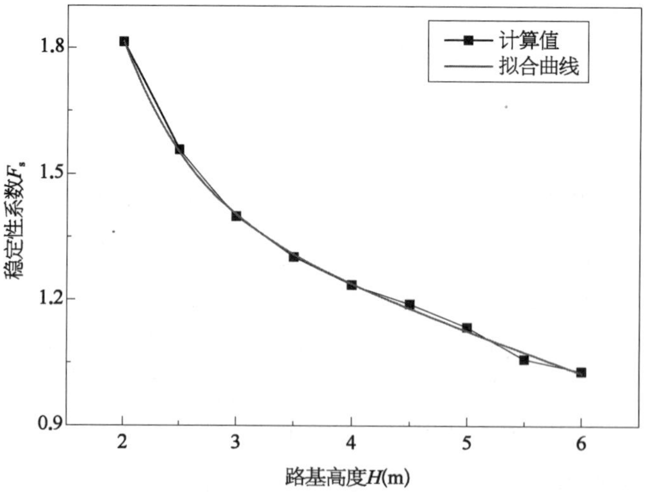

图 5－22 年度最小稳定性系数-路基高度依变关系

由图 5－22 可知，年度最小稳定性系数随路基高度增加而减小，其依变关系接近于指数衰减第二函数形式，拟合关系式为

$$F_s = 11.919\,32e^{(-H/0.556\,11)} + 1.444\,51e^{(-H/6.987\,15)} + 0.414\,3 \qquad (5-39)$$

如果根据《公路路基设计规范》中对于路堤软弱层滑动稳定性的规定，路基安全性系数应不低于 1.3 时，则其对应的上临界设计高度应不高于 3.56 m。

2）考虑行车荷载的年度最小稳定性与路基高度的关系

在普通路基斜坡稳定计算时通常不考虑行车荷载的影响，这是因为在普通路基当其稳定性系数达到 1.2～1.3 时，设计路基高度较高，则增加相应行车荷载对稳定性的计算影响较小。而对于冻土路基，路基稳定性主要受冻融界面形态的控制，则行车荷载对于稳定性的计算影响较大。本研究假定行车荷载为恒载，且为均布荷载，10 kPa、15 kPa、20 kPa 时的不同路基高度稳定性系数如图 5－23 所示。

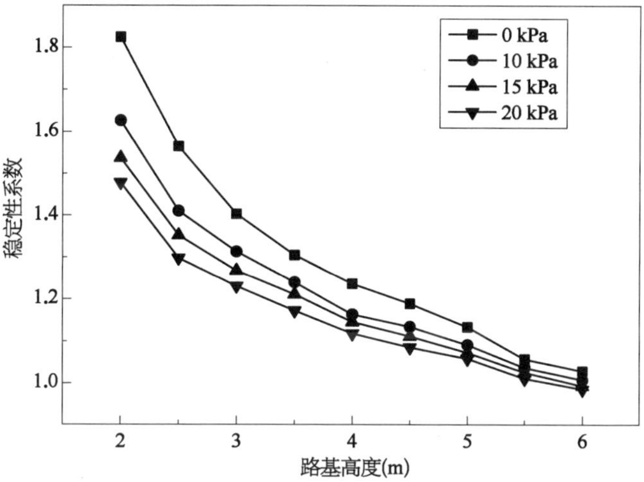

图 5－23　不同荷载作用下的稳定性系数

由图 5－23 可知，行车荷载对于稳定性的影响程度随路基高度而变化，对于低路基由于此时下滑力较小，同样的荷载对于滑体下滑力的影响比高路基时要大得多，所以荷载对于低路基稳定性系数的影响要比高路基大得多。

而对于 6 m 高路基，施加 15 kPa 荷载后，其稳定性系数由 1.028 这一临界状态减小为 0.993，则可认为有荷载作用下，路基的绝对破坏高度为 6 m。在 10 kPa、15 kPa、20 kPa 荷载作用下，如仍采用 1.3 的设计安全性系数，则其上临界设计路基高度降低为 3.05 m、2.78 m、2.51 m。

5.3.4　路基坡度对冻土路基稳定性的影响

采用放缓路基边坡的方式在增强路基斜坡稳定性是常用的方法，在路基高度较低时，由

于其工程量和所需土方量较小,所以经常采用。本研究对不同路基边坡坡度进行了稳定性计算,不同荷载作用下的年度最小稳定性计算结果如图 5－24～图 5－27 所示。

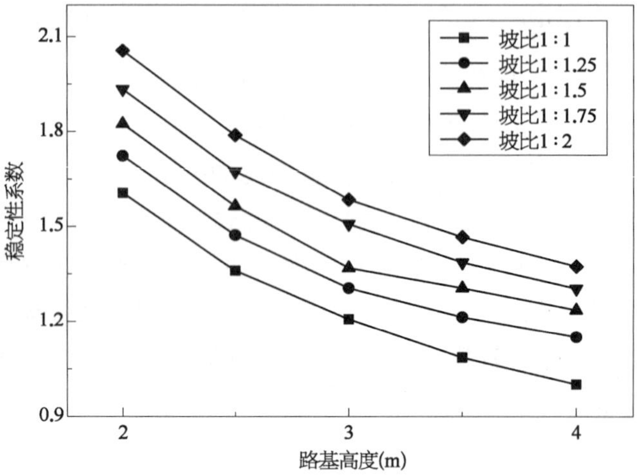

图 5－24 无荷载作用下不同坡比的冻土路基稳定性

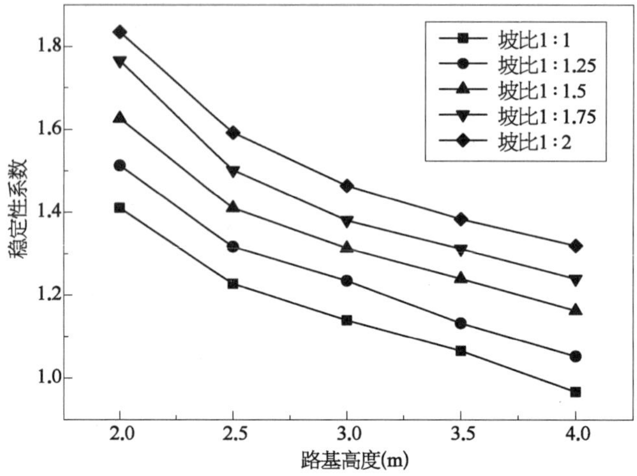

图 5－25 荷载为 10 kPa 作用下不同坡比的冻土路基稳定性

由图可知,冻土路基年度最小稳定性随坡比的减小而降低,坡比每增加 0.25,则其稳定性系数相应提高约 0.1,由此可见,对于中、低路基采用放缓边坡是一种较为可靠的提高路基稳定性的方法。

以 4 m 路基为例,不论坡比大小,其年度最小稳定性出现的时间均在暖季的早期,通常为每年的 6 月,-0.8℃第 9 年不同坡比时的最小稳定性月份(即 6 月)温度场和最危险滑面叠加效果如图 5－28～图 5－32 所示。由图可知,冻融交界面并不随坡度变化有明显变化,而是仍然保持先与地表平行而后平行于坡面线的特征,此时最危险滑面仍沿着冻融交界面。从而使得当坡比变小时,其下滑力还小于坡比大的路基而抗滑力则大于坡比大的路基,导致路基稳定性随坡比减小而相应增大。

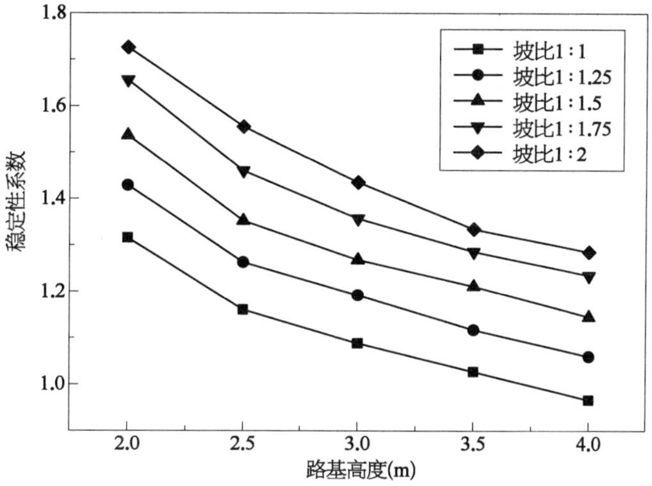

图 5-26　荷载为 15 kPa 作用下不同坡比的冻土路基稳定性

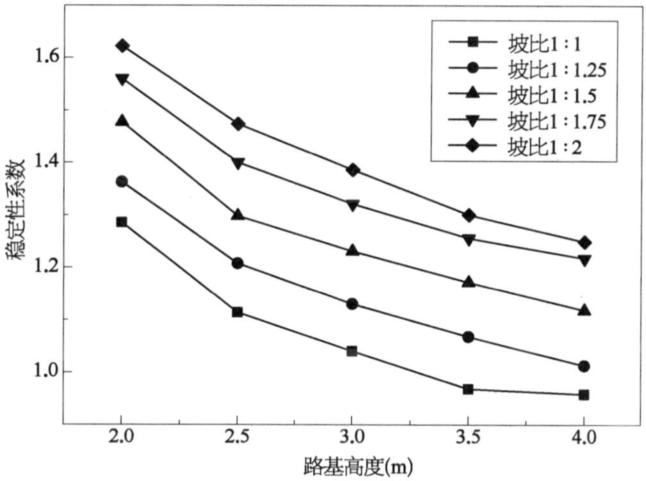

图 5-27　荷载为 20 kPa 作用下不同坡比的冻土路基稳定性

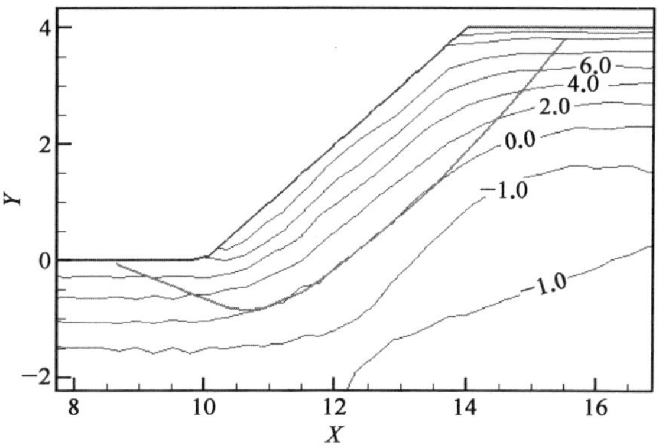

图 5-28　坡比为 1 时的 4 m 路基-0.8℃第 9 年 6 月温度场和最危险滑面叠加效果图

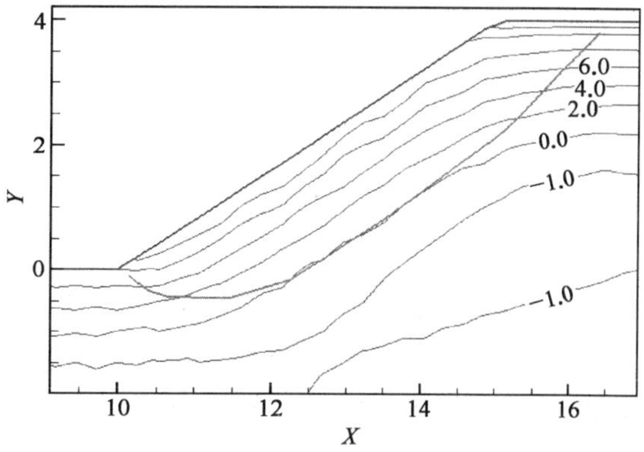

图 5-29　坡比为 1.25 时的 4 m 路基-0.8℃第 9 年 6 月温度场和最危险滑面叠加效果图

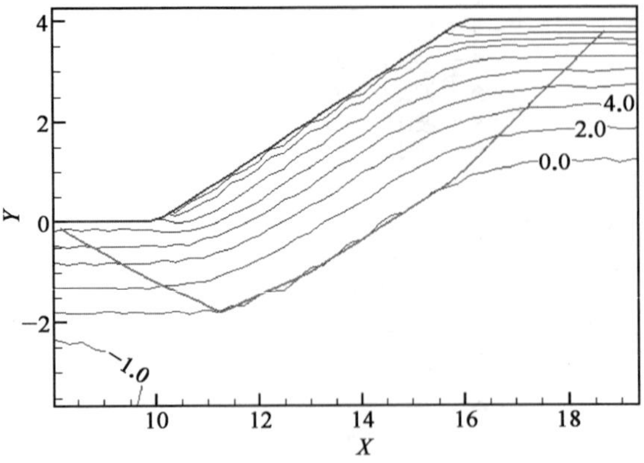

图 5-30 坡比为 1.5 时的 4 m 路基-0.8℃第 9 年 6 月温度场和最危险滑面叠加效果图

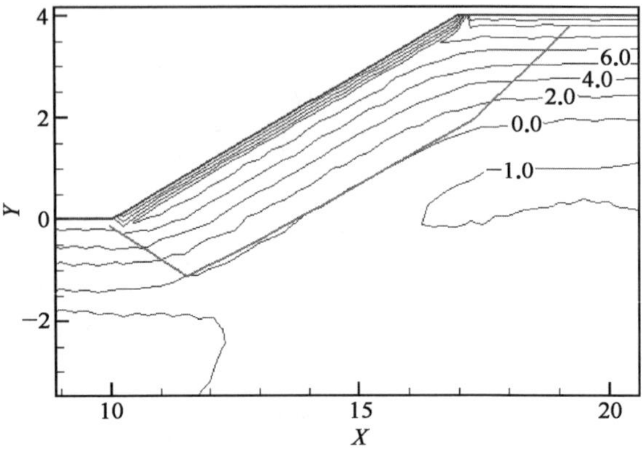

图 5-31 坡比为 1.75 时的 4 m 路基-0.8℃第 9 年 6 月温度场和最危险滑面叠加效果图

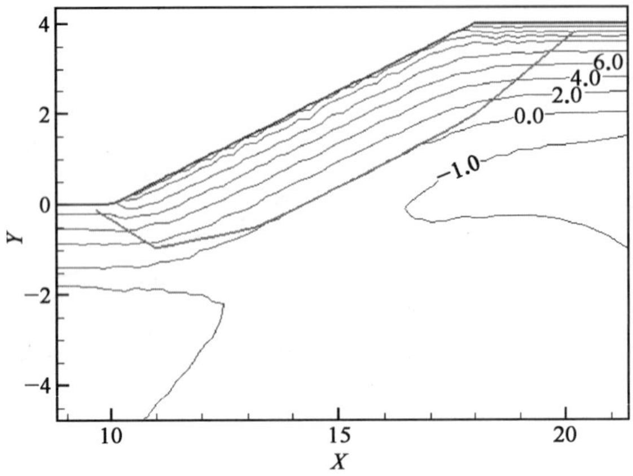

图 5-32 坡比为 2 时的 4 m 路基-0.8℃第 9 年 6 月温度场和最危险滑面叠加效果图

如仍以 1.3 作为冻土路基的设计安全性系数，不考虑行车荷载条件下，坡比分别为 1、1.25、1.5 和 1.75 时所对应的上临界设计高度分别为 2.68 m、3.02 m、3.45 m、4.05 m，即为满足其他要求的情况下可能需要抬高或降低路基，则此时可以选择合理的坡比来满足路基斜坡稳定性的要求，或在满足斜坡稳定性设计要求的条件下选择增加坡比来降低工程量和土方需求。

5.3.5 护道对冻土路基稳定性的影响

由前面坡比对路基稳定性影响的分析可知，在路基高度较高时，要满足路基斜坡稳定性的设计要求，则需要大大降低路基坡比，此时势必极大增加施工量和所需土方量，而护道作为坡脚反压的方式则可提供相应的选择。

本研究对坡比为 1.5 的路基加设护道后进行了稳定性计算，护道高度为 1.5 m，护道宽度为 3 m，护道坡比仍为 1.5。

相对应于未加设护道年度最小稳定性出现在每年暖季的早期即 6 月，加设护道后其年度最小稳定性出现的时间往后推移，通常出现在每年暖季的中期即 7—8 月。

以 5.5 m 路基为例，其 5—8 月最危险滑面与温度场的叠加效果如图 5 - 33 所示。

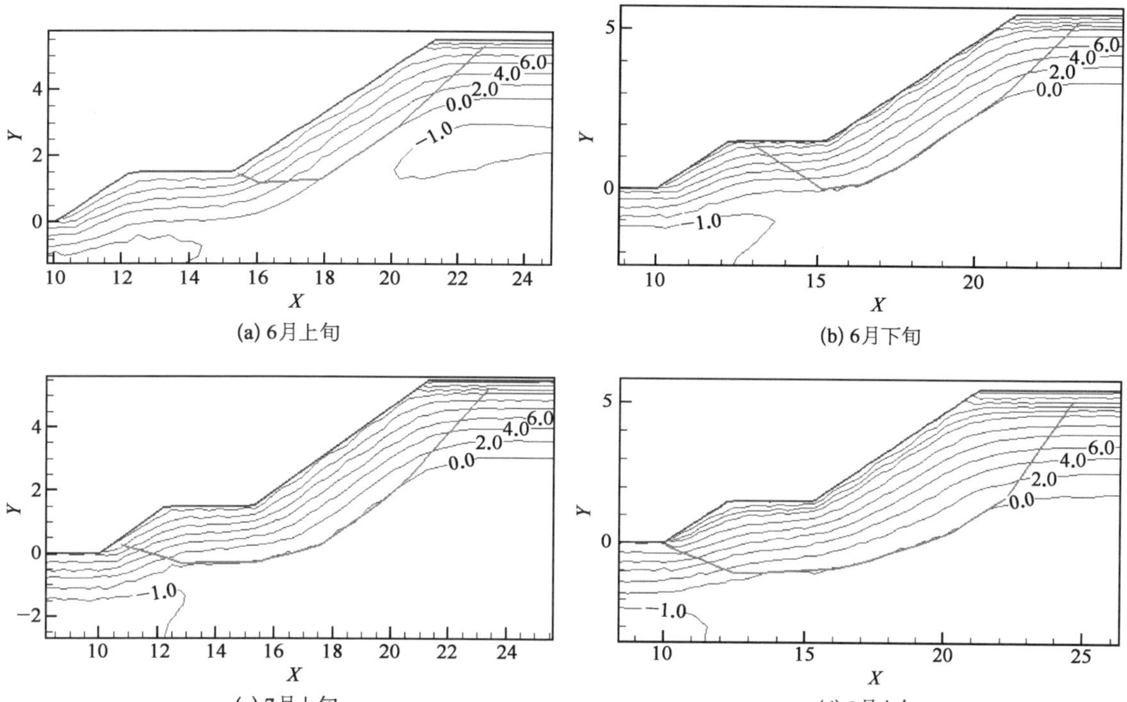

(a) 6月上旬 (b) 6月下旬 (c) 7月上旬 (d) 8月上旬

图 5 - 33　5.5 m 路基加设护道第 9 年各时期温度场和最危险滑面叠加效果图

由图 5 - 33 可知，在暖季早期，加设护道后的冻融交界面类似于未加设护道的冻融交界面，先平行于地表（护道平台），而后平行于坡面，则最危险滑面也类似于未加设护道时，此时滑体剪出口为路基坡底线，则此时加设 1.5 m 护道的反压作用明显，相当于将 5.5 m 的路基高度降低了 1.5 m。而后随着融化深度的增加，冻融交界面随之下沉，滑体剪出口亦随之出现于护道平台、护道坡面和护道坡底线，在此过程中，由于冻融交界面的抗剪强度很低而滑面通过融土长度相当，则抗滑力的增加不明显，下滑力的增加占主导地位，路基稳定性持续下降。当融化深度进一步增大时，抗滑力的增加占主导地位，路基稳定性则相应上升。

不同荷载作用下的年度最小稳定性计算结果如图 5 - 34 ~ 图 5 - 37 所示。

由图可知，加设护道后在路基不太高时稳定性提高很明显，而后随着路基高度的增加，加设护道对于路基稳定性的提高作用越来越小，达到一定高度后甚至出现加设护道反而比不加设护道稳定性更低的现象，这一现象出现的路基高度随着荷载的增加而相应降低。

为说明这一现象出现的原因，需考察加设护道后的温度场变化情况，4 m、5 m、6 m 不考虑荷载作用时的年度最小稳定性时期温度场和最危险滑面叠加效果如图 5 - 38 ~ 图 5 - 40 所示。

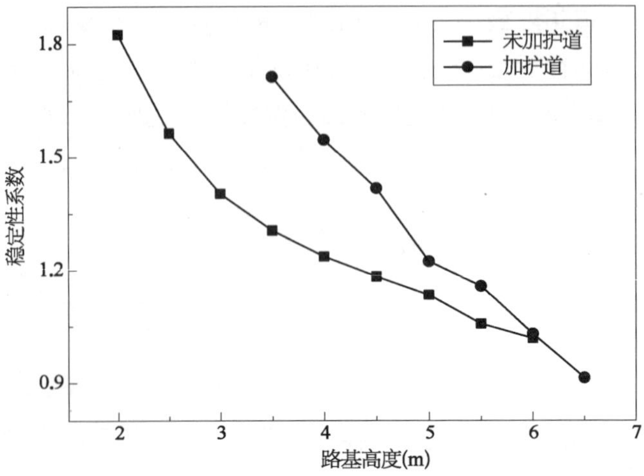

图 5-34 无荷载作用下加设护道后稳定性对比图

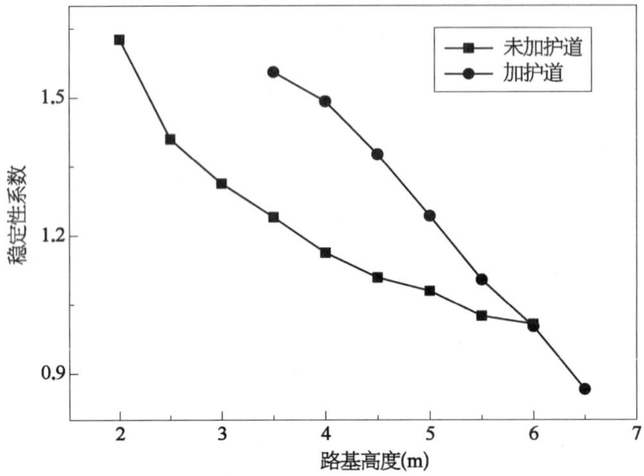

图 5-35 10 kPa 荷载作用下加设护道后稳定性对比图

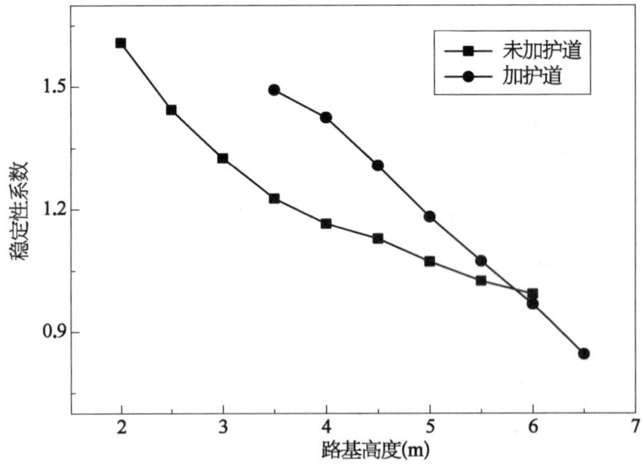

图 5-36 15 kPa 荷载作用下加设护道后稳定性对比图

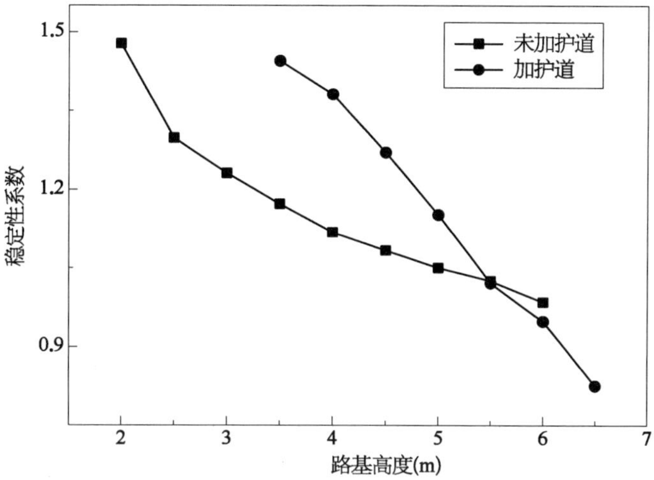

图 5 - 37　20 kPa 荷载作用下加设护道后稳定性对比图

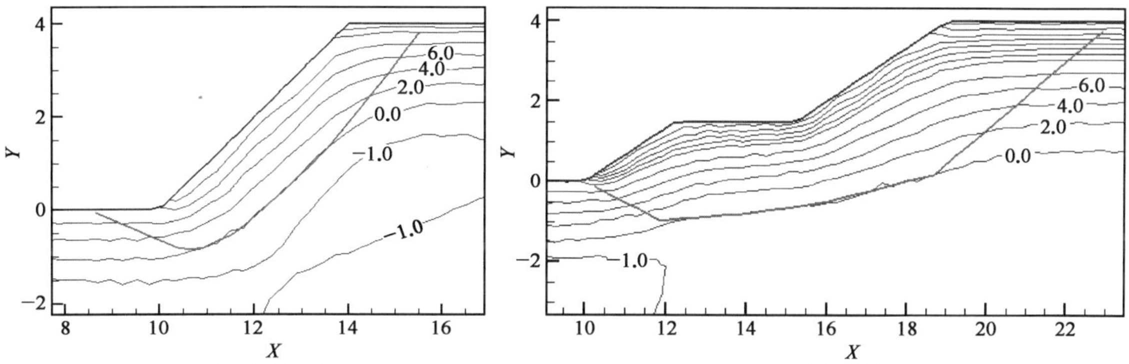

图 5 - 38　4 m 路基加设护道与未加设护道时温度场和最危险滑面对比

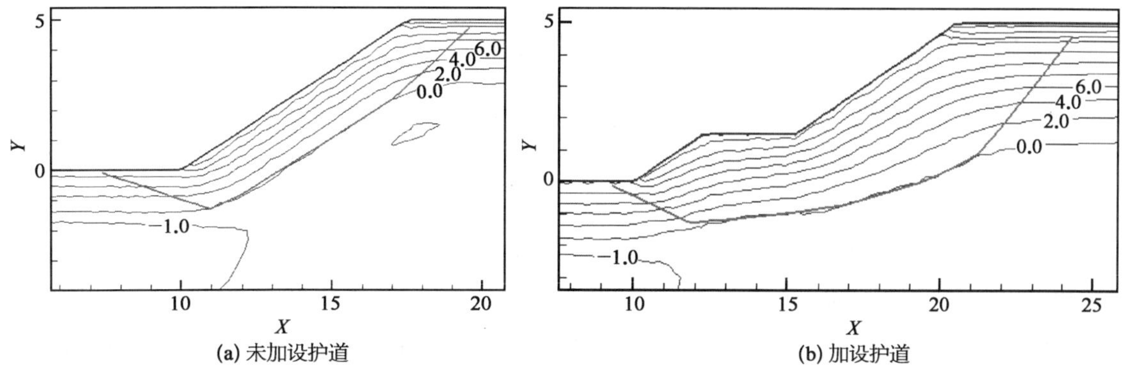

图 5 - 39　5 m 路基加设护道与未加设护道时温度场和最危险滑面对比

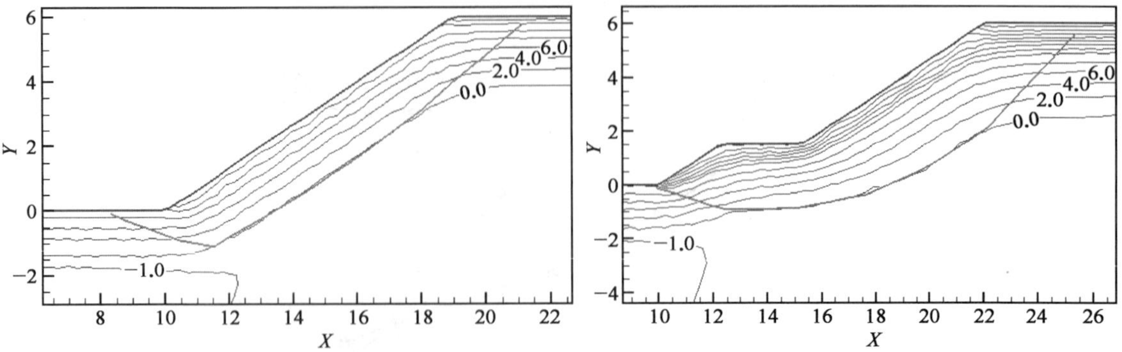

(a) 未加设护道 (b) 加设护道

图 5－40 6 m 路基加设护道与未加设护道时温度场和最危险滑面对比

由图 5－38～图 5－40 可知,加设护道后出现年度最小稳定性时期的冻融交界面并非平行于坡面线,而是比它要缓,所以此时最危险滑面仍然沿着冻融交界面,但其抗滑力要比未加设护道时大,但加设护道后其滑体面积要大于未加设护道时的面积。

在路基较低时,由于下滑力较小,坡脚反压作用明显,则由于冻融交界面的变缓所形成的下滑力较大占主导地位,此时加设护道后的路基稳定性大于未加设护道时的路基。

而随着路基高度的增加,如下两方面的作用使得加设护道提高路基稳定性的效果越来越小,甚至出现加设护道路基稳定性低于未加设护道时的路基稳定性:

(1) 随着路基高度的增加,护道反压作用越来越不明显,在行车荷载增加时也能体现出这点来。

(2) 随着路基高度的增加,冻融交界面相应变陡,甚至接近于未加设护道时的斜率,从而使得由于冻融交界面变缓造成的抗滑力增大的效果越来越不明显,且由于下滑力相应比未加设护道时要大,使得稳定性相应降低。

由以上分析可知,在路基高度不太高时,加设护道能较大提高路基稳定性,而后随着路基高度和行车荷载的增加,效果越来越不明显甚至起到降低路基稳定性的作用,所以在选择加设护道作为增强路基稳定性措施时应考虑路基高度和行车荷载的影响。

5.3.6 路面宽度对冻土路基稳定性的影响

前述所有研究结论均基于 10 m 路基宽度,随着我国寒区高等级公路项目的进一步开展,路面宽度与原低等级公路相比大为增加,而随着路面宽度的增加,冻土路基温度场亦随之变化,从而对路基边坡稳定性造成一定影响。

本研究对路面宽度分别为 12 m、14 m、16 m、18 m 和 20 m 路基在坡比为 1.5 的情况下进行冻土路基边坡稳定性研究。

路基高度分别为 3 m、4 m 和 5 m 的不同路面宽度冻土路基稳定性计算结果如图 5－41 所示。

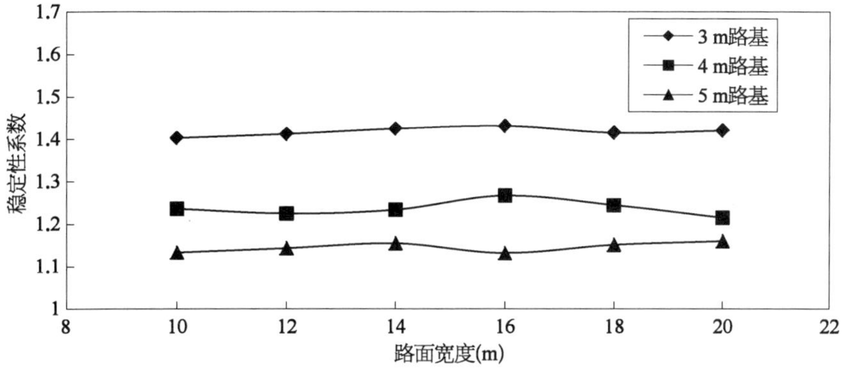

图 5－41 不同路面宽度冻土路基边坡稳定性

由图可知，路面宽度对于冻土路基边坡稳定性影响并不显著，不同路基高度、不同路面宽度温度场和最危险滑面叠加效果如图 5－42～图 5－44 所示。由图可知，同一路基高度时，在暖季的早期其温度场差异很小，其冻融交界面仍为先平行于地表而后平行于坡面，从而使得最危险滑面也极为接近，所以各工况冻土路基边坡稳定性差异很小，即可以忽略路面宽度对冻土路基边坡稳定性的影响。

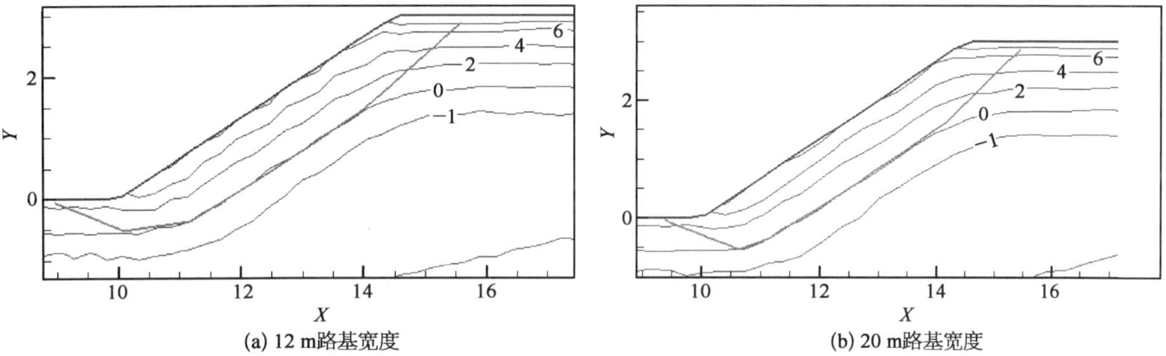

图 5－42 3 m 路基高度第 9 年各路面宽度温度场和最危险滑面叠加效果图

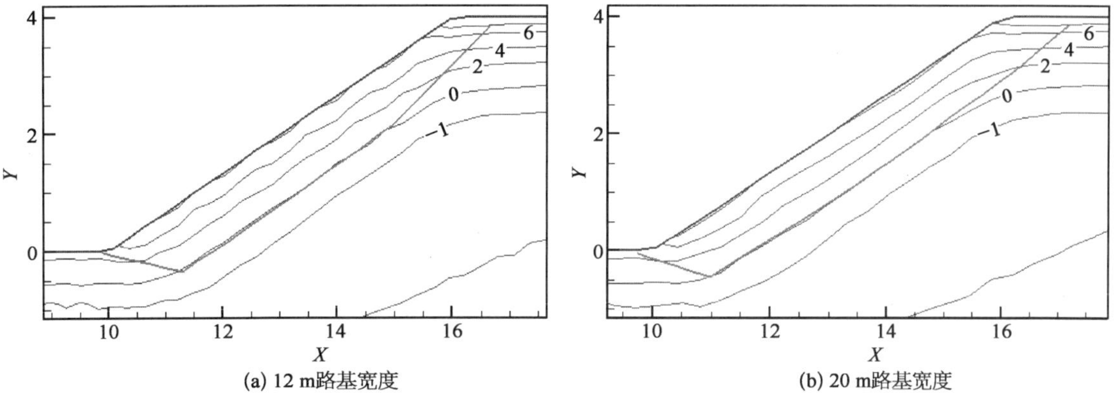

图 5－43 4 m 路基高度第 9 年各路面宽度温度场和最危险滑面叠加效果图

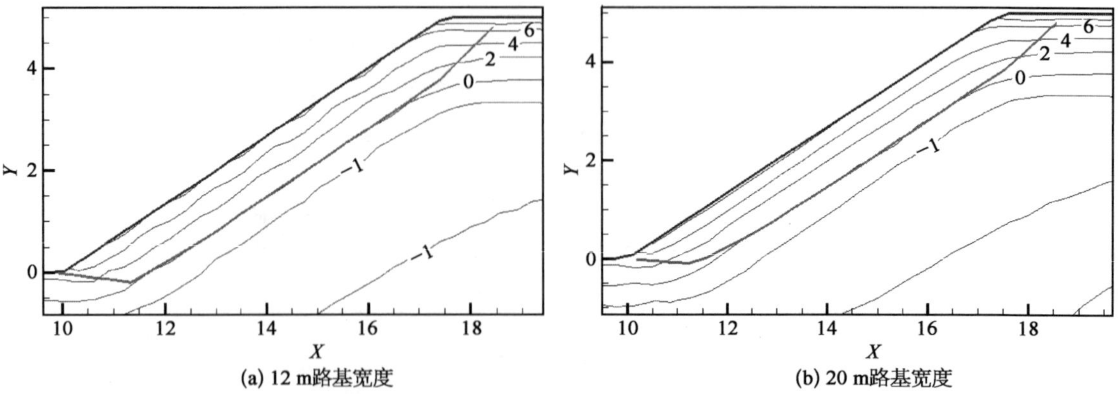

图 5－44　5 m 路基高度第 9 年各路面宽度温度场和最危险滑面叠加效果图

第6章

多年冻土公路路基病害预警

引发多年冻土地区道路病害的因素众多、机理复杂，各因素间又互相影响、相互转化。因此病害预警模型研究的关键是在量化研究病害机理的基础上，从众多促生病害发展的外部因素中提取相互独立的关键因素，运用模糊综合评判方法，分析不同工程地质条件下关键因素的影响权重，从而建立道路病害的预警模型。

6.1 青藏公路沿线公路病害调查与评价

6.1.1 青藏公路沿线病害调查

公路病害调查是研究多年冻土地区公路病害类型和病害特征的前提与基础，是对多年冻土地区公路病害产生发展规律认识的进一步。调查是防治的开始，调查工作的好坏关系着冻害的防治效果，是治理好冻害的关键。青藏公路多年冻土区病害主要集中在路基，沥青混凝土路面除了一般地区的病害外，主要是由于冻土路基的特殊性引起的，所以本节仅对多年冻土路基病害进行分析研究。本节在调查的基础上，确定多年冻土地区路基中所存在的主要病害类型及严重程度，分析统计病害的特征及发生规律，有效针对主要病害的形成开展研究，把多年冻土地区的公路病害调查和病害分析作为研究的一个前提与基础，从而评价多年冻土地区公路路基病害，为青藏公路的预警系统研究提供直接资料。

青藏公路沿线的病害调查包括收集长安大学和中国科学院寒区旱区环境与工程研究所承担项目中1997—1998年期间的调查结果、中交第一公路勘察设计研究院和青海省公路科研勘测设计院2001年、2003年、2005—2006年及2009—2010年的调查结果。

调查范围从青藏公路西大滩岛状多年冻土区（K2879）开始，于昆仑山口（K2886）进入大片连续多年冻土区，到唐古拉山以南头二九山区的K3415，大片连续多年冻土分布终止，止于安多，全长530多千米。

公路病害调查内容包括公路修筑时间、最近修复时间、公路等级、路面类型、路基高度、公路病害类型、行车状况、沿线气候条件、地形地貌、冻土地质类型等。其中公路病害调查主要分为路面病害和路基病害两大类，为便于病害统计，又细分为路面纵向裂缝、横向裂缝、网状裂缝、沉陷、波浪、路基纵向裂缝、翻浆、坑槽八个亚类。

6.1.2 青藏公路沿线病害规则库

根据调查内容，为了明确表述多年冻土地区各种道路病害与多年冻土特征、路基高度的关系，现将沉陷病害率、波浪病害率、路基纵向裂缝病害率、路面网裂病害率、翻浆病害率与冻土地温、含冰类型、路基高度的关系同时绘于图6-1~图6-3。

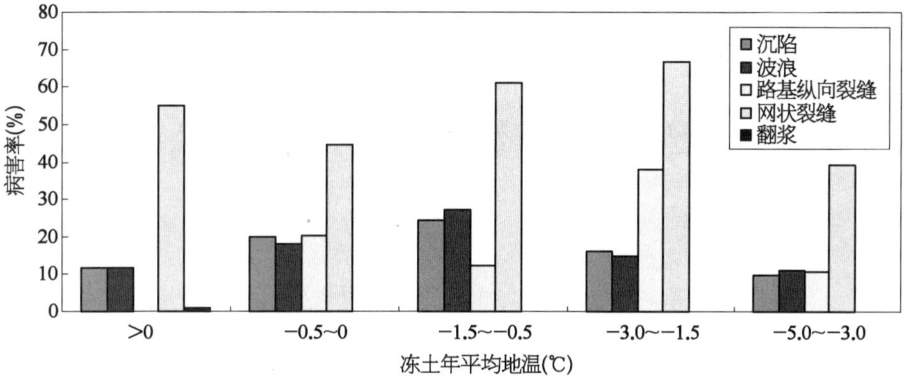

图 6-1 多年冻土地区公路不同类型病害与冻土年平均地温的关系

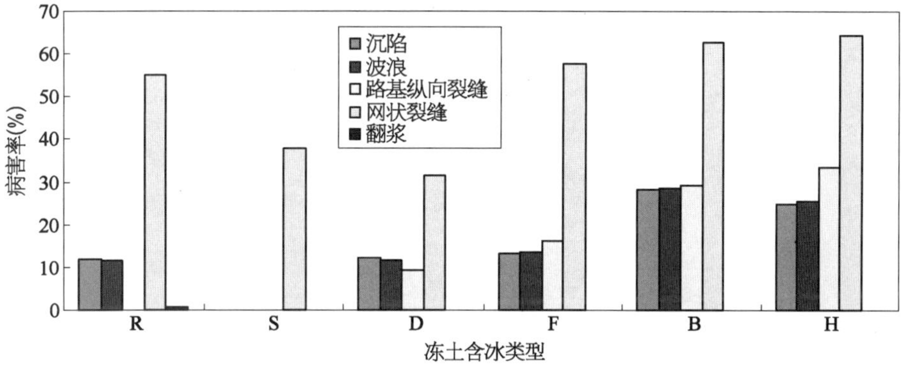

R—融区;S—少冰冻土;D—多冰冻土;F—富冰冻土;B—饱冰冻土;H—含土冰层

图 6-2 多年冻土地区公路不同类型病害与冻土含冰类型的关系

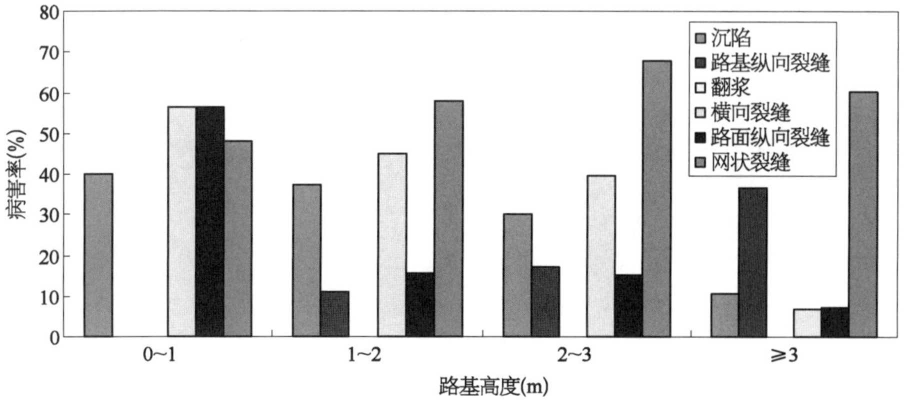

图 6-3 多年冻土地区公路不同类型病害与路基高度的关系

根据以上分析沉陷病害率、波浪病害率、路基纵向裂缝病害率、翻浆病害率与冻土地温、含冰类型、路基高度的关系,可以发现青藏公路多年冻土区的路基各种类型病害率与冻土地温、含冰类型、路基高度和运营时间有一定的相连关系。通过青藏公路路基破损换算系数(K)对各类病害加上适当的权重,来分析青藏公路整体的病害运营情况与冻土地温、含冰类型、路基高度和运营时间的关系，建立青藏公路病害规则库（表6－1）。

表6－1 青藏公路路基破损分类分级

地温（℃）	含冰量	路基高度（m）	运营时间（年）	道路等级
-3.0～-1.5	S	0～1	1～3	优
			3～5	良
			5～8	中
	S	1～2	1～3	优
			3～5	优
			5～8	良
	S	2～3	1～3	优
			3～5	优
			5～8	良
	S	3～4	1～3	优
			3～5	优
			5～8	良
	D	0～1	1～3	优
			3～5	良
			5～8	中
	D	1～2	1～3	优
			3～5	良
			5～8	良
	D	2～3	1～3	优
			3～5	良
			5～8	良
	D	3～4	1～3	优
			3～5	良
			5～8	中
	F	0～1	1～3	良
			3～5	中
			5～8	次
	F	1～2	1～3	良
			3～5	良
			5～8	中
	F	2～3	1～3	优
			3～5	良
			5～8	中

（续表）

地温(℃)	含冰量	路基高度(m)	运营时间(年)	道路等级
-3.0～-1.5	F	3～4	1～3	良
			3～5	良
			5～8	中
	B、H	0～1	1～3	良
			3～5	差
			5～8	差
	B、H	1～2	1～3	良
			3～5	中
			5～8	次
	B、H	2～3	1～3	优
			3～5	中
			5～8	中
	B、H	3～4	1～3	良
			3～5	中
			5～8	次
-1.5～-0.5	S	0～1	1～3	良
			3～5	中
			5～8	次
	S	1～2	1～3	良
			3～5	中
			5～8	中
	S	2～3	1～3	优
			3～5	良
			5～8	中
	S	3～4	1～3	优
			3～5	良
			5～8	中
	D	0～1	1～3	良
			3～5	中
			5～8	差
	D	1～2	1～3	良
			3～5	中
			5～8	次

（续表）

地温(℃)	含冰量	路基高度(m)	运营时间(年)	道路等级
-1.5~-0.5	D	2~3	1~3	良
			3~5	中
			5~8	中
	D	3~4	1~3	良
			3~5	中
			5~8	中
	F	0~1	1~3	中
			3~5	次
			5~8	差
	F	1~2	1~3	中
			3~5	次
			5~8	次
	F	2~3	1~3	中
			3~5	次
			5~8	次
	F	3~4	1~3	中
			3~5	次
			5~8	差
	B、H	0~1	1~3	次
			3~5	差
			5~8	差
	B、H	1~2	1~3	良
			3~5	次
			5~8	次
	B、H	2~3	1~3	中
			3~5	差
			5~8	差
	B、H	3~4	1~3	良
			3~5	差
			5~8	差
-0.5~0	S	0~1	1~3	良
			3~5	次
			5~8	次

（续表）

地温(℃)	含冰量	路基高度(m)	运营时间(年)	道路等级
-0.5~0	S	1~2	1~3	良
			3~5	中
			5~8	次
	S	2~3	1~3	良
			3~5	中
			5~8	中
	S	3~4	1~3	良
			3~5	中
			5~8	次
	D	0~1	1~3	中
			3~5	次
			5~8	差
	D	1~2	1~3	良
			3~5	中
			5~8	次
	D	2~3	1~3	良
			3~5	中
			5~8	次
	D	3~4	1~3	良
			3~5	次
			5~8	差
	F	0~1	1~3	中
			3~5	次
			5~8	差
	F	1~2	1~3	中
			3~5	次
			5~8	差
	F	2~3	1~3	中
			3~5	次
			5~8	差
	F	3~4	1~3	中
			3~5	次
			5~8	差

（续表）

地温(℃)	含冰量	路基高度(m)	运营时间(年)	道路等级
−0.5~0	B、H	0~1	1~3	次
			3~5	差
			5~8	差
	B、H	1~2	1~3	良
			3~5	次
			5~8	差
	B、H	2~3	1~3	中
			3~5	差
			5~8	差
	B、H	3~4	1~3	良
			3~5	差
			5~8	差

注：S—少冰冻土；D—多冰冻土；F—富冰冻土；B—饱冰冻土；H—含土冰层。

6.2 模糊理论应用于病害预警的可行性分析

6.2.1 病害的不确定性特征

模糊性反映事物的不确定性和不精确性。确定性和不确定性也可归结为相对的概念，在某种条件或范围内是确定和精确的，在另一种条件或范围内就是不确定和不精确的。另外，模糊性是独立于随机性的，事实上概率是事件发生可能性大小的度量，它表示事件结果的不确定性，而模糊理论中的隶属度则是事件本身多大程度属于某个分类的度量，它表示事物本身性质的内在不确定性。

病害预警的目的是道路病害维修养护的决策。一般来说，决策是通过系统的模型来实现的。模型通常可以分为数学模型和非数学模型。一些非数学模型还可以表达为“思想和概念”模型。模型的建立往往需两个相互依存的条件，其一是系统状态和环境的数据收集，其二是模型建立者的概念、知识和经验，而决策是建立在这个模型上一系列数据的映射和结合。模糊数学是建立非数学模型、表达和实现决策方式的一种很好的工具。

在冻土路基病害预警中引入模糊理论是与病害影响因素的复杂性、病害描述的模糊性及病害形成规则的不确定性分不开的，究其原因可归结为以下几个方面：

（1）冻土路基病害本身固有的不均匀性。多年冻土地区气候严寒，工程地质和水文地质条件复杂，加之随着地区经济开发的深入，道路、运输车辆日趋重型化，以及全球气候变化等众多因素的共同作用，导致多年冻土区公路病害频发，表现形式多样，有因融沉引发的沉陷，融化盘偏移引发的倾斜、纵裂，有因融化夹层或冻结核引发的纵裂、滑塌等众多病害，且这些病害在不同季节、不同区域及不同路基高度、不同填料等情况下表现形式也不尽相同，具有不均匀性。

（2）冻土路基病害影响因素的复杂性。影响冻土路基病害的因素大概可分为五大类：① 设计水平，该类包括路面性状、断面结构、排水状况及防护措施等；② 施工质量控制等；③ 工程地质状况，该类包括冻土类型、岩性土质条件、含水量分布及不良工程地质现象等；④ 气候地温条件，该类包括气候条件、冻土温度、冻土上限及季节融化层热状况等；⑤ 其他随机因素，如地震等。因此可见影响冻土路基病害的影响因素众多且复杂，各因素间还存在相互耦合的关系，而地震、气候、工程活动等外部因素偶发性很强，具有随机性。对各影响因素大小与强度的描述均带有一定的人为主观因素，具有模糊性。各因素对病害影响的权重到目前为止仍无法确定，并且在不同的条件下其权重分配也不尽相同。

（3）病害因素与结果描述的模糊性。病害调查一般是以定性描述与定量测量相结合的方法进行的。针对病害各影响因素大多是以定性描述为主，如冻土地温状况一般描述为“极高温”“高温”及“低温”，冻土含冰状况一般描述为“多冰”“少冰”等，这些描述带有明显的人为主观因素，具有典型的模糊性特征。另外各因素的影响程度亦很难用确定性的量给出，这些不确定性的客观存在给病害的定量分析带来了巨大困难，对于病害的表现结果也很难精确地定量化表达。各类病害大多相互交织出现，在病害调查时，只能进行有限的针对性测量，从统计学角度估算所占比例。大多数情况下仍以人为的主观判断为主，通常只能用“非常严重”“严重”“一般”等词语描述。

（4）病害维修养护决策的主观性。病害预警的目的是为提供合理的病害维修养护决策服务的，而养护决策的形成则主要取决于人对病害程度的主观感受，如感觉行车“颠簸”、病害“严重”等。如何解译人的主观感受并进行相应的数学分析，模糊数学理论提供了不二选择。

（5）病害形成规则的专家意识。病害频发地段与其特定的冻土工程地质条件与工程处理措施应用适当程度是分不开的。多年的病害分析与研究成果形成了大批的专家意识与经验，而这些专家意识与经验大多数是以人的自然语言来描述的，如“高温、高含冰量路段病害严重”等。这类专家意识与经验具有典型的模糊性特征，结合病害调查的情况，运用模糊推理理论来快速有效处理这类不精确或非线性问题，显然比花费大量精力研究简化的、带大量约束条件的、不易推广的精确数学模型更有实际意义。

综上所述，模糊数学理论为冻土路基病害预警和实现合理决策提供了一种很好的工具。1996 年，唐树春对冻胀问题提出用模糊数学的方法分析评判，其结果是采用模糊聚类分析及模糊综合评判应用于冻胀预报是可行的，其精度可靠，比传统的冻胀分类评判结果无论从精度上或方法上都是一个大的改进，且不需长期进行野外冻胀观测。近年来，模糊数学理论在岩土工程中的应用也日益增多，在边坡稳定性分析与评价、支护方案的分析与模糊决策、边坡坍塌预测的模糊最优理论、岩石力学与工程专家系统等方面均获得了许多应用成果。

6.2.2 病害预警模糊系统设计的基本思路

现代各种系统的基本核心是决策——系统的规划、设计和运筹。综合上节所述，冻土路基道路病害预警系统是一个可以用模糊逻辑与模糊推理来实现的命题。图 6－4 表示了病害影响因素和病害程度之间的关系。左边表示影响病害形成和发展的关键因素，作为输入，右边表示病害表现的严重程度，作为输出，两者是有绝对逻辑关系的。图中的黑箱表示一种映射规则，将影响因素映射到病害程度，这个黑箱就是这一逻辑关系的核心部分，它可以理解为各种不同逻辑，例如模糊逻辑、线性逻辑、专家系统、神经网络、微分方程、多维表格查询或随机选择器等。在上述问题中，模糊逻辑是最佳选择之一。正如模糊逻辑的创始人 L. A. Zadeh 教授所说："有很多可供选择的方法来替代模糊逻辑，但模糊逻辑往往是最快速和简单有效的。"

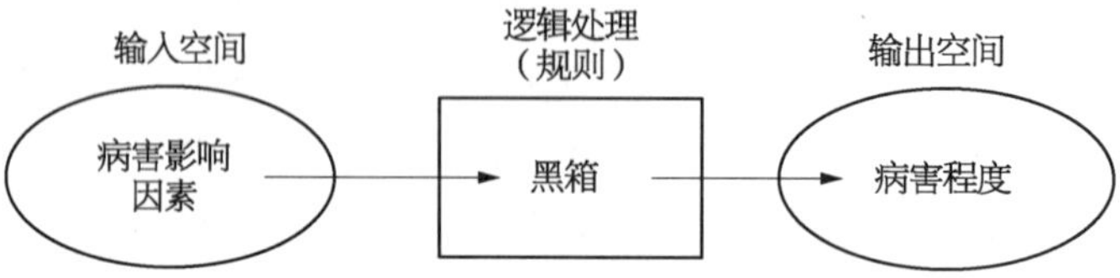

图 6－4 病害影响因素与程度间映射关系图

基于模糊逻辑与推理的相关理论，建立冻土路基病害预警模糊系统的基本思路可分为以下几步：

（1）确定输入空间的关键因子及其权重。前述路基病害的影响因素分为五大类十几个因子，其中有关键因子，也有次要因子；有必然性因子，也有偶然性因子；有确定性因子，也有随机性因子。如果综合考虑所有因子对病害影响及其程度，则会使调查和研究工作变得非常复杂，在实际操作中几乎是无法实现的。因此对所有因子进行遴选，选择必然性的、确定性的关键因子，然后根据专家经验确定合理权重构成输入空间，对实现预警系统的简单、有效及可操作性就显得尤为重要。

（2）确定输入空间关键因子的语言变量及隶属度函数。该步骤实际上是对输入空间关键因子模糊化的过程，是建立模糊预警模型的关键一步。在实际病害调查中，由于当地工程地质状况的复杂性，无法准确确定当地年平均地温、冻土含冰量及路堤临界高度等关键信息，只能知道大概隶属范围，在病害描述时具有典型的模糊性，因此对输入因子进行模糊化语言表达是非常必要的，相应的问题则是确定相关模糊集合的隶属度函数。

（3）归纳病害形成的模糊规则。所谓模糊规则是进行模糊推理的依据，即形成一套由语言变量描述的路基病害影响因素与病害严重程度之间关系的逻辑规则，它可能是一条规则也可能是众多规则的集合,通过合理的逻辑运算达到模糊推理的目的。专家经验和对逐年病害形成的调查、研究分析是形成病害模糊规则的主要方式。

(4) 基于模糊规则库的模糊推理运算。模糊推理实质上是针对输入空间的不同规则下合成运算的结果,流程如图 6-5 所示。合成可采取一定的运算方法,与规则的顺序无关,规则合成的输出变量也是一个模糊集合。

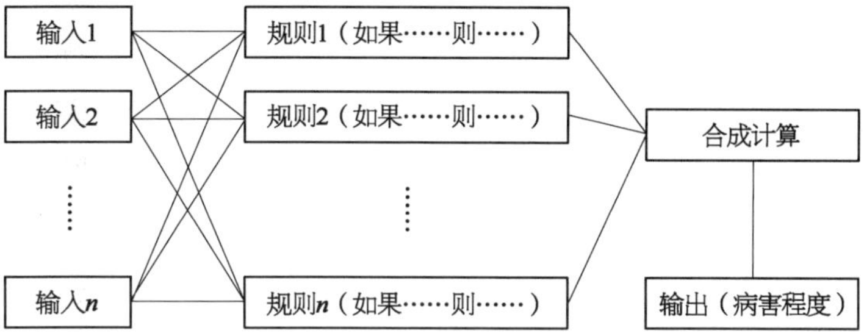

图 6-5 模糊推理流程

(5) 对输出病害严重程度的解译。正如前文所述病害的严重程度是各类病害相互交织、综合表现的结果。经研究可通过路基状况指数(ECI)来表征路基的破坏程度。路基病害预警模糊推理的结果是输出路基病害程度的隶属函数,因此必须对输出结果进行必要的解译,即去模糊化,将输出变为确定的路基状况指数的值。

(6) 将道路运营时间或病害程度作为条件运算,确定路基状况指数(或合理的道路养护周期),作为道路养护决策的主要依据。

6.3 病害预警模糊推理系统设计

6.3.1 病害预警输入输出的模糊化

病害预警的目的是为养护决策服务,而养护决策和病害程度本身与专家意识及人为判断有直接关系。因此对病害预警系统输入输出因子的语言变量进行定义并进行模糊化表达是实现系统化简化、直观化表达必不可少的途径。

6.3.1.1 输入因子的确定

病害影响因素众多,且相互作用、相互耦合,影响十分复杂。综合而言,影响路基病害的因素可分为五大类,共计 21 个因子,见表 6-2。下面具体分析各因子的性质及相互作用关系,从而提炼出影响病害的关键因子作为路基病害预警模糊推理系统的输入。

表 6-2 冻土路基病害影响因素与相互关系

一级因子	二级因子	因子性质	相互作用关系	关键因素
设计指标	路面性状	可控性、确定性、共性		排水状况
	路基高度	可控性、确定性、特性		
	排水状况	可控性、确定性、特性		
施工质量	路基填料	可控性、共性		
	压密程度	可控性、共性		
	质量控制	可控性、共性		
工程地质条件	冻土类型	不可控性、模糊性、特性		冻土类型
	岩性土质	不可控性、特性		
	活动层含水量	可控性、模糊性		
	活动层水分补给条件	可控性、模糊性		
	不良地质现象	不可控性、随机性		
冻土环境	气候	不可控性、随机性、共性		年平均地温 人为上限 调控效果
	天然上限	不可控性、模糊性、共性		
	年平均地温	可控性、模糊性、特性		
	人为上限	可控性、模糊性、特性		
	冻土退化速率	模糊性、共性		
	冻结/融化指数	模糊性、共性		
偶然因素	行车状况	随机性	调控效果	
	自然灾害	随机性		
	气候突变	随机性		
	人为破坏	随机性		

一级因子中的设计指标均可归类为可调控的确定性因子，除路面性状外，其他因子均根据当地工程地质条件和冻土环境决定，具有特性特征。设计指标中排水状况对活动层含水量和活动层水分补给条件有直接影响，而路面性状和路基高度对年平均地温和人为上限有显著影响。

施工质量因子也属可控性因子，与施工单位、监理单位、自然地理条件等密切相关，在同一地区具有明显共性特征，产生的病害基本属于工后沉降病害，在日常养护中可及时处理，不应作为进行客观评价的关键因子。

工程地质条件和冻土环境对道路病害的发生发展具有决定性影响。其中多年冻土类型是不可调控的、具有模糊性和特性的因子，且在短期内不受其他因子制约，是影响路基病害的关键因子。而岩性土质在相同的气候和水分补给条件下是决定冻土类型和冻土环境的主要因素，两者之间具有明显的相关性。岩性土质条件对路基病害的影响也是通过冻土类型体现的。

虽然活动层含水量及水分补给条件也是影响路基病害的关键因素，但因其不易获取且正如前述与路基排水状况直接相关，因此可用路基排水状况代替其作为道路病害预警模糊推理系统输入的关键因子，另外路基排水状况也还直接影响其他水毁病害。

不良地质现象具有明显的不可控随机性特征，在设计中要求尽可能避开或进行特殊处理，对其预警预报必须充分考虑该类不良地质现象的成因和发展规律，不具有多年冻土区路基病害形成的共性，因此它不能作为病害预警模糊推理系统输入的关键因子。

冻土环境因子中气候与天然上限具有不可调控的、局部的共性特征，对路基病害有影响，但在特定局域内，其影响是普遍存在的，对病害程度的贡献率可认为是相同的，无须单独考虑。

多年冻土年平均地温和人为上限两者具有弱相关性，但对路基病害的影响又是相互独立的，在一定程度内有可调控性，对局地而言是具体量化的确定性指标，但实际调查中不易获取，描述中只能确定其大概范围，具有模糊性特征，并且它们与局地条件有关，是特性因子，显然属于评价路基病害的关键因子。

冻土退化速率与冻结/融化指数两因子获取周期较长，并且在短期内对路基病害的影响较小，但可在路基设计中通过特殊路基结构对其进行调控，因此在本研究特别提出用"调控热量效果"来综合考虑这类因子的影响并用于反映特殊路基结构的功能对路基病害的影响程度。

偶然因素具有随机和共性特征，且属于不可控因素，不属于本研究范畴。

综上所述，影响多年冻土区路基病害的关键因子有路基排水状况、多年冻土类型、多年冻土年均地温、多年冻土人为上限及特殊路基结构调控热量效果五大因子。上述五大因子与路基病害程度共同构成路基病害预警模糊推理系统的输入空间。

6.3.1.2 输入输出因子的模糊化表达

对输入空间的各因子进行模糊化表达是建立模糊推理系统的第一步，也就是选择系统的输入变量并根据其相应的隶属度函数来确定这些输入分别归属恰当的模糊集合。以下将对输入空间的六个因子分别进行论述。

1）多年冻土年平均地温

年平均地温是反映多年冻土属性的一个重要指标，在传统的多年冻土分类中，一般以-1.5℃作为高、低温多年冻土的分类标准。另外为更好反映多年冻土地温对路基稳定性的影响，也有将其分为三类的，即低温冻土（$T_0 \leqslant -1.5$℃）、高温冻土（-1.5℃ $< T_0 \leqslant -0.5$℃）和极高温冻土（$T_0 > -0.5$℃）。显然，上述的划分标准过于刚性，与人们的认识及对冻土属性的判断会有所出入。明显的例子即是-1.51℃和-1.49℃的多年冻土性质可能不会有太大变化，而按上述划分标准进行分类，则两者出现了质的变化，显然不符合人类的认识规律。因此引入模糊数学理论，对多年冻土年平均地温这一论域确定合理的语言变量（模糊子集）并提出相应的隶属度函数，不仅对道路病害预警模糊推理系统的建立，而且对以后对待该类概念的表达均具有十分重要的意义。

借鉴传统的分类方法中的语言表达，设 T 为年平均地温这一论域，其模糊子集可表达为{低温，高温，极高温}。基于传统分类指标，引入隶属程度的概念，确定各模糊子集的隶属度函数，基本原则如下：

（1）-1.5℃隶属于高温冻土和低温冻土的程度相等，小于-1.5℃只能隶属于低温冻土或高温冻土，且隶属于低温冻土的程度随地温降低在逐渐增大，当地温低于-2.0℃以后则完全隶属于低温冻土。

（2）-0.5℃隶属于高温冻土和极高温冻土的程度相等，大于-0.5℃的冻土只能隶属于高温冻土或极高温冻土（即两者隶属度之和为1），且隶属于极高温冻土的程度随地温升高在逐渐增大，当地温接近0℃时，则完全隶属于极高温冻土。

（3）-1.0℃完全隶属于高温冻土。低温冻土隶属度函数曲线具有以点（-1.5，0.5）为原点的对称性；高温冻土隶属度函数具有 $x=-1.0$ 为轴的轴对称性，极高温冻土隶属度函数曲线具有以点（-0.5，0.5）为原点的点对称性。

综合以上几点可选择合适的数学函数表达低温、高温和极高温的隶属度函数，在 Matlab 中可选择基于"π"和"z"函数，也可选择 Sigmoid 型隶属度函数。本研究选择后者，具体函数如图 6－6 所示。

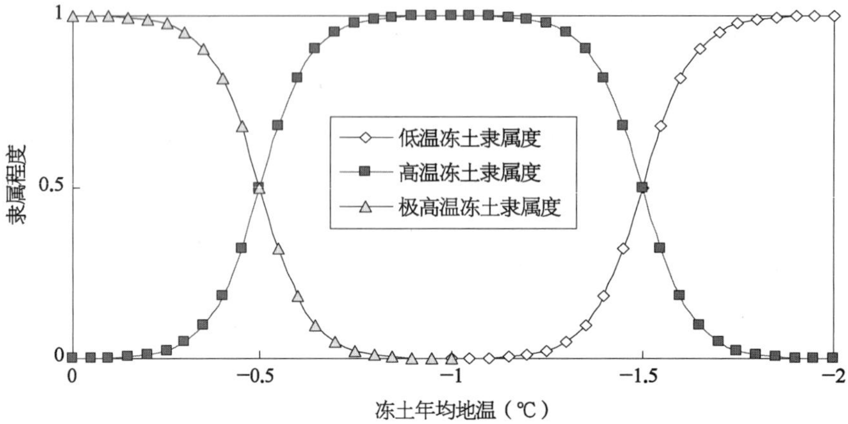

图 6－6 低温、高温、极高温冻土隶属度函数曲线

低温冻土隶属度函数为 Sigmoid 型函数：

$$y=\frac{1}{1+e^{15(x+1.5)}} \tag{6-1}$$

高温冻土隶属度函数为 Dsigmf 型函数：

$$y=\left|\frac{1}{1+e^{15(x+1.5)}}-\frac{1}{1+e^{15(x+0.5)}}\right| \tag{6-2}$$

极高温冻土隶属度函数为

$$y = \frac{1}{1 + e^{-15(x+0.5)}} \tag{6-3}$$

2）多年冻土类型

我国从20世纪60年代就开始了冻土的工程分类研究工作。目前通行分类标准见表6-3。

表 6-3 多年冻土分类

冻土名称	土的类别	总含水量 ω（%）	融化后的湿度或稠度状态	融沉性评价	符号
少冰冻土	粉黏粒含量不大于15%(或粒径小于0.1 mm的颗粒含量不大于25%，下同)的粗粒土(其中包括碎石类土、砾砂、粗砂和中砂，下同)	$\omega \leq 12$	潮湿	不融沉	SH
	粉黏粒含量大于15%的粗粒土、细砂、粉砂		稍湿		
	黏性土		半干硬		
多冰冻土	粉黏粒含量不大于15%的粗粒土	$12 < \omega \leq 18$	饱和	弱融沉	D
	粉黏粒含量大于15%的粗粒土、细砂、粉砂		潮湿		
	黏性土		硬塑		
富冰冻土	粉黏粒含量不大于15%的粗粒土	$18 < \omega \leq 25$	饱和出水（出水量小于10%）	融沉	F
	粉黏粒含量大于15%的粗粒土、细砂、粉砂		饱和		
	黏性土	$\omega_P + 7 < \omega \leq \omega_P + 15$	软塑		
饱冰冻土	粉黏粒含量不大于15%的粗粒土	$25 < \omega \leq 44$	饱和出水（出水量在10%~20%）	强融沉	B
	粉黏粒含量大于15%的粗粒土、细砂、粉砂		饱和出水（出水量小于10%）		
	黏性土	$\omega_P + 15 < \omega \leq \omega_P + (36 \sim 48)$	流塑		
含土冰层	粉黏粒含量不大于15%的粗粒土	$\omega > 44$	饱和出水（出水量大于20%）	融陷	H
	粉黏粒含量大于15%的粗粒土、细砂、粉砂		饱和出水（出水量大于10%）		
	黏性土	$\omega > \omega_P + (36 \sim 48)$	流动		

注：1. w_P为塑限含水量。
2. 碎石类土及砂类土的总含水量界限为该两类土的中间值。含粉黏粒少的粗粒土比表列数字小，细砂、粉砂比表列数字大。
3. 黏性土总含水量界限中的“+7”“+15”两值为不同类别黏性土的中间值。黏砂土比该值小，黏土比该值大。

表 6－3 多年冻土分类过于详细，各类别间级差不明显，对于进行模糊化表达而言则显冗余。

另一种根据冻土体积含冰量（θ_i）将其分为三类：当 $\theta_i > 0.5$，冻土融化时均呈流动状态，称为富冰冻土；当 $0.25 \leqslant \theta_i \leqslant 0.5$，融化时呈流塑状态，称为多冰冻土；当 $\theta_i < 0.25$，融化时呈塑性-半坚硬状态，称为少冻冻土。按此分类进行模糊化表达，语言变量的描述保留原名称，设 P 为冻土类型这一论域，用体积含冰量百分数进行表达，则 $P = [0,\ 100]$ 其模糊子集可表达为{少冰冻土，多冰冻土，富冰冻土}。类似于冻土年平均地温隶属度函数的确定原则，可确定各模糊子集隶属度函数分别如下：

少冰冻土隶属度函数为

$$y = \frac{1}{1 + e^{3(x-25)/4}} \tag{6-4}$$

多冰冻土隶属度函数为

$$y = \left| \frac{1}{1 + e^{-3(x-25)/4}} - \frac{1}{1 + e^{-3(x-50)/4}} \right| \tag{6-5}$$

富冰冻土隶属度函数为

$$y = \frac{1}{1 + e^{-3(x-50)/4}} \tag{6-6}$$

冻土类型各模糊子集隶属度函数曲线如图 6－7 所示。

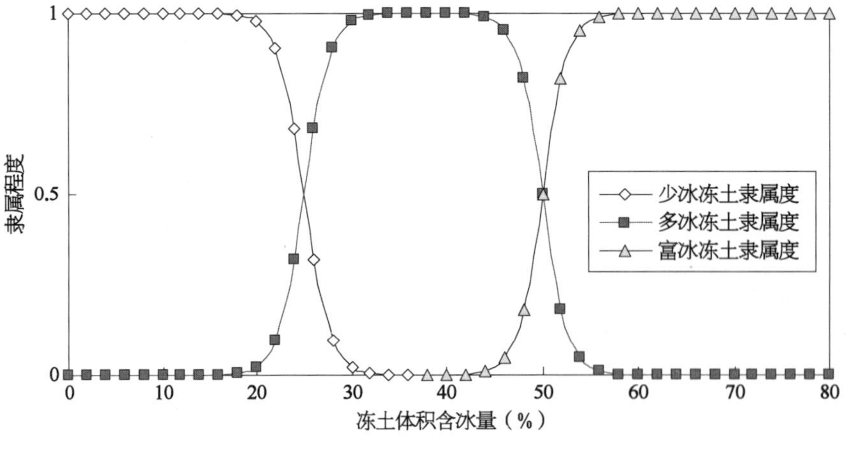

图 6－7　少冰、多冰、富冰隶属度函数曲线

3）多年冻土人为上限变化

本研究前的章节中已详细论述了多年冻土人为上限的变化对路基病害的作用机理。由此可知，人为上限本身的值没有研究的必要，寻求对多年冻土人为上限变化值的表达才是关键所在。在实际病害调查与研究中，获取该变化的精确值很困难，而且也没有必要。该论域

的模糊子集可表达为 det H = {上升较大,上升,不变,下降,下降较大}。确定各子集的隶属度函数应先确定与各语言变量相对应的合理范围,主要考虑如下几点:

(1) 结合实际情况,将人为上限变化值(det H)这一论域范围确定为[-10, 10]。

(2) 当人为上限上升 0.5 m 时,可认为该值隶属于不变和上升的程度相等;同理,当上限下降 0.5 m 时,可认为隶属于不变和下降的程度相等。

(3) 当人为上限上升或下降 1.5 m 时,可认为该值隶属于上升和上升较大的程度相等或隶属于下降和下降较大的程度相等。

(4) 当人为上限上升或下降 2 m 时,可认为该值完全隶属于上升较大或下降较大。

参考上述隶属函数的建立方法,多年冻土人为上限变化值各模糊子集的隶属度函数可表达如下:

上升较大隶属度函数为

$$y = \frac{1}{1 + e^{-15(x-1.5)}} \tag{6-7}$$

上升的隶属度函数为

$$y = \left| \frac{1}{1 + e^{-15(x-0.5)}} - \frac{1}{1 + e^{-15(x-1.5)}} \right| \tag{6-8}$$

不变的隶属度函数为

$$y = \left| \frac{1}{1 + e^{-15(x+0.5)}} - \frac{1}{1 + e^{-15(x-0.5)}} \right| \tag{6-9}$$

下降的隶属度函数为

$$y = \left| \frac{1}{1 + e^{-15(x+1.5)}} - \frac{1}{1 + e^{-15(x+0.5)}} \right| \tag{6-10}$$

下降较大的隶属度函数为

$$y = \frac{1}{1 + e^{15(x+1.5)}} \tag{6-11}$$

上述各隶属度函数曲线如图 6-8 所示。

4) 路基排水状况

路基排水状况是影响路基稳定性的重要指标,不仅影响季节活动层的含水状况,也是造成路基水毁和公路沿线冻土环境破坏的主要原因。该因子对应的论域可设为 w = [0, 10]的闭区间。在实际调查中可进行综合打分,分值越高,则表明排水状况越好。论域对应的模糊子集可设为三等,即{好,中,差},参考标准见表 6-4。

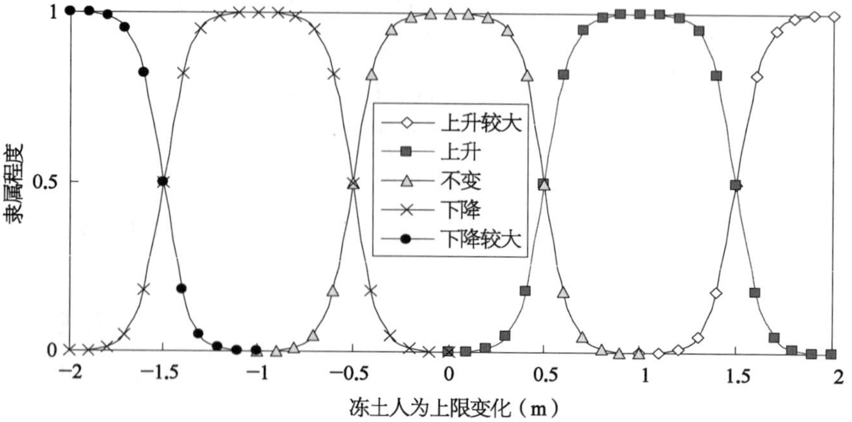

图 6－8 人为上限变化各模糊子集隶属度函数曲线

表 6－4 排水状况等级参考标准

等 级	参 考 标 准
好	路基两侧排水设施完备，排水通畅，坡脚无积水，植被分布较好，易积水处设有排水护坡道
中	路基两侧有部分排水设施，无挡水设施，排水较为通畅，坡脚有积水可能，无排水护坡道
差	无排水设施，排水较差，坡脚易积水，无排水护坡道

在实际调查工作中，以表 6－4 作为参考，根据实际情况按十分制进行综合打分，将此分值映到模糊子集。

一般此类模糊子集的隶属度函数大多适用高斯型隶属度函数，具体如下：

排水状况好的隶属度函数为

$$y = e^{-\frac{(x-10)^2}{8}} \tag{6-12}$$

排水状况中的隶属度函数为

$$y = e^{-\frac{(x-5)^2}{8}} \tag{6-13}$$

排水状况差的隶属度函数为

$$y = e^{-\frac{x^2}{8}} \tag{6-14}$$

各隶属度函数的分布曲线如图 6－9 所示。

5）调控措施效果

该论域仍然根据实际应用中的工程效果，按十分制进行综合打分，其模糊子集及其隶属度函数的确定与路基排水状况相同，在此不再赘述。

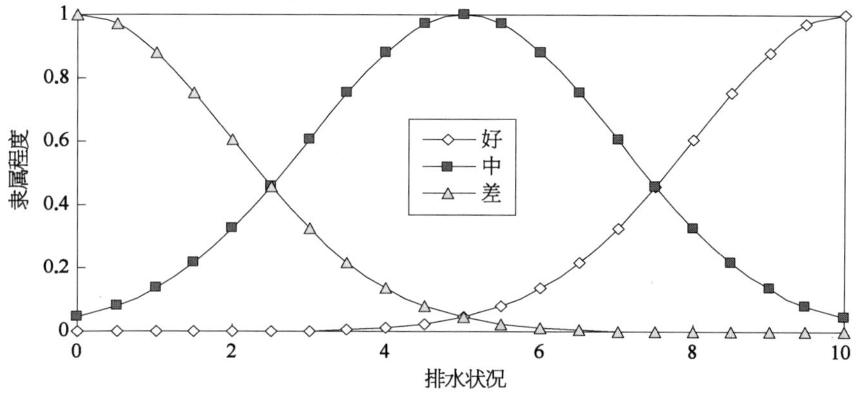

图 6－9　排水状况模糊子集隶属度函数曲线

6) 道路运营时间

该因子作为输出(或约束性因子),其论域为[0, 20],对应的模糊子集为{短,较长,长,很长}。可用线性函数表达各模糊子集的隶属度函数,具体如下:

运营时间短的隶属度函数为

$$y=\begin{cases}\dfrac{3-x}{3} & (0\leqslant x\leqslant 3)\\ 0 & (x\geqslant 3)\end{cases}\qquad(6-15)$$

运营时间较长的隶属函数为

$$y=\begin{cases}0 & (x\leqslant 1)\\ \dfrac{x-1}{2} & (1\leqslant x\leqslant 3)\\ \dfrac{5-x}{0} & (3\leqslant x\leqslant 5)\\ 0 & (x\geqslant 5)\end{cases}\qquad(6-16)$$

运营时间长的隶属度函数为

$$y=\begin{cases}0 & (x\leqslant 3)\\ \dfrac{x-3}{2} & (3\leqslant x\leqslant 5)\\ 1 & (5\leqslant x\leqslant 6)\\ \dfrac{8-x}{2} & (6\leqslant x\leqslant 8)\\ 0 & (x\geqslant 8)\end{cases}\qquad(6-17)$$

运营时间很长的隶属度函数为

$$y=\begin{cases}0 & (x\leqslant 7)\\ \dfrac{x-7}{2} & (7\leqslant x\leqslant 9)\\ 1 & (x\geqslant 9)\end{cases}\tag{6-18}$$

函数曲线如图 6-10 所示。

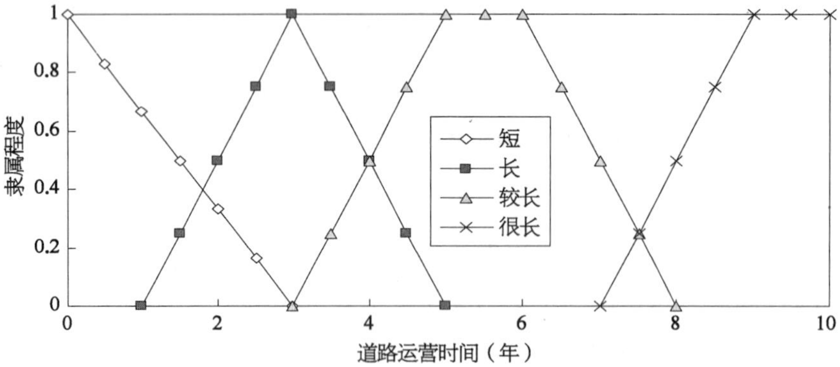

图 6-10 道路运营时间隶属度函数曲线

7）路基病害程度的模糊化表达

通常在人们的设计习惯和道路养护决策的逻辑判断中，以路基病害程度作为主观控制的约束因子，即思维逻辑为“要使路基病害不严重，道路最长的运营时限”，也就是要在满足路基病害不严重这一前提条件下，预测道路的运营时间，从而为道路的预养护决策服务。

研究表明用路基状况指数（ECI）评价路基的病害程度较为合理。路基病害程度的模糊子集可表达为{不严重，一般，严重，相当严重，非常严重}，将 ECI 作为参考标准则相对应的等级为{优，良，中，次，差}。各模糊子集的隶属度函数可表达如下：

不严重的隶属度函数为

$$y=\frac{1}{1+e^{-0.8(x-85)}}\quad (x\in[0,\ 100])\tag{6-19}$$

一般的隶属度函数为

$$y=\left|\frac{1}{1+e^{-0.8(x-70)}}-\frac{1}{1+e^{-0.8(x-85)}}\right|\qquad (x\in[0,\ 100])\tag{6-20}$$

严重的隶属度函数为

$$y=\left|\frac{1}{1+e^{-0.8(x-55)}}-\frac{1}{1+e^{-0.8(x-70)}}\right|\qquad (x\in[0,\ 100])\tag{6-21}$$

相当严重的隶属度函数为

$$y = \left| \frac{1}{1 + e^{-0.8(x-40)}} - \frac{1}{1 + e^{-0.8(x-55)}} \right| \qquad (x \in [0,\ 100]) \qquad (6-22)$$

非常严重的隶属度函数为

$$y = \frac{1}{1 + e^{0.8(x-40)}} \qquad (x \in [0,\ 100]) \qquad (6-23)$$

以上各隶属度函数的曲线如图 6-11 所示。

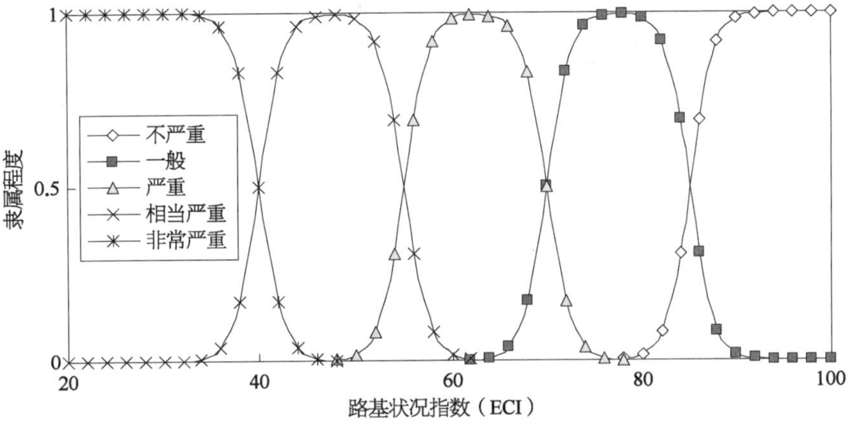

图 6-11　病害严重程度隶属度函数曲线

6.3.2　模糊推理规则库的建立

在病害预警模糊推理系统中，模糊规则以模糊语言的形式描述以往研究中得出的经验和知识，规则是否正确地反映专家的经验和知识，是否能反映病害要素的特性，直接决定了该系统的性能。通常模糊规则的形式是“if-then”，前提由对模糊语言变量的语言值描述构成，如“高温、富冰冻土、运营时间不长”等，结论也由对输出模糊语言变量的语言值描述构成。模糊规则这种形式化表示是符合人们通过自然语言对许多知识的描述和记忆习惯的。用一系列模糊条件描述的模糊规则就构成模糊规则库。

1）模糊规则的建立方法

模糊规则的建立是构造模糊推理系统的关键，其建立方法主要有如下三种：

（1）总结以往研究人员、专家的经验和知识。研究人员在长期的病害调查和研究中，积累了大量经验，这些经验往往都具有模糊性特点。总结这些经验对构造模糊规则有重要指导意义。专家对多年冻土区路基病害形成机理有比较深刻的认识，对病害的发展过程能够通过理论分析给出定性的结论以帮助建立模糊规则。

（2）基于过程的模糊模型。一般情况下，被控过程的动态特性可以用模糊模型来描述，称为过程的模糊模型。基于过程的模糊模型可以产生一组模糊规则来使被控过程达到期望的性能。这种方法存在的困难就是难以获得能够充分反映被控过程特性的模糊模型及其参数。

(3) 基于学习的方法。当被控过程存在时变的特性或难以直接构造模糊控制器时，可以通过设计具有自组织、自学习能力的模糊控制器来自动获得模糊规则。

上述介绍的三种方法并不是相互排斥的，在实际应用中可以综合利用各种方法，其中第一种方法是最基本的，也是应用最广泛的方法。在实际应用中，初步建立的模糊规则往往难以达到良好的效果，必须不断加以修正和试凑。在模糊规则的建立、修正和试凑过程中，应尽量确保模糊规则的完备性和相容性。所谓模糊规则的完备性，是指对于过程的任一状态，模糊规则都能产生有关结果。而模糊规则的相容性则反映在输出模糊集合是否多峰，如果存在多峰的现象，则说明模糊规则中有相互矛盾的情况存在。

2) 病害形成规则的提炼

结合前述对病害机理的研究成果，以表 6-1 的统计结果为依据，参考多位相关专家补充、修改、完善后形成路基病害形成的模糊规则库，具体见表 6-5。

表 6-5 路基病害形成的模糊规则库

序号	年均地温	冻土类型	人为上限变化	排水状况	调控效果	运营时间	路基状况	病害程度
1	*	少冰	*	*	*	时间短	优	不严重
2	低温	少冰	下降不是较大	*	*	时间较长	优	不严重
3	低温	少冰	*	*	*	时间较长	良	一般
4	低温	少冰	下降较大	*	*	时间长	中	严重
5	低温	少冰	不变	*	*	时间长	良	一般
6	低温	多冰	不变	*	*	时间短	优	不严重
7	低温	多冰	上升	*	*	时间较长	优	不严重
8	低温	多冰	下降较大	*	*	时间较长	次	相当严重
9	低温	多冰	下降较大	*	*	时间短	良	一般
10	低温	富冰	上升	*	*	时间较长	优	不严重
11	低温	富冰	不变	*	*	时间短	优	不严重
12	低温	富冰	不变	*	*	时间较长	良	一般
13	低温	富冰	下降	*	*	时间较长	次	相当严重
14	低温	富冰	下降较大	*	*	时间较长	差	非常严重
15	低温	*	上升较大	*	*	时间长	中	严重
16	高温	少冰	下降较大	*	*	时间长	中	严重
17	高温	少冰	不变	*	*	时间长	中	严重
18	高温	多冰	不变	*	*	时间短	优	不严重

（续表）

序号	年均地温	冻土类型	人为上限变化	排水状况	调控效果	运营时间	路基状况	病害程度
19	高温	多冰	不变	*	*	时间较长	中	严重
20	高温	多冰	上升较大	*	*	时间长	次	相当严重
21	高温	多冰	下降较大	*	*	时间长	差	非常严重
22	高温	富冰	不变	*	*	时间短	良	一般
23	高温	富冰	上升	*	*	时间短	优	不严重
24	高温	富冰	下降	*	*	时间较长	差	非常严重
25	高温	富冰	下降较大	*	*	时间短	次	相当严重
26	高温	富冰	上升较大	*	*	时间较长	次	相当严重
27	极高温	少冰	下降较大	*	*	时间长	中	严重
28	*	少冰	上升较大	*	*	时间长	中	严重
29	极高温	少冰	不变	*	*	时间较长	良	一般
30	极高温	少冰	上升	*	*	时间长	良	一般
31	极高温	少冰	下降	*	*	时间长	良	一般
32	极高温	多冰	*	*	*	时间较长	中	严重
33	极高温	多冰	*	*	*	时间长	差	非常严重
34	极高温	富冰	*	*	*	时间较长	差	非常严重
35	*	*	*	不好	*	时间短	中	严重
36	*	*	*	*	好	时间长	良	一般
37	*	*	*	*	*	时间很长	中	严重

注：* 表示“任意”，即无论是何种状况，都不影响最后一列病害程度的评价结果。

下节将以此规则库为基础，详细论述运用 Matlab 辅助设计路基病害预警模糊推理系统的过程。

6.3.3 病害预警模糊系统的 Matlab 实现

前述了模糊逻辑系统的基本类型，其中 Mamdani 型模糊推理系统应用最为广泛。在 Matlab 模糊逻辑工具箱中主要针对这一类型的模糊推理提供了分析和设计手段。本节主要论述基于该模糊系统设计实现病害预警模糊推理系统。运用该方法实现的特点是道路运营时间（或病害程度）作为输出变量可以是一个确定的数值。虽然每一个规则推理后得到的输出是变量的分布隶属度函数，但在多条规则的结果合成后，对每一个输出变量模糊集合都需要进行去模糊化（解模糊化）处理，从而可以得到在不同情况下道路运营时间期望的输出。

Matlab 模糊工具箱提供的图形化工具有五类：模糊推理系统编辑器（Fuzzy）、隶属度函数编辑器（Mfedit）、模糊规则编辑器（Ruleedit）、模糊规则观察器（Ruleview）、模糊推理输入输出曲面视图（Surfview）（图 6－12）。这五个图形化工具操作简单，相互动态联系，可以用来快速构建用户设计的模糊系统。

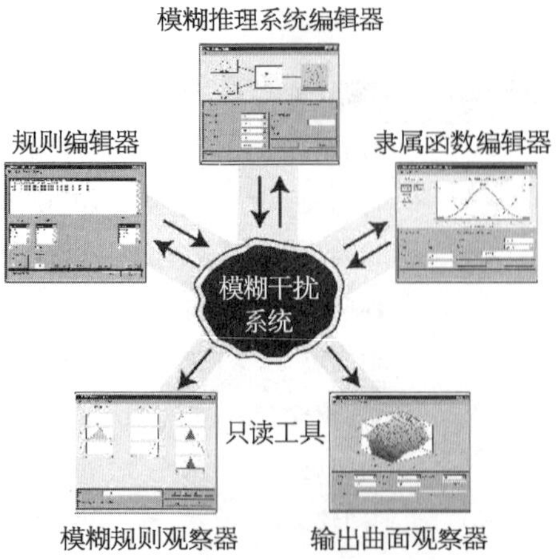

图 6－12　模糊推理系统各工具间关系图

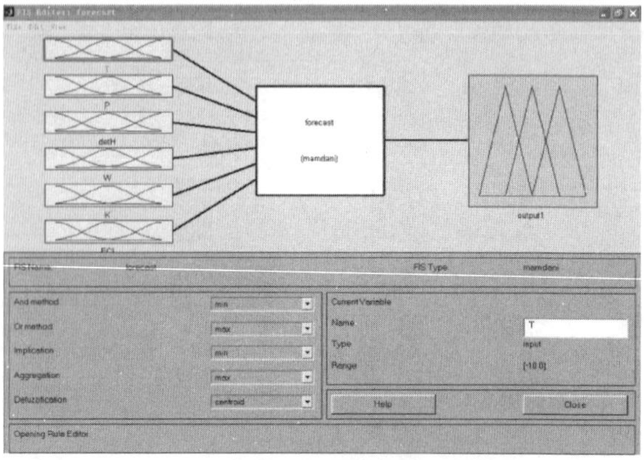

图 6－13　道路病害预警模糊推理系统主界面

1）模糊推理系统编辑器（Fuzzy）

基本模糊推理系统编辑器提供了利用图形界面（GUI）对模糊系统的高层属性编辑、修改功能，这些属性包括输入、输出语言变量的个数和去模糊化方法等。在基本模糊编辑器中可以通过菜单选择激活其他几个图形界面编辑器，如模糊规则编辑器（Ruleedit）。

道路病害预警模糊推理系统的图形界面如图 6－13 所示。在窗口上半部分以图形框的形式列出了模糊推理系统的基本组成，即 6 个输入变量（T=｛年平均地温｝、P=｛冻土类型｝、det H=｛人为上限变化｝、W=｛排水状况｝、K=｛调控效果｝、ECI=｛病害程度｝）、37 条模糊规则（图 6－14）和一个输出模糊变量（Output=｛道路运营时间｝）。通过鼠标双击上述图形框，能够激活隶属度函数编辑器（图 6－15）和模糊规则编辑器等相应的编辑窗口。

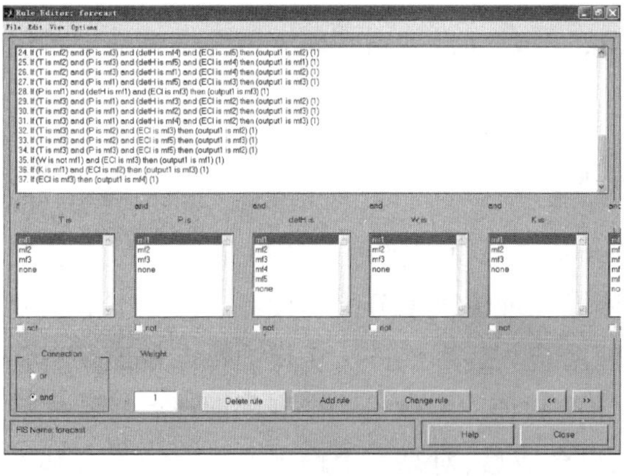

图 6－14　模糊推理系统规则库

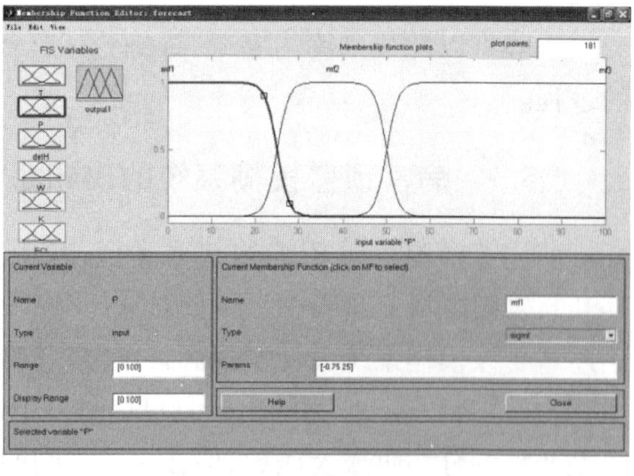

图 6－15　模糊推理系统隶属度函数

在窗口下半部分的左侧列出了模糊推理系统的名称、类型和一些基本属性，包括“与”运算方法、“或”运算方法、蕴涵运算、模糊规则的合成运算及去模糊化方法等。该系统的基本属性设定为：“与”运算采用极小运算，“或”运算采用极大运算，模糊蕴涵采用极小运算，模糊规则综合采用极大运算。关于去模糊化方法，最通常的是面积中心法（返回曲线面积的质心)。面积中心法(Centroid)又称为重心法,即计算隶属度函数曲线包围区域的重心。对于连续论域的情形,设 $\underset{\sim}{U}$ 为某一变量 u 在论域 U 上的模糊集合,则去模糊化的结果为

$$\mu_{\mathrm{c}} = \frac{\int_U \underset{\sim}{U}(u)u\mathrm{d}u}{\int_U \underset{\sim}{U}(u)\mathrm{d}u} \tag{6-24}$$

2) 隶属度函数编辑器(Mfedit)

在命令窗口键入"Mfedit"或在基本模糊推理系统编辑器中选择编辑隶属度函数菜单,都可以激活隶属度函数编辑器。该编辑器提供了对输入输出语言变量各语言值的隶属度函数类型、参数进行编辑与修改。各语言值隶属度函数及参数前节已有详细论述。

3) 模糊规则编辑器(Ruleedit)

在 Matlab 命令窗口键入"Ruleedit",或在基本模糊推理系统编辑器中选择编辑规则菜单,均可激活模糊规则编辑器。在这个界面下编辑模糊规则是十分方便的,系统已经自动将 FISEdit 中定义的变量显示在界面的左下部。在窗口上选择相应的输入变量(以及是否加否定词 not),然后选择不同变量之间的连接关系(or 或 and),再输入该条规则权重(缺省为 1),然后单击按钮 Add rule,则就添加了该条规则。

4) 模糊规则观察器(Ruleview)

在 Matlab 命令窗口键入"Ruleview"或在上述三种编辑器中选择相应菜单,都可以激活模糊规则观察器(图 6-16)。在模糊规则观察器中,以图形形式描述了模糊推理系统的推理过程。可以通过此窗口改变系统输入的数值来观察模糊逻辑推理系统的输出情况。

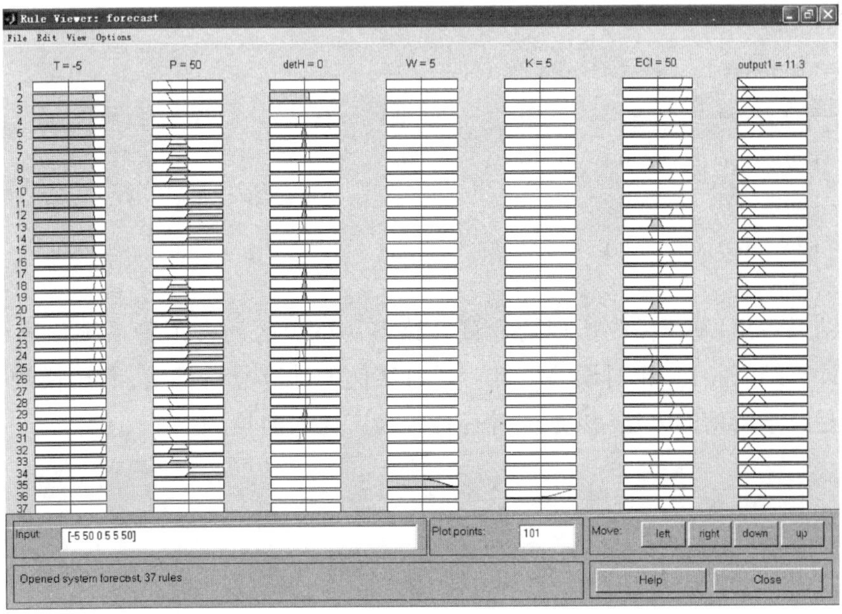

图 6-16 道路病害预警模糊推理系统模糊规则观察器界面

6.3.4 病害预警模糊系统实例分析

Matlab 模糊逻辑工具箱中主要针对 Mamdani 型模糊推理系统类型的模糊推理提供了分析和设计手段。道路病害预警系统的特点是道路运营时间(或病害程度)作为输出变量可以是一个确定的数值。虽然每一个规则推理后得到的输出是变量的分布隶属度函数,但在多条规则的结果合成后,对每一个输出变量模糊集合都需要进行去模糊化(解模糊化)处理,从而可以得到在不同情况下道路运营时间期望的输出,故该系统采用 Matlab 软件实现。

以青藏公路多年冻土区楚玛尔河至秀水河段(K2975+000~K3045+000)为例,利用基于模糊推理的青藏公路多年冻土区病害预警系统预测,对比 2006 年调查计算值,结果见表 6-6。

表 6-6 预警系统预测检验结果

桩号	年平均地温(℃)	冻土类型	人为上限变化	排水状况	运营时间(年)	调查路基状况指数	预测路基状况指数
K2975+000~K2982+200	-0.7	64	6	2	3	27.98	27.65
K2982+200~K2984+700	-1.4	48	2	8	3	70.41	71.43
K2984+700~K2994+200	-1.2	18	4	6	3	58.36	59.23
K2994+200~K2995+800	-0.5	49	8	2	3	19.93	18.26
K2995+800~K3003+200	-0.6	16	7	3	3	31.12	29.85
K3003+200~K3004+400	-1.4	17	0.2	9	3	100.00	97.00
K3004+400~K3006+400	-0.7	62	7	3	3	31.43	28.64
K3006+400~K3011+000	-0.5	36	8	1	3	16.78	15.33
K3011+000~K3017+700	-0.6	27	6	4	3	44.44	38.67
K3017+700~K3019+700	-1.2	45	0.5	8	3	100.00	99.00
K3019+700~K3020+000	-2.4	76	7	3	3	31.44	32.58
K3020+000~K3027+000	-2.1	62	0.8	9	3	100.00	96.87
K3027+000~K3036+000	-0.8	41	6	4	3	37.87	39.30
K3036+000~K3043+000	-0.3	40	5	5	3	46.80	45.32
K3043+000~K3045+000	0.1	0	0.4	8	3	100.00	98.59

由预测结果看出,基于模糊推理的青藏公路多年冻土区病害预警系统预测结果和 2006 年现场调查计算结果相比,相对误差较低。通过实例的计算分析证实,利用模糊推理进行路基病害预测是科学可信的方法,该方法将有着较为广泛的前景。

第7章

多年冻土地区道路养护决策与技术

多年冻土地区公路沿线自然条件恶劣，加上路基及地基的冻融循环、热状况及路基稳定状态的影响，使得路基病害类型十分复杂，而且覆盖面广，突出的问题有路基融沉变形、冻胀和翻浆、纵向裂缝等破坏现象。从而影响公路的正常使用寿命和功能，造成因为早期破坏而增加的人、财、物的重复投入和浪费。因此多年冻土地区公路养护和维修是不断提高冻土地区公路运营服务质量和公路使用年限的有效方法。

7.1 青藏高原多年冻土区路基养护决策

7.1.1 道路状况的分级与评价

分析多年冻土区病害产生的原因，主要是由于路基下人为上限下降，多年冻土融沉及路基在冻融循环中强度损失造成的。因此建立基于多年冻土融沉的计算方法，分析冻土路基的变形规律，为道路养护年限、养护等级等的确定提供依据。

计算模型采用工程应变计算方法，已通过室内模型试验和有限元计算验证了该方法的合理性。

冻土路基总变形为

$$S = S_1 + S_2 = S_1 = \delta_1 h_{填} + \delta_2 h_{天} + Ah + \alpha ph \tag{7-1}$$

式中 S——总变形量(m)；

S_1——沥青路面铺设至稳定的压密变形量(m)；

$h_{填}$——路堤填土高度(m)；

$h_{天}$——天然季节融化深度(m)；

δ_1、δ_2——路堤填土及天然季节融化层的相对压缩系数；

A——冻土的融沉系数；

h——融化层厚度(m)；

α——融化压缩系数(1/MPa)；

p——外荷载强度(MPa)。

基于冻土路基热弹塑性理论，引入工程应变计算方法，构建了冻土路基热弹塑性融沉本构模型，计算了不同路基高度和不同年平均地温条件下的冻土路基变形。

冻土路基变形稳定性主要反映在路基变形量的大小及其对路面平整度的影响，路基变形失稳主要是指冻土路基在公路运营过程及路基设计使用年限内产生了超过路基容许变形的沉降量。长期的现场观测及路况调查结果表明，如果路基在较大范围内缓慢而均匀地发生沉降，则对路基路面强度和平整度不会造成较大影响。但如果路基在一年内的冻融变形量很大,则会造成路基内应力剧增,促使路基、路面过早破坏,这一指标可与路面的容许变形量相一致。因此路基的容许变形量须用总沉降量和年内变形量两个指标控制。吴紫汪根据青藏公路多年观测资料给出冻土路基的年内容许变形量为 2~3 cm/年,总沉降量为 12~15 cm。喻文学通过大量的现场试验研究得出冻土路基的年内容许变形量为 4~6 cm/年,总沉降量为 15~20 cm。

在本研究中将路基沉降变形量分为五级,以 5 cm 作为分级标准,借鉴安全工程中风险等级的辨识,用五种颜色(蓝色、绿色、黄色、红色、黑色)辨识路基变形等级,见附表 2、表 7-1。附表 2 中蓝色区域为Ⅰ级变形(0~5 cm),绿色区域为Ⅱ级变形(5~10 cm),黄色区域为Ⅲ级变形(10~15 cm),红色区域为Ⅳ级变形(15~20 cm),黑色区域为Ⅴ级变形(20 cm 以上)。从表中可以看出,随着路基高度的增加或年平均地温的降低,路基沉降变形的量级逐渐减小。值得注意的是,在多年冻土年平均地温高于-1.0℃的地区,不论路基高低,冻土路基的总沉降量都将达到Ⅴ级变形的量级,路基路面有可能发生严重破坏。

根据前述研究成果,路基的病害程度可以用路基状况指数(ECI)评价,据此可将路基状况分为五类,即优、良、中、次、差。而冻土路基变形等级一定程度上反映了路基状况的好坏,变形等级Ⅰ~Ⅴ级可分别对应于 ECI 指标的"优~差"等级。路基沉降变形量和 ECI 指数均可作为评价道路运营综合状况的指标,只是评价的侧重有所不同。前者侧重于路基变形较多,而破损较少;而后者侧重于路基破损较多、各类病害均有分布的情况。

表 7-1 多年冻土区道路状况的分类与分级

路基变形状况分类与辨识	Ⅰ 级	Ⅱ 级	Ⅲ 级	Ⅳ 级	Ⅴ 级
路基变形分级(cm)	0~5	5~10	10~15	15~20	>20
路基状况分类	优	良	中	次	差
ECI 指数分级	ECI≥85	70≤ECI<85	55≤ECI<70	40≤ECI<55	ECI<40

7.1.2 青藏高原多年冻土区道路养护原则与对策

美国公路管理部门从 20 世纪 80 年代以来,通过对几十万千米不同等级道路进行跟踪调查,发现道路的使用性能和周期有一个共同的变化特征:一条质量合格的道路,在使用周期 75%的时间内性能下降 40%,这一阶段称之为预防性养护阶段;在此阶段如果不及时进行养护,在随后 12%的使用寿命时间内,性能再次下降 40%,而养护成本增加 3~10 倍,这一阶段称之为改正性养护阶段。

同时研究表明,道路的使用性能不是直线下降的。在使用初期,其服务能力下降较缓慢,但当损坏状况超过某一限制时,其服务能力就开始急剧下降,病害随之急剧增多。预防性养护是指在公路寿命周期内,为了保证路况良好,延长公路寿命,并将寿命周期内养护成本降到最低,而应用一系列的预防性措施的系统过程。预防性养护理念的核心在于防患于未然,基础在于经济最优。预防性养护就在于道路技术状况衰减的初期,在最适当的时机应用最适当的预防性措施,以最小的寿命周期成本,最大限度地延缓道路成本。

因此对于多年冻土地区公路养护要遵从“预防为主、防治结合”的方针。首先明确多年冻土地区公路存在的主要病害类型及形成原因,方能做到有的放矢。在多年冻土地区修筑路基以后,干扰了冻土天然条件下的热平衡状态,改变了地表与大气间的热交换条件,使多年冻土地温重新进行热平衡调整,由于冻土的冻胀融沉特性,冻土公路普遍存在着严重病害。路基病害主要有沉陷、翻浆、裂缝等。多年冻土具有区别于一般土类的特殊工程性质,主要表现在其性质与温度密切相关。随着全球气候变暖和人类活动加剧,多年冻土上限呈现出下降趋势,多年冻土也在不断退化,对路基的稳定性造成了极大威胁。因此有必要根据多年冻土的特殊性质对多年冻土地区的路基进行合理的养护和管理。

冻土路基变形等级反映了路基变形过程,ECI 指数反映了道路的破损状况,两者都在一定程度上反映了道路损坏等级,因此如果将路基变形等级和 ECI 指数与路基维修养护级别相对应(表 7－2),则可以对道路维修养护工作提出一定建议。国际道路会议常设协会(PIARC)于 1983 年建议,公路养护统一划分为日常养护、定期养护、特别养护、改善工程四类。青藏公路普通填土路基道路维修养护可参考表 7－2 进行。

表 7－2 路基变形等级与路基维修养护级别对应关系

变形等级	ECI	年最大变形量(cm)	维修养护级别	维修养护建议
Ⅰ	优(ECI≥85)	0~5	1	不处理
Ⅱ	良(70≤ECI<85)	5~10	2(日常养护)	日常养护
Ⅲ	中(55≤ECI<70)	10~15	3(定期养护)	中、小修
Ⅳ	次(40≤ECI<55)	15~20	4(特别养护)	大修
Ⅴ	差(ECI<40)	>20	5(改善工程)	整治改建

依照此对应关系,根据附表 2 就可以确定多年冻土地区普通路基的养护年限。例如对于高温多年冻土区,路基高度在 1~3 m 的普通路基,在第 5~8 年期间建议做第 3 级养护(中、小修),第 10 年左右建议进行第 4 级养护(大修)。对于路基高度大于 3 m 的普通路基,虽然其变形等级较低,不会产生波浪、沉陷类病害,但会由于冻融循环造成路基强度损失而产生高路基病害,如路基纵向裂缝等。研究成果表明,冻土路基的稳定性与年平均地温、道路运营时间关系不大,年度最小稳定系数在每年的 6 月出现;行车荷载对于路基稳定性影响较大,考虑 10 kPa 行车荷载作用下,采用 1.3 安全系数,其路基上临界设计高度应不高于 3.05 m。所以对于路基高度大于 3 m 的普通路基,在每年的 6—10 月间要加强养护,提高冻土路基的稳定性,可以有效防止高路基病害的发生。因此对青藏公路而言,加强第 3 级(定期养护)和第 4 级(特别养护)对预防性养护至关重要,此阶段的养护对于延长公路的使用寿命、降低公路全寿命周期养护成本、提高公路服务水平和资源利用效率具有重要意义。

7.2 多年冻土地区路基常规养护技术

由于多年冻土地区的公路存在诸多病害，问题突出，从而影响公路的正常使用寿命和功能，造成因为早期破坏而增加的人、财、物的重复投入和浪费。因此对这一特殊地区的公路养护和维修，以不断提高冻土地区公路的运营服务质量和延长公路使用年限就显得非常重要。

路基是公路的基本组成部分之一，是路面的基础。它与路面共同承担车辆荷载，并把车辆荷载通过其本身传到地基。路基的强度和稳定性是保证路面强度和稳定性的基本条件，它直接影响路面的平整度。因此必须经常地、有计划地针对路基可能出现和已经出现的病害，采用各种不同的方法和措施。对路基各部分加以适当的养护和维修，保证并逐步提高公路的使用品质。常见的养护措施有路肩养护、边坡养护和排水设施养护等。

7.2.1 路肩养护

路肩养护与维修的重点就是减少或消除水对路肩的危害。路面范围的地表水通过路肩排出，因此必须经常保持路肩表面平整、坚实，横坡顺适，边缘顺直。特别是对于设置反压护道、碎石护坡段的路肩，更应经常进行养护。如公路的路缘石有损坏，应及时进行修补。

在冬季，对于路用防滑料或其他养路材料，应根据路肩和地形条件，堆放在合适位置，也可布置在护坡边底下。

对于因路肩湿软而经常发生啃边病害的路段，可在路肩内缘铺设排水盲沟，以及时排出由路肩下渗的积水。

7.2.2 边坡养护

边坡包括路堑边坡和路堤边坡，在多年冻土地区，路堤边坡较为多见。边坡的主要作用是保证路基稳定、行车安全及景观的舒适。边坡坡度对边坡的稳定十分重要，而青藏高原多年冻土边坡植物防护功能很差，特别是某些土质不良地段，确保路基边坡坡度为一个合理的角度是路基设计和养护的重要内容（图 7－1），从而确保路基整体稳定。

边坡的养护和维修工作重点是保持稳定性，即边坡应经常保持平顺、坚实、无裂缝。对石质路堑边坡，应经常注意边坡坡面岩石风化发展情况，以及边坡上的危岩、浮石的发展情况，若有问题应及时采取适当的措施处理，如抹面、喷浆、锚固等；对土质边坡、碎石护坡、护坡道等，应根据实际情况选用篱格填石、干砌或浆砌片石护坡、土工合成材料护坡等措施进行防护加固。

边坡如发生坍塌需要修整时，不能在边坡上贴土修补，而应在毁坏的地段上从下到上先

图 7－1 土质不良地段边坡

挖成土台阶，再分层填土夯实，夯实后的宽度稍超出原来的坡面，以便最后切出边坡。

7.2.3 排水设施养护

在多年冻土地区修建公路，排水十分重要，除纵向排水外，还应保证横向排水，以防止水流带来的大量热量迫使路基下多年冻土退化。路基周围的水即使很少量流入也会引起多年冻土的大量融化，因为水的比热高，即使较冷的水也有相当大的融化能力。路基排水的主要作用是将路基范围内的土基湿度降低到一定限度以内，保持路基常年处于干燥状态，确保路面具有足够的强度和稳定性。对于青藏高原多年冻土地区，多数地区降雨量较小，路基排水的重要性还是不可忽视，特别是在有些山岭地段保持完好的排水设施非常必要，也应及时养护、疏通，对排水设施进行经常性的预防性养护和维修，确保其功能完好、排水顺畅。

多年冻土地区地面水无法下渗，容易形成地表潮湿或积水，宜将积水引向路基以外排出，避免危害路基。另外注意疏通边沟、排水沟，但要防止破坏冻层。养路用土或砂石材料，不宜在路堤坡脚或路堑坡顶 20 m 以内采掘，防止破坏冰土，影响路基稳定。

7.3 多年冻土地区路基病害特殊养护措施

对于冻土路基特殊的工程病害，应采取特殊的工程技术措施，主要有热棒、纵向通风路基、遮阳板护坡、抛碎石护坡、硅藻土护坡、保温材料等。这些特殊的工程措施其应用条件和后期养护均有所不同。

7.3.1 抛碎石护坡

1）试验路段

在国道 214 线醉马滩 K367+850～K369+250（沥青路面）、K369+250～K369+900（水泥路面）建有总长为 2 km 的等粒径碎石护坡试验段，在青藏公路 K2932+000～K2997+000 等地也铺设了碎石护坡试验段，护坡抛碎石厚度为 80 cm，碎石粒径为 6～8 cm（图 7－2）。

(a) 国道214线K367+850~K369+250

(b) 青藏公路K2932+000~K2997+000

图 7－2　碎石护坡试验段

2）养护原理

据资料介绍，块石在寒季的当量导热系数是暖季当量导热系数的 5～10 倍甚至更多，加之碎石层孔隙率较大，空气可在其中自由流动或受迫流动，其养护效果明显优于导热系数不随温度变化的各类保温材料。在寒季时，冷空气有较大密度，沿孔隙下渗，在自重和风的作用下使碎石间隙中的热空气上升，对流换热向下，较多的冷量传入地基中；在暖季，碎石表面受热后，对流换热向上，碎石中仍能维持较低温度，这样路基吸收的热量较少。而且碎石护坡内较大的孔隙和自由对流使得冬夏冷热空气由于空气密度等差异而不断发生冷量交换和热量屏蔽，从而使路基下温度较低，保护多年冻土。

3）适用条件

在多年冻土地区的填土高度小于 3.0 m 的路基工程中采用等粒径或有一定级配的碎石护坡，可有效减缓多年冻土地区路基下冻土的融化速率，控制冻土上限下移，增加冻土地区路基的稳定性，对多年冻土起到很好的保护作用。

4）结论

根据观测结果，抛碎石护坡下 0.3 m 处地温要比同等深度处地温低 2~3℃。测温资料表明，普通路基段多年冻土在工程作用和气候变暖双重作用下，地温有升高趋势，路基下多年冻土人为上限也发生了下移。采用碎石护坡措施的断面多年冻土地温保持稳定，多年冻土人为上限也比较稳定，说明抛碎石护坡降低了路基边坡的温度，起到保护多年冻土的作用。

5）后期养护

对抛碎石护坡的后期养护，主要是保持碎石护坡的外形，保证碎石护坡的厚度，以确保其养护效果的发挥。

7.3.2 热棒

1）试验路段

在青藏公路 K2936+500 设置了热棒防护，阳面有 8~9 m 的反压护道，效果不错，没有明显沉陷；在青藏公路 K2950+850 也设置了热棒防护，间距 4 m，在热棒的另一侧（阴面）有反压护道。路面较平整，没有大的沉陷变形（图 7－3）。

图 7－3 热棒防护

2）养护原理

热棒是 20 世纪 60 年代发展起来的一门新技术，它是利用制冷质在密闭容器中的两种转换将高温端热量迁移至低温端，从而使高温冷却，形成热虹吸。热虹吸是一种垂直或倾斜埋于地基中的液气两相转换循环的传热装置。它实际上是一密封的管状容器，里面充以工质（如氨、丙烷、二氧化碳等），容器的上部暴露在空气中，称为冷凝段，埋于地基中的部分称为蒸发段。为扩大散热面积，可在冷凝段加装散热叶片或加接散热器。当在冷凝段和蒸发段之间存在温差（冷凝段温度低于蒸发段温度）时，热虹吸即可启动工作。蒸发段液体工质吸热蒸发，气体工质在压差作用下沿容器中通道上升至冷凝段放热冷凝，冷凝成液体的工质在重力作用下，沿容器内表面下流到蒸发段再蒸发，如此反复循环，将地基中热量提出放入大气中，从而使地基得到冷却。

3）适用条件

热棒防护可有效防止多年冻土退化和融化，降低多年冻土地基的温度，提高多年冻土地基的稳定性，尤其适用在地气温差、昼夜温差、年气温差和风速都比较大的多年冻土地区。

4）结论

据铁道部科学研究院西北分院在青藏高原多年冻区的试验，采用热棒防护的多年冻土路基在夏季的最高地温较之正常地基低 0.4～0.8℃。

5）后期养护

对热棒的养护主要是保证其散热片良好，维持正常的热交换顺利进行，其次要保证热棒表面不被腐蚀，充分发挥热棒的使用寿命。

7.3.3 遮阳板护坡

1）试验路段

国道 214 线 K417+930～K417+940、K417+930～K417+940、K417+980～K418+000 和青藏公路 K3057+000～K3057+100 设置了遮阳板路基试验段。遮阳板采用铝塑板或薄铁皮，距离斜坡面 20 cm（图 7－4）。

2）养护原理

遮阳板护坡对路堤堤身和基底土的冷却作用类似于永冻土地基上的房屋和建筑物地下室利用室外空气自然通风对地基实施冷却作用，是利用遮阳板来预防路堤免受直接的太阳辐射和雨雪水的影响，因为这些都是造成路基底冻土层退化和路基沉陷的主要原因。遮阳板从传热理论上讲，可以调控辐射以有效控制路基温度场，是一种积极主动的保护措施。遮阳板能遮蔽太阳对路基边坡的直接辐射，有效防止夏季降水渗入路基和冬季降雪覆盖路基边坡，并能够保证路基的整个横断面利用年平均负温的外部空气进行自然和均匀通风。为了提高遮阳板对太阳辐射的反射率，增加遮阳板的防护效果，在遮阳板外表面可涂上具有高反射性质的涂料，效果会更佳。

(a) 国道214线K417+980～K418+000段薄铁皮遮阳板（净空高70 cm）

(b) 青藏公路K3057+000~K3057+100

图 7－4 遮阳板护坡试验段

3）适用条件

在多年冻土地区，公路路基填土高度在 3 m 以上时，采用遮阳板护坡效果比较明显，可有效降低地温，防止冻土融化、融化盘偏移，控制冻土上限下移，增加冻土地区路基的稳定性。

4）结论

在路肩及坡脚处，同一深度地温降低高达 4～6℃，在路基中心处也有影响，同一深度地温降低 1～2℃。表面上观测，用测温枪观测气温，土边坡 9～10℃，板上 8～10℃，板下 4～5℃，可见防护效果比较明显。

5）后期养护

对遮阳板要保持其表面光洁，维持其对太阳辐射的反射率，其次要保持遮阳板下净空，再次不要使遮阳板中间有缝隙，以免雨雪水渗入路基边坡，影响防护效果。

7.3.4 硅藻土护坡

1）试验路段

在国道 214 线 K391+070~K391+120 处铺筑了 50 m 长的硅藻土护坡试验段，路基两侧均采用 0.4 m 厚的硅藻土护坡。为防止硅藻土护坡被风等外界自然因素和人为因素破坏，采用草袋子装好硅藻土后铺在路基的边坡上（图 7-5）。

图 7-5 硅藻土护坡试验段

2）养护原理

硅藻土本身为疏松的多孔结构，其蓄水后可以看作热二极管。夏季硅藻土可以发挥保温隔热作用，太阳的辐射热和热空气难以向下传递；冬季冷空气可通过硅藻土向下传到地基中，使地温下降。这样就可以保护冻土环境，使冻土少融化，冻土上限不被破坏。

3）适用条件

由于硅藻土蓄水后才能充分发挥其热二极管的作用，所以适于应用在秋季降雨较多的多年冻土地区，或者改良硅藻土，提高硅藻土的持水能力，使其防护作用充分发挥。

4）结论

虽然硅藻土护坡降温措施在国道 214 线红土坡试验工程中没能取得预期的效果，但其作用并不能全盘否定。根据对硅藻土护坡资料的分析可知，硅藻土在满足上述适用条件的前提下，其效果还是非常好的。

5）后期养护

保证硅藻土的外观形状，使硅藻土的厚度均匀，以充分发挥保温隔热作用，若草袋子有老化现象，在其上覆一层薄土，以免硅藻土流失，增强防护效果。

7.3.5 反压护道

1）试验路段

在国道 214 线 K520+100~K521+000、K525+100~K525+150 段，海拔约 4 300 m，路基高度 2.5~3.0 m，路基两侧原设护坡道 1.5~2.0 m 宽（图 7-6）。在青藏公路 K2975~K2980 段也采用反压护道，材料采用风化碎岩石，宽度 9 m，高出原地面 50 cm（图 7-7）。

2）养护原理

反压护道主要是利用护坡道的压力作用，对路基产生一个作用于边坡上的压力，以阻止

图 7-6　路面纵裂、沉陷

图 7-7　反压护道

路基纵向裂缝的进一步发展，达到保持路基完好的目的。特别是对于多年冻土地区，反压护道不仅可以对路基产生压力作用，而且还可以增加坡脚处的覆盖层厚度，防止冻土融化，对多年冻土环境有较好的保护作用。

3）适用条件

多年冻土地区东西走向的路基阴阳面变化差异较大，易产生路基纵向裂缝，这样的路基适于反压护道防护。

4）后期养护

保护反压护道平整，使路基受到均匀的保护，同时防止不均匀的热传递出现。

7.3.6　纵向通风管路基

1）试验路段

图 7-8　纵向通风管路基试验工程

在国道 214 线 K417+865～K417+892 段路基坡脚与保温护道结合部位靠近路基一侧，设置了三个监测段。通风管直径 30 cm，A 段管长 10 m，B 段管长 15 m，如图 7-8 所示。

2）养护原理

通风管一般为直径 20～50 cm 的波纹管，每节长 15～30 m，水平埋设于坡脚下。通风管的进出口都有垂直于地面的钢管或桩与之相连，一般高出 50～150 cm。由于冷热空气的密度不同，冬季气温低于土体温度,冷空气密度高,通过垂直桩进入管道,把管道中的热空气带出来,使土体的温度降低,达到保护其下土体的效果。而在夏季,管道中气温高于土体温度,管体中空气难以产生对流,不会对下伏多年冻土产生负面影响。通风管系统在空气对流中是一个不可逆装置。

3）适用条件

多年冻土地区解决路基两侧由于热融产生的融沉差异而引起的路面纵向开裂。

4）结论

相对于一般路基,A 段通风管下 2.0 m 范围的土体一年后地温整体降低了 1.0~1.5℃,B 段相应也降低了 0.3~0.7℃,说明通风管起到了降低地温的良好作用。中国科学院寒区环境与工程研究所通过室内试验也得出通风管路基结构形式能有效地为路基土提供冷能,发挥保护冻土、维护冻土路基稳定性的重要作用。

5）后期养护

主要是保证管内的清洁。

7.3.7 通风路基

通风路基(air convection embankment, ACE)是在多年冻土地区有条件的地方,用碎石或块石填筑路基,利用填石路基的通风透气性来实现保护冻土路基的作用。

1）养护原理

寒季冷、暖空气在路基中产生对流,冷空气下降,侵入地表;暖季热空气受下部冷空气的阻隔,难以下渗,每年地基吸入的冷量大于热量,因而起到保护冻土的作用。

2）适用条件

该措施适用于高温不稳定的多年冻土地区。

3）结论

按照阿拉斯加的研究结果,如果粗集料资源丰富,应考虑采用这种大厚度开放式碎石通风路基来满足所求冷凝效果,这种方法也被证明是维护多年冻土路基稳定最经济、最有效的方案。

4）后期养护

为了形成对流单元,碎石层路基所需最小厚度在 1.5~2.0 m。为保证通风效果,碎石层顶面应防止小颗粒堵塞下面孔隙,此时可采用足够强度的土工合成材料来满足要求。同时为防止地面径流和热融湖塘水通过路基孔隙,侵入地下,影响多年冻土的稳定,必须合理设置排水系统,使排水系统高出水平面足够高度。

多年冻土地区公路养护措施使用、造价及应用建议见表 7-3。

表 7－3　多年冻土地区公路养护措施使用、造价及应用建议

措　施	使　用　效　果	造价分析	应用建议
抛碎石护坡	在多年冻土地区的填土高度小于 3 m 的路基工程中采用等粒径或有一定级配的碎石护坡，可有效减缓多年冻土地区路基下冻土的融化速率，控制冻土上限下移，增加冻土地区路基的稳定性，对多年冻土起到很好的保护作用	7.2 万元/100 m（阳面铺设宽 1 m、高 2 m，阴面铺设宽 0.8 m、高 2 m）	宜在大、中修中使用
热棒	可有效防止多年冻土退化和融化，降低多年冻土地基的温度，提高多年冻土地基的稳定性，尤其适用在地气温差、昼夜温差、年气温差和风速都比较大的多年冻土地区	30 万元/100 m（两侧间隔 4 m，埋深 7 m）	造价较高，选择性使用
遮阳板护坡	在多年冻土地区，公路路基填土高度在3 m 以上时，采用遮阳板护坡效果比较明显，可有效降低地温，防止冻土融化，控制冻土上限下移，增加冻土地区路基的稳定性	12.5 万元/100 m（阳面铺设，遮阳板高 70 cm，路基高 4 m）	造价较高，维修成本较高，选择性使用
硅藻土护坡	由于硅藻土蓄水后才能充分发挥其热二极管的作用，所以适于应用在秋季降雨较多的多年冻土地区，或者改良硅藻土，提高硅藻土的持水能力，使其防护作用充分发挥	36 万元/100 m（阳面、阴面铺设，厚度 50 cm）	造价很高，技术存在问题，有待进一步研究
反压护道	多年冻土地区东西走向的路基容易产生热融沉变形，阴阳面变化差异较大，易产生路基纵向裂缝，这样的路基适于反压护道防护	4.8 万元/100 m（阳面、阴面铺设，宽 2 m）	宜在大、中修中使用
纵向通风管路基	多年冻土地区解决路基两侧由于热融产生的融沉而引起的路面纵向开裂	10 万元/100 m（阳面铺设，管径 30 cm）	宜在大、中修中使用
通风路基	该措施适用于高温不稳定的多年冻土地区	9.6 万元/100 m（在路基垫层下铺设，厚度 120 cm）	宜在大修中使用

第 8 章

多年冻土路基稳定性监测新技术

高海拔高寒区域沿线气候的典型特点为低温、缺氧，年均气温0℃以下，极端高温为25～26℃，极端低温为-45～-36℃，低温、缺氧的气候条件对各种传感器的环境适应能力提出了更高要求。但传统的传感技术易受环境干扰，寿命较短，难以完全满足这种环境需求。高速公路之类的线性构筑物具有距离长等特点，使用点式传感器很难对整个结构的状态进行监测，而且随着布设传感器数量的增加，系统的复杂度和成本将会急剧增加。因此针对青藏高速公路等线性构筑物距离长、环境温度低的特点，开发应用新型监测技术，对于多年冻土区道路工程安全监测及安全运行均有重要意义。

由于多年冻土与道路工程间的相互作用是长期的，因此要求所选用的监测手段及系统能够精确、稳定、可靠、长期实时采集数据。传统的仪器设备或监测方法往往难以满足需求，一些新兴的监测技术逐渐在多年冻土地区得以应用。本章主要介绍合成孔径雷达及分布式光纤传感技术在青藏高原道路工程稳定性监测中的应用情况。

8.1 合成孔径雷达监测技术及其在青藏工程走廊带内的应用

在全球气候变暖和极端异常天气频发的背景下，高原多年冻土区路基的长期稳定面临着考验和挑战。目前对冻土区的青藏公路、铁路及其沿线区进行形变监测的方法主要有水准测量、GPS等。然而青藏高原地形起伏大、海拔高、气压低，工作环境极其恶劣且危险，非常不利于进行水准测量等人工作业；同时GPS站点稀疏，不利于大面积、高精度地监测青藏铁路及其周边路基的形变。

合成孔径雷达（SAR）以其能全天候、全天时穿透云层、浓雾、烟尘及大面积获取地表信息的特点，已成为对地观测技术领域不可或缺的传感器，尤其适用于传统光学传感器成像困难的地区，在资源调查、灾害监测和国防建设中具有重要意义。合成孔径雷达干涉测量（synthetic aperture radar interferometry, InSAR）技术已发展成为雷达遥感领域的前沿发展方向之一。InSAR是根据SAR的成像和干涉测量原理，利用雷达回波的相位信息来精确测量地物三维空间位置及其微小变化的一种新型探测手段。其核心是通过两副天线同时观测（单轨道双天线模式）或两次平行轨道上的重复观测（单天线重复轨道模式）获得同一目标对应的两个回波信号，通过比较它们之间的相位差来获取地面高程信息。而作为InSAR技术的延伸，差分干涉测量（D－InSAR）可以用于监测地表微小形变。常规的D－InSAR技术已经在大范围地表形变观测中取得了一些成功的应用。但在实际应用中，由于试验区内散射体在两次观测期间的散射特性发生变化，造成研究区内目标的时间去相干，导致该技术在实际应用中受到诸多条件限制。因此科研人员在分析大气效应对相位的影响及空间、时间去相干对干涉图质量的影响时，逐渐把注意力由从前的高相干区域集中到在长时间序列上个别的高相干区域甚至是利用可靠且稳定的永久性散射体作为观测对象，通过分析其相位变化信息提取形变信息，称为永久散射体技术(PS - InSAR)。

PS - InSAR 技术的基本原理是利用一组覆盖同一地区的时间序列 SAR 影像，通过统计分析返回的相位和幅度信息，选择不受时间、空间基线去相关和大气变化影响的稳定点目标。这些点目标的回波信号很强，几何尺寸通常远小于影像的空间分辨单元，并且经过很长的时间间隔仍然保持稳定的散射特性，在时间序列 InSAR 影像中几乎没有斑点噪声的影响，表现出很好的相干性，从而被称为永久散射体(persistent scatter)。

目前基于时序 SAR 影像分析的永久散射体干涉测量(PS - InSAR)技术通过对大量数据中高相干点目标的时序分析，可应用于地表沉降和大型人工建筑物的形变监测，并以其全天候、低成本、大面积、高精度的特点表现出良好的应用前景，相对于传统的形变监测方法具有不可替代的优越性。

星载 SAR 系统近十几年来也有了长足的进步，具有多种分辨率、多种成像模式。其中欧洲空间局(ESA)发射的 Sentinel - 1 星载 SAR 系统具有重访周期短、覆盖范围大的特点，是当前民用领域唯一的业务运行系统。

8.1.1 Sentinel - 1 卫星介绍

Sentinel - 1A 作为 ESA 哥白尼计划的重要组成部分，于 2014 年率先发射，用于全球环境和安全监测；2016 年 Sentinel - 1B 发射之后和 Sentinel - 1A 在一个相同的轨道面上运行，两颗星之间的轨道相位差为 180°。双星星座的重访周期缩短为 6 d。其具体卫星参数见表 8 - 1。

表 8 - 1 Sentinel - 1 卫星参数

项目	参数	项目	参数
卫星	Sentinel - 1A	方位向天线波束偏转角度	-0.9°~0.9°
载波频率	5.405 GHz	侧视方向	右视
脉冲峰值功率	4.141 kW	极化方式	单极化、双极化
入射角	20°~46°	脉冲重复频率	1 000~3 000 Hz
天线长度	12.3 m	最大距离向带宽	100 MHz
天线宽度	0.82 m	重复周期	12 d

Sentinel - 1 卫星工作模式分为条带模式、干涉宽扫模式(IW)、大范围宽扫模式、波模式四种，其中干涉宽扫模式是其常用的工作模式。IW 工作模式中，Sentinel - 1 卫星使用 TOPS 模式成像，单景影像中包含三个测绘子带，每个子带包含多个 burst(一般为 9 个)。示意图如图 8 - 1 所示。

8.1.2 TOPS 数据干涉处理

Sentinel - 1 卫星是首颗将 TOPS 模式作为常用工作模式的卫星(图 8 - 2)。TOPS 模式下，卫星在飞行过程中波束沿方位向从后向前摆动，从而获得一个更大范围的成像区域。与

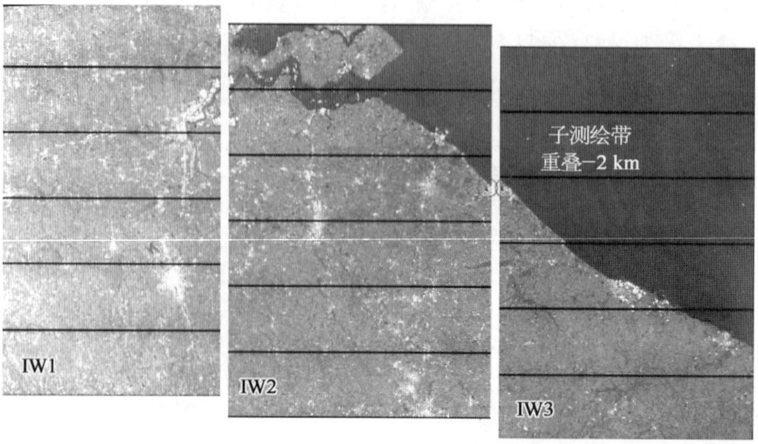

图 8-1 单景 Sentinel-1 数据覆盖示意图

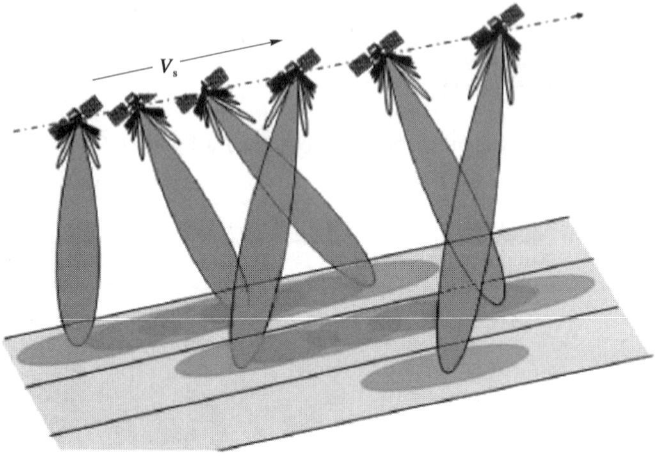

图 8-2 TOPS 模式示意图

ScanSAR 模式相比,TOPS 模式影像中多普勒模糊、分辨率和信噪比一致,消除了影像扇贝效应,提高了影像质量。

但由于在 TOPS 成像模式下,天线波速在一个 burst 时间内从后往前摆动,TOPS 数据经过零多普勒聚焦成像后,其方位向多普勒中心频率随方位向时间发生变化,边缘部分多普勒中心频率绝对值最大。整个多普勒中心的变化在 5 000 Hz,这对影像配准精度提出了很高的要求,在 burst 边缘部分要求达到千分之一个像素,否则相邻 burst 进行拼接时,就会因为配准误差导致相位跳变。

采用 DEM 辅助配准与增强谱分集(ESD)精配准相结合的分层配准策略,其配准流程如图 8-3 所示。

1) 反向地理编码过程

首先,使用外部 DEM 进行几何定位配准,根据 DEM 和 SAR 成像几何获取影像每个像素

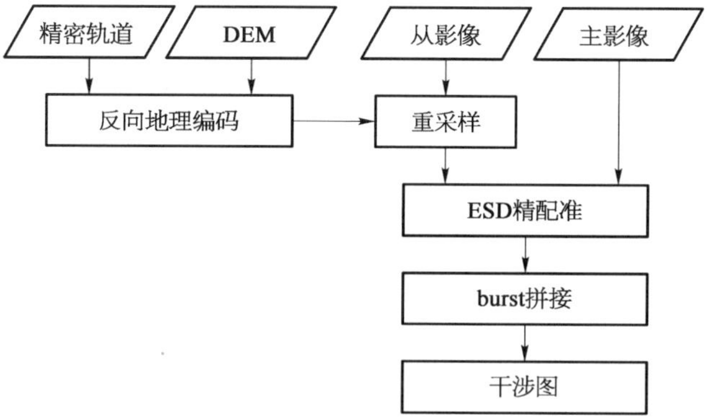

图 8-3 TOPS 数据配准流程

的相对偏移量。相对于光学成像,SAR 成像几何更为严格。随着卫星姿态控制技术和定轨技术的发展,轨道精度达到厘米级,雷达绝对定位和相对定位精度均得到很大程度的提高,其偏移量已达到很高的精度。该配准方法的精度不依赖影像的相干性,提高了影像配准的可靠性。利用零多普勒几何原理计算地面一点分别在主辅影像中的影像坐标,继而计算主辅影像间的偏移量。

2）重采样

TOPS 模式波束姿态在成像过程中是变化的,其影像方位线类似于线性调频信号。影像配准算法需要对影像进行过采样、子带分解等处理,要求处理对象为基带信号。因此进行配准之前应对影像方位线进行倾斜处理。倾斜处理可以设计一个函数,其调频率与方位向多普勒中心斜率大小相同,但符号相反,可以将信号与倾斜函数相乘,则乘积的瞬时频率为两个信号瞬时频率之和。对方位线倾斜处理过程如图 8-4 所示。

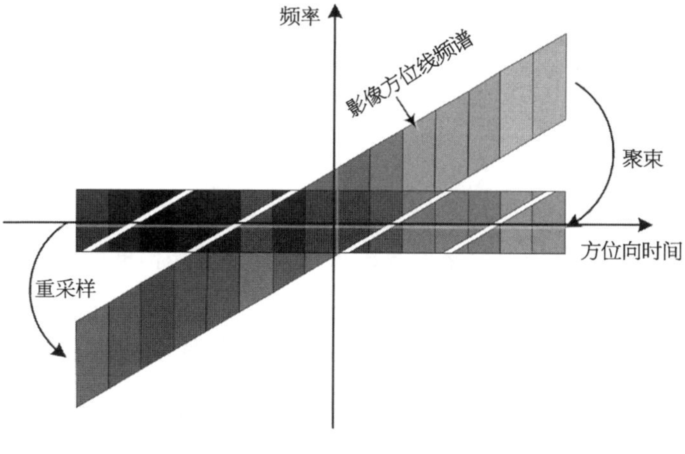

图 8-4 方位向倾斜示意图

在倾斜处理后,即可采用常规插值方法进行插值。根据奈奎斯特采样定理,sinc 函数插值方式被认为没有信息损失,但在数据处理时 sinc 函数必然要截断,这样会导致图像失真。

雷达复信号数据具有有限的带宽,为了解决 sinc 函数截断产生的振铃效应,一般采用平滑窗对 sinc 系数进行加权。在目前所提供的文献中,升余弦滤波器是精度最高的插值核。插值核插值一般在时间域进行卷积运算,因插值核值随着与插值点的间隔增大而降低。实际上内插核长度的选择通常在运算效率和精度之间进行平衡,通常在方位线和距离向线上选取邻域内 6~8 个像素与内插核进行卷积运算。插值后再将信号频谱搬移至初始中心频谱,也就是重采样处理。

3）增强谱分集精配准

由于 TOPS 数据的方位向多普勒中心频率随方位向时间变化,在两端绝对值最大。增强谱分集与传统谱分集原理上是一致的,不同的是增强谱分集利用 burst 间的重叠区域来实现高精度配准。相邻 burst 可以分别视为上频带影像和下频带影像,其干涉图亦可视为上频带干涉图和下频带干涉图。

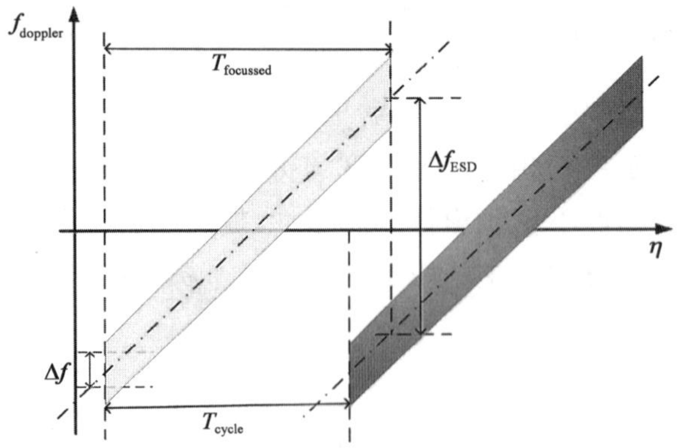

图 8－5　TOPS 数据方位向频谱

图 8－5 为哨兵卫星 IW 模式相邻两 burst 间的频谱,方位向的相位斜坡致使重叠区域的频谱间隔要远大于影像的方位向带宽。谱分集相位与方位向偏移量的关系为

$$\hat{\phi} = \frac{2\pi \Delta f_{ESD} \Delta a\hat{z}}{F_a} \tag{8-1}$$

式中　$\hat{\phi}$——相邻 burst 重叠区域相位差;

Δf_{ESD}——多普勒中心频率差;

$\Delta a\hat{z}$——方位向配准偏差;

F_a——方位向带宽。

实际上 Sentinel－1 卫星带重叠区域一般多普勒频率差在 4 800 Hz 左右,而整个多普勒中心的变化在 5 000 Hz,利用相位差来计算配准偏差,实现高精度配准。

4）burst 拼接

经过精配准处理后,对每个 burst 分别进行 DEM 模拟地形相位去除,然后利用相邻 burst 的方位向重叠进行拼接,从而得到最终的差分干涉图。

8.1.3　PS－InSAR 基本原理

常规的 D－InSAR 技术已经在大范围地表形变观测中取得了一些成功的应用。但在实际应用中,由于试验区内散射体在两次观测期间的散射特性发生变化,造成研究区内目标的时间去相干，导致该技术在实际应用中受到诸多条件限制。例如必须选择时间基线较短及天气/季节接近的影像，以避免受到过多的时间去相干和大气效应的影响。与此同时，受到人工角反射器在长时间序列上仍表现出高相干性这一现象的启发，学者们在分析大气效应对相位的影响及空间、时间去相干对干涉图质量的影响时，逐渐把注意力由从前的高相干区域集中到在长时间序列上个别的高相干区域甚至是利用可靠且稳定的永久性散射体(permanent scatterer, PS)作为观测对象，通过分析其相位变化信息提取形变信息，称为永久散射体技术(PS－InSAR)。

PS－InSAR 方法是由意大利米兰理工大学的 A. Ferretti、C. Prati 和 F. Rocca 等于 1999 年共同提出并验证的，即在一组长时间序列 SAR 影像中选取保持高相干性且较为稳定的点为 PS 点目标，其受时间空间去相干的影响小。通过分析这些点目标的相位组成，利用各相位分量的时频特性，可以分离出大气相位，从而获得较为精确的地表形变信息。这种算法比较适合有大量人工建筑的城区，而在非城镇区域或地表形变速率不规则的地区选取的可靠 PS 点较少。Andy Hooper 于 2004 年提出了一种新的 PS 算法，该算法采用幅度离散指数和相位空间相关性相结合的方法来识别 PS 点，不需要先验知识，可以在任何地形区域选取 PS 点，极大扩展了 PS 技术的应用范围。

PS－InSAR 技术有效解决了 D－InSAR 技术中时间、空间去相关和大气效应等限制测量精度的问题，达到了获得毫米级地表形变信息的能力，从而极大地推动了 InSAR/D－InSAR 技术的发展和应用。

在此基础上，加拿大的 Atlantis Scientific 公司在永久性散射体技术上开发了相干目标(coherent target analysis, CTA)方法。与经典的永久散射体技术相比，它的特点是在保持监测精度和相干目标识别密度的前提下，直接选用相位作为识别标准，简化了运算流程，是监测大面积、长时间序列地壳形变的一种可行的方法。

Bert M. Kampers 博士在德国 DLR 研究的时空解缠网络算法(spatio-temporal unwrapping network, STUN)是在永久散射体技术的基础上发展起来的又一先进技术。该算法的主要特点是在建立一定的函数模型和随机模型的基础上，利用带权最小二乘估计器进行最优参数估计和形变量提取。该方法具有很高的灵活性和可靠性，已成功应用于多个地区的微小形变监测。

瑞士 GAMMA 遥感公司开发的专门用于干涉雷达数据处理的全功能平台 Gamma 软件提供了高级干涉雷达处理系统(永久散射体干涉)的模块——干涉点目标分析(interferometric point target analysis, IPTA)。该模块针对选中的干涉目标点的相位进行分析。由于该分析能够包含更多的干涉图像对，因此提高了分析的精度和时相覆盖范围。

Andrew J. Hooper 博士在美国斯坦福大学研究的 Persistent Scatterer 技术把 PS－InSAR 技术进一步发展到非城区，即没有人工建筑物地区的形变监测。该方法在没有人工散射体的地区也能提取到一定数量的 PS 点，同时设计出真三维解缠技术问题的解决框架，在没有先验的形变模型基础上能够提取出地表的形变量。这种技术非常适合于在无人类活动的地区，如火山、地震区等进行地表形变的监测。

目前，PS－InSAR 技术已经被广泛应用于有关形变监测的多个领域，包括由于地下水开采和建筑施工引起的城市地面沉降，由采矿和天然气开采引起的矿区地表沉降，由于地震、火山及滑坡引起的地表形变等领域。

8.1.4 青藏工程走廊带内地表沉降监测

规划的京藏高速 G6 格尔木至那曲段，穿越连续多年冻土约 550 km，为了研究公路沿线多年冻土冻胀融沉对工程构筑物稳定性的影响，利用 PS－InSAR 技术对工程走廊带内地表形变进行分析。

研究区域是青藏公路沿线北起西大滩、南至安多，全程长约 600 km 的路段。收集了从 2015 年 7 月到 2017 年 7 月两年间的 Sentinel－1 数据，包含两个轨道（path）、五个标准景（frame）范围（图 8－6）。

采用 Sentinel－1 数据进行分析，选取干涉数据组合。按照影像自由组合形成干涉对的

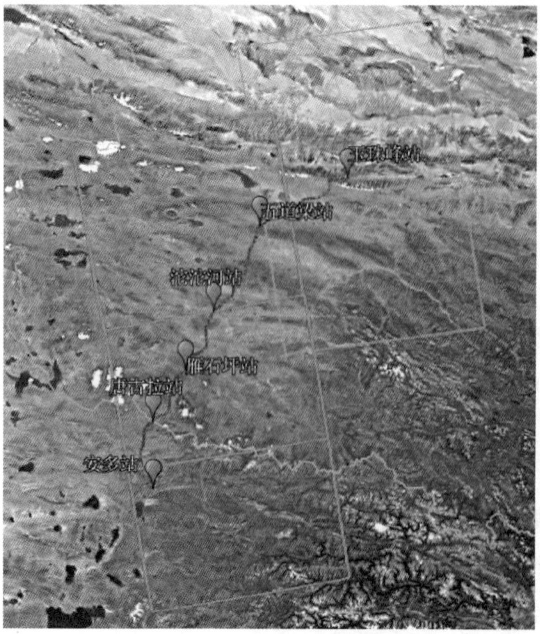

图 8－6 研究区域与数据覆盖图

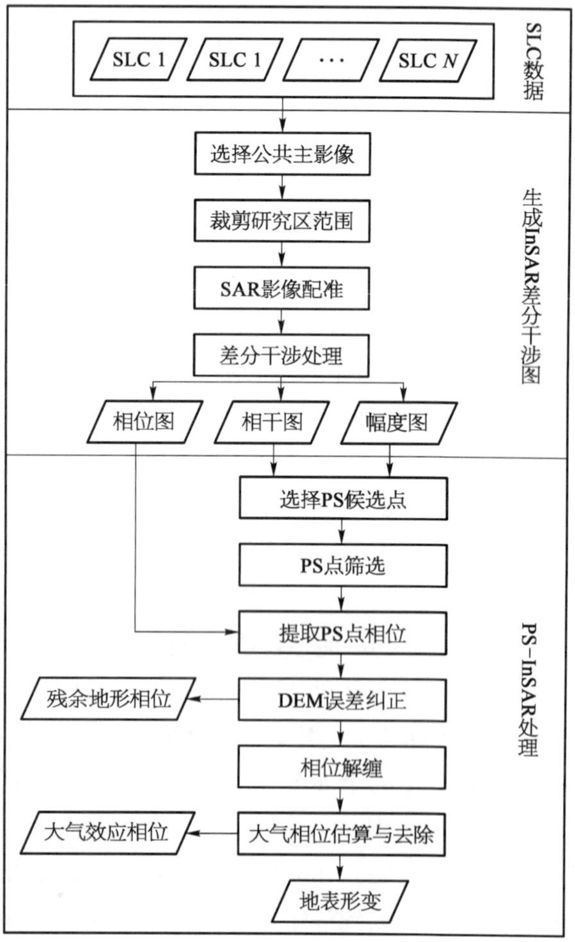

图 8－7 数据处理流程

策略，选取最优的干涉影像集；生成序列差分干涉图，对选取的各个干涉影像对进行影像配准，生成干涉图和相干图，利用外部 DEM 与生成的干涉图进行差分处理，得到差分干涉图。根据幅度离散指数，提取 PS 候选点，再结合相干图对 PS 候选点的相位进行稳定性分析，筛选可靠 PS 点目标。对提取出的 PS 点进行 DEM 误差校正，使其满足解缠条件。进行三维解缠，对解缠后的相位进行时间域高通滤波和空间域低通滤波，去除大气延迟、轨道误差的影响，恢复地表形变相位。提取相关试验结果，包括时间序列上的 PS 点目标提取结果、点目标的沉降速率场、最大沉降量、最大抬升量、变化幅度等。流程如图 8－7 所示。

如图 8－8 所示，在北麓河和五道梁附近、安多县与唐古拉山之间存在形变变化幅度较大的区域，是需要重点关注的区域，在不冻泉北部、安多县南部变化幅度相对较小。可以通过拟建青藏高速公路沿线沉降变化幅度专题图清晰地识别青藏铁路附近 10 km 范围内地表在数据时间跨度内的地表变化情况，也可以推断地表的稳定性。

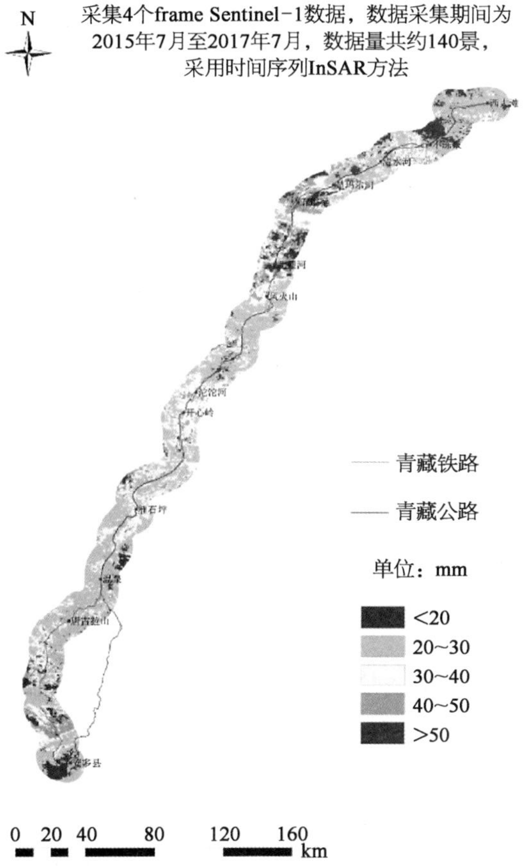

图 8－8 拟建青藏高速沿线地表沉降变化幅度

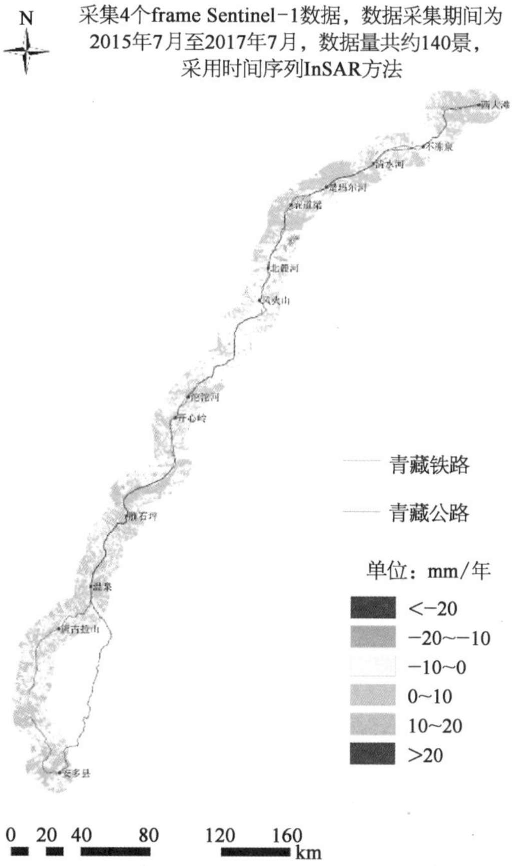

图 8－9 拟建青藏高速沿线地表沉降监测结果

如图 8－9 所示，在北麓河北部及清水河东北部年平均形变速率较大，表现为沉降；在不冻泉南部年平均形变速率较大，表现为抬升。其他地方年平均形变速率大部分在 10 mm/年左右，存在小区域形变速率较大的地方。

将最大沉降和最大抬升的 InSAR 点云数据转换坐标系后进行差值处理，差值结果经过滤波，在一定程度上去除噪声，将滤波后的结果以间隔 10 mm，按照图 8 - 10 中的分类标准制作拟建青藏高速公路沿线地表最大沉降的专题图，最大沉降专题图如图 8 - 10 所示。按照图 8 - 11 中的分类标准制作最大抬升的专题图，最大抬升专题图如图 8 - 11 所示。

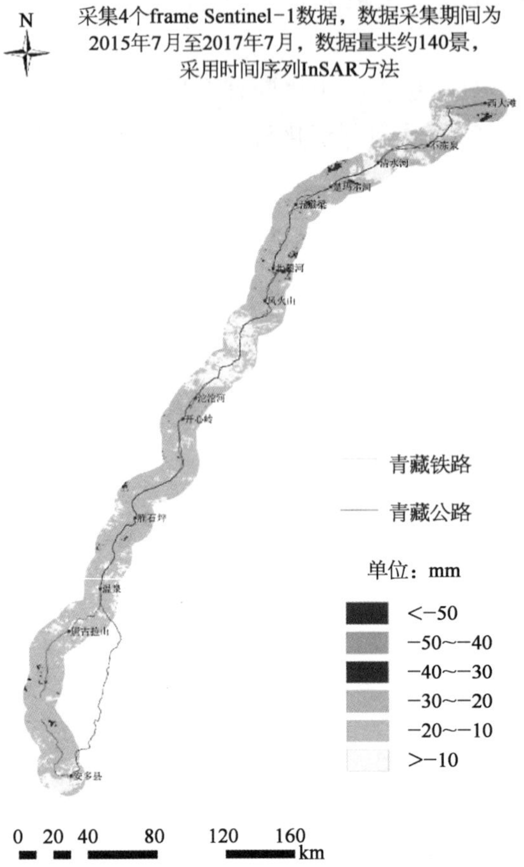

图 8 - 10 青藏高速公路沿线地表最大沉降量

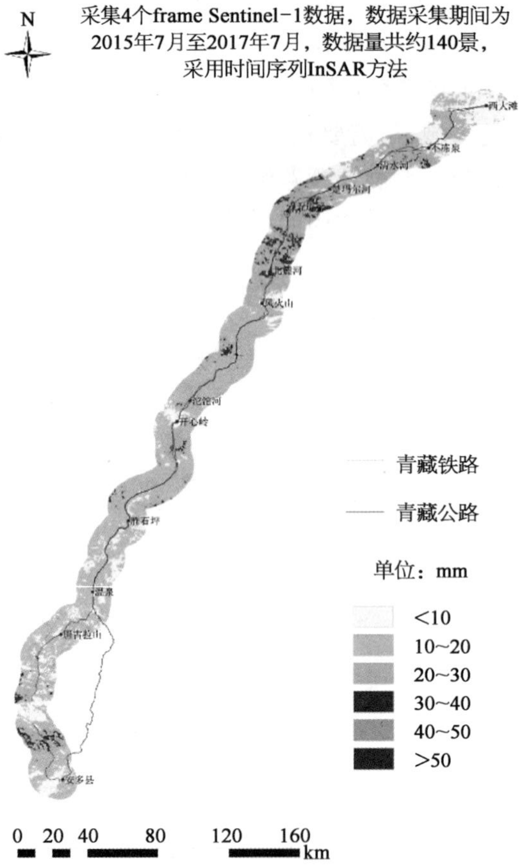

图 8 - 11 青藏高速沿线地表最大抬升量

如图 8 - 10 所示，在北麓河东部、五道梁附近、楚玛尔河附近、西大滩南部等区域最大沉降量偏大，在风火山和沱沱河之间、清水河南部、安多县南部的最大沉降量偏小，可以通过最大沉降监测专题图识别存在形变比较明显的区域，便于对地表沉降情况的把握。

如图 8 - 11 所示，在北麓河与五道梁附近、不冻泉南部、开心岭南部、安多县与唐古拉山之间最大抬升量偏大，西大滩附近、不冻泉北部等区域最大抬升量偏小。从最大抬升专题图中可以清晰识别不同抬升量的分布区域。

8.2 分布式布里渊光纤传感技术及其在青海共玉高速中的应用

多年冻土区特殊的地理环境和气候条件对各种监测传感器的环境适应能力提出了较高要求。由于桥梁、隧道、路基路面等基础设施构筑物具有距离长的特点，因此使用点式传感器很难对长距离的整个结构状态进行监测，而且随着布设传感器数量的增加，系统的复杂度和成本将会急剧增加。而分布式光纤传感器以光纤作为传光介质和传感单元，可以实现对待测目标在空间上连续的应变测量，具有测量距离长和空间分辨率高的特点，因此非常适合于像桥梁、隧道、路基路面这样大尺度构筑物的安全监测。但由于多年冻土区公路沿线气温低，在低温环境下光纤中的受激布里渊散射相互作用减弱、布里渊信号强度下降，因此会导致测量距离减小等问题。因此本节主要对多年冻土区低温环境下公路分布式光纤监测技术开展研究与工程实践。

8.2.1 分布式光纤传感技术简述

8.2.1.1 技术特点

1966 年，华裔科学家高锟先生在《光频率介质纤维表面波导》中创造性地提出了光导纤维应用于通信领域的基本原理和方法，阐述了光导纤维在大信息量、长距离的通信要求下所应具备的材料结构和特性。自此，光纤通信技术迅速发展起来。当光纤作为通信介质被广泛应用后，人们发现外界温度、应力、振动等环境因素会影响到通信传输，在此之上，分布式光纤传感技术开始被人们认识和研究。1977 年，Charles M. Davis 启动光纤传感器系统计划。此后，分布式光纤传感技术便蓬勃发展起来。

分布式光纤传感技术基本思路是以传感光纤自身同时作为信息传输媒介和感测单元，采用先进的方法技术，可以实现对光纤通路上几十万个点处外界物理量的同时测量，而且光纤本身具有体积小、重量轻、耐腐蚀、绝缘、成本低、无源、可绕性好等特点，这决定了分布式光纤传感系统相比于普通电学传感系统具有无可比拟的优势：

（1）耐腐蚀，绝缘性好，抗强电磁干扰。分布式光纤传感系统以光波作为信息传输载体，而光纤作为传光媒介本身便具有耐腐蚀、绝缘的特点，因此分布式光纤传感器可以在强电磁环境、强酸强碱环境下正常工作。目前分布式光纤传感器已广泛应用于高压输电、发电机组、冶金化工等领域。

（2）体积小且重量轻，具有可塑外形。由于光纤本身具有体积小、重量轻、可绕性好的特点，分布式光纤传感系统可根据特定需要定制成任意外形和尺寸，具有很强的灵活性，在精密仪器、航空航天等领域具有很广阔的应用前景。

（3）灵敏度高。光纤作为分布式光纤传感系统的信息传输媒介和传感单元，外界环境的变化将直接导致光纤的折射率、长度、直径等参数发生改变，从而使得在光纤中传输光波的幅度、相位、频率、偏振态等参量发生变化，光波之间的干涉等作用将使这种变化放大，因此分布式光纤传感系统比传统传感器灵敏度高。

（4）测量对象广泛。试验研究中已经证实，分布式光纤传感系统可以测量温度、应力、振动、位移、压力、加速度、转动、弯曲、湿度、液体浓度、杂质含量、流量、液面、电流、电压、磁场、电场、声场等多种物理量。

（5）便于组网，复用。光传感和光通信应用的传光媒介都是光纤，因此通过两者结合，可以组成光传感网络和遥测网。

（6）成本低廉。制作光纤的原材料是石英，来源广泛，随着制作工艺的不断提升，光纤的价格还会不断降低，因此分布式光纤传感系统的成本大大低于普通电学传感器。

（7）适用于长距离、大范围监测。应用先进的技术方法，分布式光纤传感系统可以实现几百千米长距离、大范围监测。在油气管线、边境、监狱、机场、输电线路等领域都有着广泛应用。

8.2.1.2 布里渊分布式光纤传感技术的基本原理与发展历程

分布式光纤传感技术是近二三十年发展起来的新型传感技术，其基本原理为利用光波在光纤中的强度、相位、频率、偏振态等传播特性，测量沿光纤分布的应变、温度等参量信息的传感技术。光纤中存在两类散射：一类是弹性散射，散射光的频率与入射光相同，即瑞利散射；另一类是非弹性散射，散射光的频率与入射光相比有一个附加的频移，包括拉曼散射和布里渊散射（图 8－12）。与其相对应的分布式光纤传感技术也分为基于瑞利散射、布里渊散射和拉曼散射的分布式光纤传感技术三种。

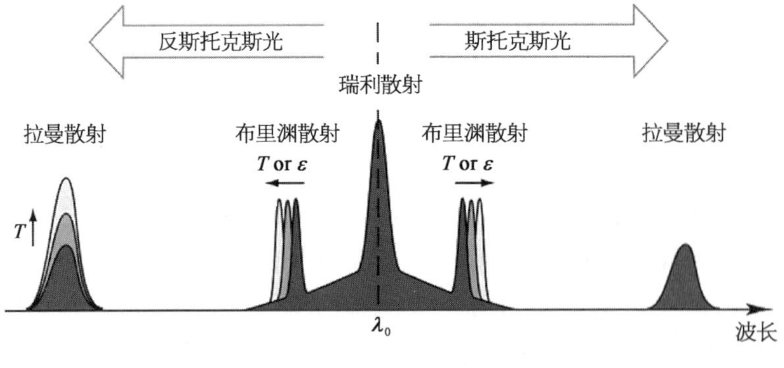

图 8－12 光纤中的散射

瑞利散射是光在传输过程中由于介质的不均性所造成的一种散射现象。光纤中的瑞利散射是入射光与光纤介质中尺度小于光波长的微观粒子发生弹性碰撞所产生的一种弹性散射，是光纤中最强的自发散射过程，其散射光的频率与入射光的频率相同。由分子振动、固体中的光学声子等元激发与激发光相互作用产生的非弹性散射称为拉曼散射，拉曼散射包含两个频率成分：低频的斯托克斯光和高频的反斯托克斯光。研究结果表明，反斯托克斯光的功率是温度的函数，因此可以通过测量斯托克斯光和反斯托克斯光的功率比值来测量温度。

布里渊散射也是一种非线性散射。由于光纤内部存在一定形式的振动，引起光纤折射率在时间和空间上的周期起伏，从而产生自发声波场。布里渊散射就是光波和声波在光纤中传播时相互作用而产生的。根据激发条件不同，布里渊散射分为自发散射和受激散射。泵浦光与自发声波场相互作用，产生自发布里渊散射，随着泵浦光的功率增加，自发布里渊散射的强度也随之增加。同时泵浦光和反向传输的斯托克斯光（探测光）发生拍频作用，形成强度周期性变化的拍频信号，并通过电致伸缩效应引起光纤局部折射率的周期性变化，进而形成干涉条纹，产生新的声波场。当泵浦光频率与斯托克斯光频率差恰好等于布里渊频移时，拍频产生的声波场将与光纤本地的自发声波场相干涉，极大地增强了本地自发声波场，进而激发出更多的布里渊散射光，激发出来的散射光又加强声波场，如此相互作用，产生很强的散射，这就是受激布里渊散射（SBS）。具体过程如图 8 - 13 所示。

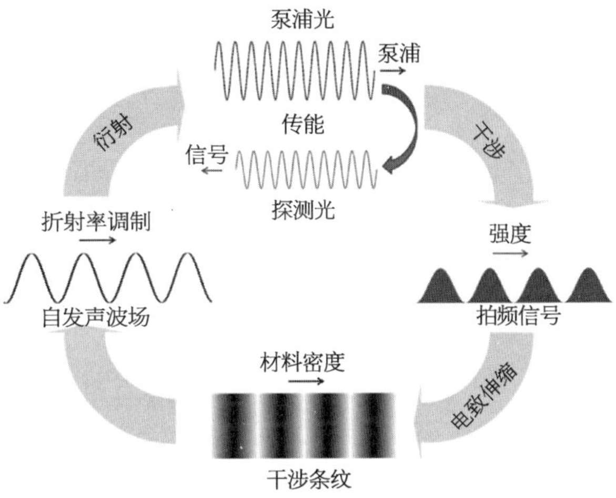

图 8 - 13　受激布里渊散射原理图

相对于光波而言，声波的能量可以忽略不计，因此在不考虑声波的情况下，这种 SBS 过程可以看作频率较高的泵浦脉冲光能量向频率较低的斯托克斯光（探测光）转移的过程。这样受激布里渊散射过程可以描述为泵浦光、斯托克斯光通过声波场进行的非线性作用。由于声波具有一定的速度，根据多普勒原理，散射光频率相对入射光频率会有一定的频移，这种频移称为布里渊频移，可表示为

$$\nu_B = 2nV_a/\lambda \tag{8-2}$$

式中　n ——光纤纤芯折射率；

V_a ——光纤中声子的传播速度；

λ ——泵浦光的波长。

光纤中布里渊频移量的变化与光纤受的轴向应变量和温度变化量线性相关，关系式为

$$\nu_B = \nu_{B_0} + C_s\Delta\varepsilon + C_t\Delta T \tag{8-3}$$

式中　ν_B ——轴向应变为 ε 时光纤的布里渊频移；

ν_{B_0} ——无应变时光纤布里渊频移；

C_s——应变影响系数；

C_t——温度影响系数；

$\Delta\varepsilon$、ΔT——应变和温度改变量。

布里渊分布式光纤传感技术就是利用这一线性关系，通过测量传感光纤的布里渊增益谱获取布里渊频移，进而测量出传感光纤的温度和应变。

由于光纤对光束的约束性，在光纤中只存在前向和后向散射，基于布里渊散射的时域传感系统监测对象是后向散射，其结构示意图如图 8-14 所示，脉冲激光通过环形器发射探测脉冲到待测光纤中，探测脉冲激光在光纤中产生的背向散射沿着后向传输然后通过环形器被探测器探测。光纤中某一位置处散射光信号与探测信号时间之间的关系如下：

$$L = ct/2n \tag{8-4}$$

式中 c——真空光速；

n——光纤折射率；

t——探测信号的时间，即信号光在光纤中的往返飞行时间；

L——散射点到起点的距离。

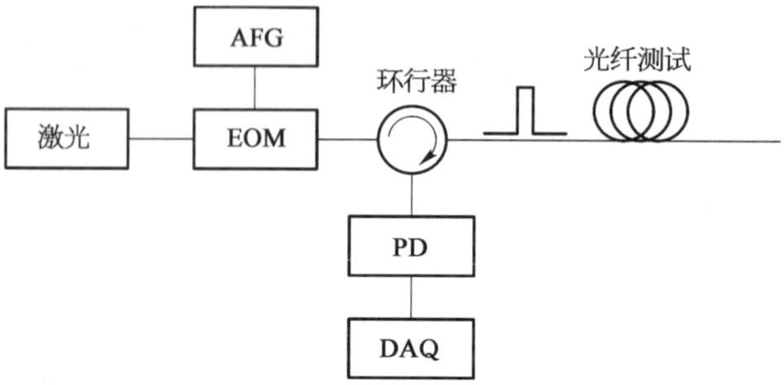

图 8-14 基于散射的时域传感系统结构示意图

从该式可以看出探测信号时间和散射点在光纤位置具有固定的线性关系。测量空间分辨率由探测脉冲激光的脉宽决定，在石英光纤中 10 ns 脉冲对应大约 1 m 的空间分辨率。

布里渊时域分析技术(Brillouin time domain analysis)是基于布里渊散射的分布式光纤传感技术代表，与其他分布式光纤传感技术相比具有空间分辨率高、传感距离远、可实现动态测量等优势。现有的基于布里渊散射的分布式光纤传感技术的传感点数已经超过 100 万，传感距离超过 150 km，这是其他传感技术无法比拟的优势。

BOTDA 技术于 1989 年由 T. Horigunchi 等首先提出，他们通过理论和试验证明了光纤中的应变与光纤所在位置的布里渊增益谱频移量线性相关，并设计了在光纤两端分别注入泵浦脉冲光和连续探测光的传感光路结构，成功获取沿光纤空间位置的布里渊增益谱分布。同年，Culverhouse 等人研究发现，光纤的温度也与光纤的布里渊频移线性相关，因此为 BOTDA 系统扩充了测量参量，完善了基于布里渊时域分析技术的温度与应变测量系统。自 1989 年 BOTDA 技术被提出以来，由于其广阔的应用前景，以鲍晓毅等为代表的全世界大批研究人员致力于 BOTDA 技术的深入研究，大幅度提高了 BOTDA 系统的测试能力和测试精度。目前 BOTDA 技术主要的发展方向有三个，分别是高空间分辨率 BOTDA 技术、超长距离 BOTDA 技术和动态 BOTDA 技术。

1）高空间分辨率 BOTDA 技术

布里渊系统的空间分辨率决定了传感光纤在光纤长度上最短距离能够分辨应变和温度变化的能力，空间分辨率越高，获得的测试结果在空间尺度上就会越精细。通常 BOTDA 系统的空间分辨率取决于泵浦脉冲光的宽度，较短的脉冲宽度可以获得较高的空间分辨率。但是短脉冲将降低系统的信噪比和光学非线性效应，导致系统测量失效。并且由于声子寿命的限制，单纯以短脉冲提高空间分辨率的方式存在瓶颈。因此研究人员提出了系列的新的高空间分辨率 BOTDA 技术。例如脉冲预泵浦-布里渊时域分析技术（PPP - BOTDA）和差分脉冲对-布里渊时域分析技术（DPP - BOTDA）。

PPP - BOTDA 是将光纤一端的泵浦脉冲光变成连续光与脉冲光的组合，变成预泵浦脉冲光，利用连续光激发光纤中的声场，再利用泵浦脉冲光与连续探测光作用，最大限度地降低由于泵浦脉冲光脉宽变窄导致的布里渊增益谱展宽的问题，因而可以大幅提高 BOTDA 系统的空间分辨率，目前最高可以达到 1 cm 空间分辨率，并且已经开发出相应的仪器产品。脉冲预泵浦技术的想法是 2004 年 L. F. Zou 和鲍晓毅等提出的，当时他们在测量光子晶体光纤（PCF）布里渊频移与温度、应变之间的关系时提出使用脉冲预泵浦技术。试验发现通过使用脉冲预泵浦技术，窄带脉冲光导致布里渊增益谱不良展宽的问题得到了有效抑制，使用 1.5 ns 的窄带脉冲信噪比高达 34 dB 并获得了 15 με 、1.3℃ 的测试精度，并且给出了理论证明。2005 年，L. F. Zou 和鲍晓毅等将 PPP - BOTDA 技术应用于实际测量中，成功监测到光缆 1.5 cm 的裂缝。

DPP - BOTDA 技术于 2008 年由 W. H. Li 和鲍晓毅等提出。基本原理是在同一探测光频率条件下，发射两束脉宽分别为 P_1 和 P_2 泵浦脉冲光，采集经两束光放大后的探测光时域信号，在脉冲上升前沿处将两段信号差分，得到各点差分后的布里渊增益信号，再对探测光进行扫频，得到各点差分后的布里渊增益谱，对各点布里渊增益谱进行拟合，最后得到各点布里渊频移量。差分双脉冲最大的好处是系统的空间分辨率不是由 P_1 和 P_2 决定，而是由两束脉冲的脉宽差 $P_1 - P_2$ 决定。这样采用几十纳秒级的泵浦脉冲光可以得到厘米级的空间分辨率，即满足了长距离对脉冲能量的要求，也打破了高脉宽对空间分辨率下降的约束，而且测量精度高，信号处理方式也不复杂，可以说是非常精妙的传感系统结构设计。2009 年，董永康和鲍晓毅等基于 DPP - BOTDA 技术搭建了一套传感距离 12 km 的测试系统，采用的差分脉冲对分别为 40 ns 和 50 ns，并与直接使用 BOTDA 技术的 10 ns 脉冲信号进行对比。通过试验发现，差分脉冲对 40 ns/50 ns 的布里渊增益信号强度是直接采用 10 ns 脉冲的 7 倍，而且 DPP - BOTDA 的温度测量精度为 0.25℃，而普通 BOTDA 的温度测量精度为 1.8℃。另外，通过缩小两脉冲之间的脉宽差由 10 ns 到 1 ns，DPP - BOTDA 系统获得了由 1 m 到 10 cm 的空间分辨率，而测试精度仅从 0.25℃ 降低为 0.8℃。可见使用差分双脉冲技术全面提高了 BOTDA 的测量精度和空间分辨率。2011 年,董永康和鲍晓毅等将 DPP - BOTDA 技术首次应用到实际测量中,取得了非常好的效果。他们利用8 ns/8.2 ns 脉冲对测量了大型交流电源平板在波纹弹簧作用下的应变和位移,测得平板的最大位移仅为 0.43 mm,测试精度接近 40 μm,2 cm 空间分辨率也是实际应用中 DPP - BOTDA 技术的最高空间分辨率,测试效果如图 8 - 15 所示。

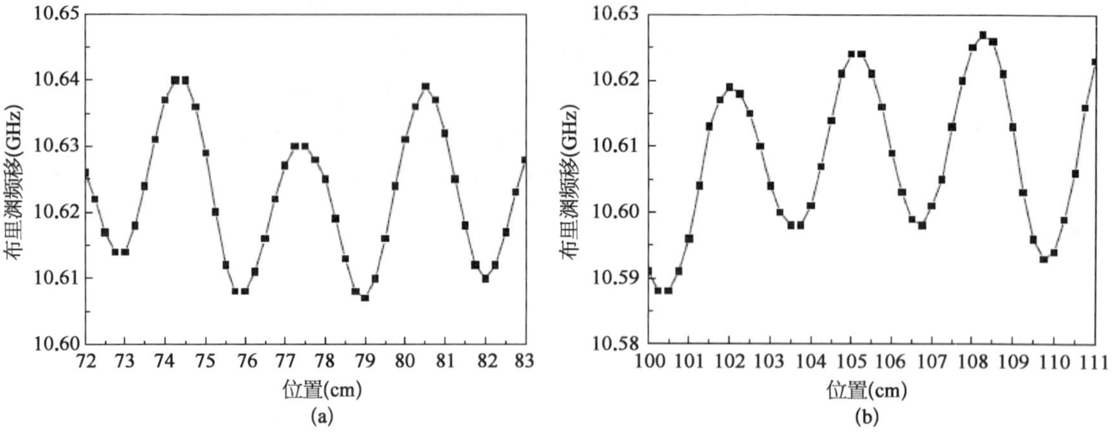

图 8 - 15 交流电源平板 2 cm 空间分辨率 DPP - BOTDA 监测结果

2) 超长距离 BOTDA 技术

BOTDA 技术的一大优势在于长距离分布式监测,这一优势是其他传感技术无法媲美的。目前国际上 BOTDA 技术在保证测量精度的前提下,最长的传感距离已经达到 150 km。实现超长距离光纤传感的关键问题是降低信号光强度沿光纤传感的衰减,通常采用的方法有拉曼放大技术和脉冲编码技术。2010 年,董永康和鲍晓毅等利用掺铒光纤放大器(EDFA)对泵浦脉冲光进行放大,抑制了布里渊增益谱的展宽和信号精度的下降,结合差分双脉冲技术(DPP - BOTDA)实现了 25 km 的传感距离上 30 cm 空间分辨率和±20 με 的测量精度。2010 年,梁浩和鲍晓毅等基于 DPP - BOTDA 采用脉冲归零编码技术(return to zero coded pulses)提高信号的信噪比,在 50 km LEAF 上实现了 50 cm 空间分辨率和±12 με 的测量精度。

3) 动态 BOTDA 技术

BOTDA 分布式光纤传感技术的主要局限之一在于只能进行静态测量。原因在于 BOTDA 为了获取完整的布里渊增益谱,需要对探测光进行扫频,而探测光频率的多次切换累积消耗较长时间,而在完成测量的过程中,被测光纤需要保持静止,因此只能进行静态测量。2012 年,Yair Peled 和 Avi Motil 提出基于截变频技术的动态 Fast - BOTDA 测试方法,其基本原理如图 8 - 16 所示。相对于静态 BOTDA 技术的单频连续光不断切换,Fast - BOTDA 采用预先编译好的频率切换模式,以极短的时间产生一条由多段不同频率的单频光组成的复合频率探测光,一次探测就可以获得整条布里渊增益谱,因此大大缩短了测量时间,可以达到非常高的采样频率,进而实现分布式动态测量。试验中,在 100 m 长的光纤上实现了高达 10 kHz 的动态采样频率和约为 5 $\mu\varepsilon$ 的测试精度。

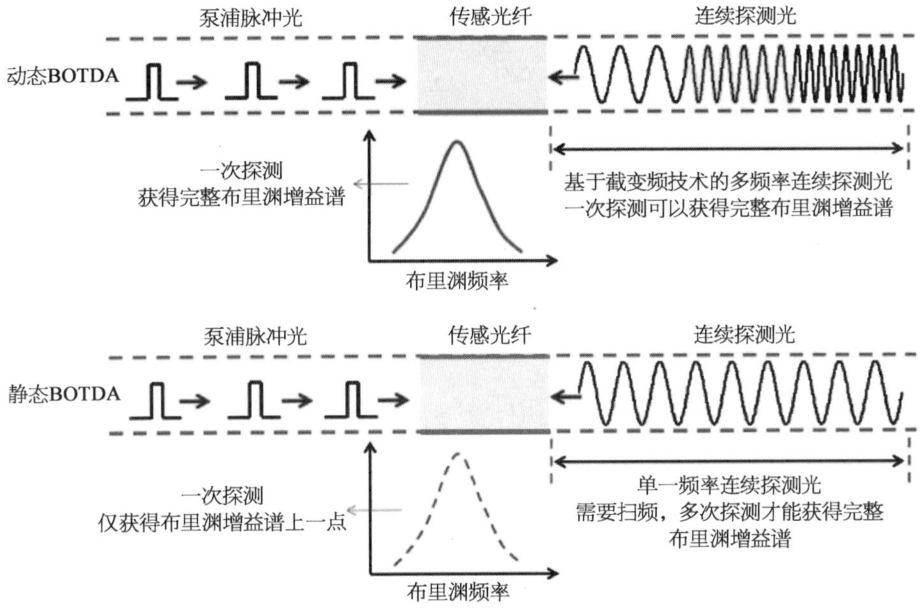

图 8 - 16 静态 BOTDA 技术与动态 BOTDA 技术原理对比

8.2.2 青海共玉高速冻土路基分布式布里渊传感试验工程

在高海拔地区,由于多年冻土区的冻融循环导致道路结构出现严重沉降病害,并缺乏有效的监测手段。分布式光纤传感技术以其传感距离长、耐久性好、抗电磁干扰、易于埋入布设的特点,对于多年冻土区的路基沉降监测有其独特的技术优势。本节以青藏高原地区共玉公路中花石峡段和野牛沟段作为试验段,研究基于分布式光纤传感技术的高海拔多年冻土区路基沉降监测方法。

1）传感器布设方案

花石峡试验段为宽幅路基,双向六车道设计,路基宽度为 24 m,试验段长度为 100 m,布设方案采用纵横向交错布设的方式,在纵向布设 4 根分布式传感光纤,用于定性监测沉降区域位置及沉降程度,横向布设 4 根分布式传感光纤,用于定量监测沉降深度。每一根传感光纤都形成独立的回路,彼此之间并列连接,在终端通过多芯光缆与监控中心连接。并且为了校准温度场,在横向传感光缆特定位置布设光纤光栅温度传感器,用于校准分布式传感光纤温度场,获取温度分布信息,具体布设方案如图 8 - 17a 所示。野牛沟试验段为单向四车道的设计,路基宽度为 16 m,试验段长度为 100 m,采用与花石峡类似的布设方法,采用纵向 3 条传感光纤、横向 4 条传感光纤的设计,具体布设方案如图 8 - 17b 所示。

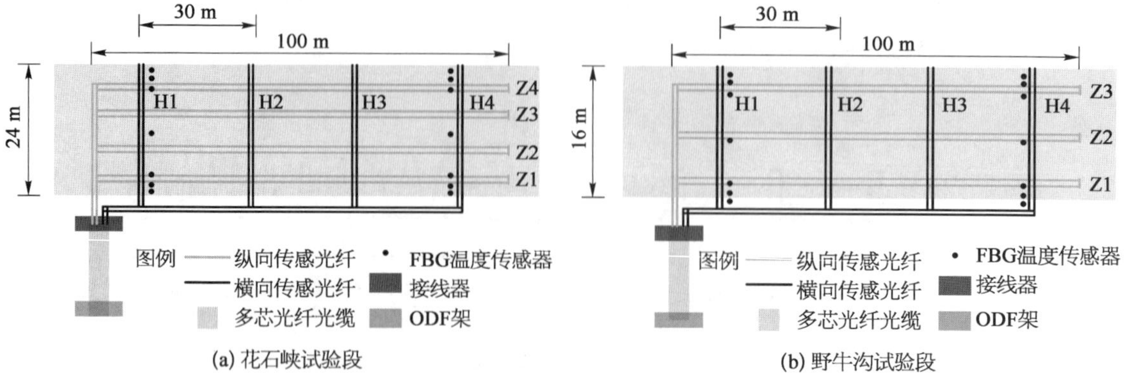

图 8-17 分布式光纤监测系统布设方案

2）传感器选型

分布式光纤传感器及监测系统关键构件选型如图 8-18 所示。纵向光缆选型为金属基索状应变传感光缆 NZS-DSS-C02，该传感光纤的特点是采用金属基索状结构，传感光纤外包高强度金属加强件，极大地提高了传感光纤的抗拉强度，同时传感器表面螺纹结构使得自身与土有着良好的耦合性，变形协调一致。横向光缆选型为定点式应变传感光缆 NZS-DSS-C08，该传感光纤的特点是采用独特的内定点设计，具有优良的力学性能，可实现空间非连续非均匀应变分段测量。配合分布式光纤传感技术使用，能与岩土体、混凝土等结构很好地耦合，施工便捷，同时能抵御各种恶劣工况环境。温度传感器选型为 NZS-FBG-TM(G)岩土型光纤光栅温度传感器，该传感光纤的特点是成活率高、长期稳定性好、不受电磁干扰、可多点串联等。多芯光纤光缆选用 24 芯铠装加强通信光缆，接线盒选择 24 芯接线

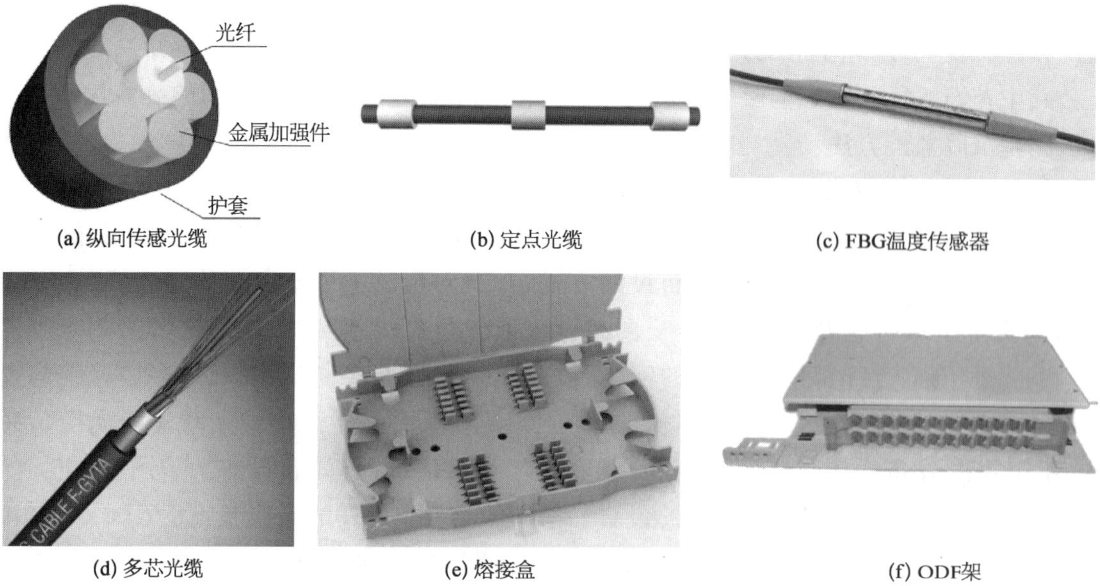

图 8-18 分布式光纤传感器及其配件选型

盒，同时配备 24 芯光纤分束架（ODF）。所有的传感器型号与监测系统配件均选用耐寒材料，满足高海拔多年冻土区低温环境的长期耐久性要求。

3）布设工艺

路基沉降分布式光纤监测系统施工流程主要分为测量、机械开挖、传感光缆布设、温度传感器布设、光纤完好性检测、路基回填。施工过程如图 8－19 所示。

(a) 测量　(b) 机械开挖　(c) 传感光缆布设

(d) 温度传感器布设　(e) 光纤完好性检测　(f) 路基回填

图 8－19　分布式光纤传感系统布设工艺

（1）通过现场测绘，确定横、纵向分布式传感光纤及温度传感器的具体位置。

（2）通过机械开挖出传感光纤的布设沟位，开挖深度 30 cm。

（3）先修整机械开挖沟的平整度，然后垫 5 cm 细沙，按照先纵后横的顺序布设传感光纤，再用 5 cm 细沙覆盖。

（4）在横向传感光纤特定位置布设测温钢管，获取路基沿横向温度分布，并在测温钢管的特定位置布设光纤光栅温度传感器，用于校准分布式测温光缆。

（5）在传感光纤布设完成后，对传感光纤完好程度进行统一检测，确保传感光纤全部完好存活。

（6）将传感光纤汇总于节点位置，并进行保护；同时将路基回填，并采用机械平整，保证光纤监测系统的布设对路基没有影响。

4）数据采集系统

分布式光纤传感器数据采集采用哈尔滨工业大学自主研发的 RP1020 型分布式光纤传感解调仪，如图 8－20 所示。该系统具备空间分辨率 20 cm、传感距离 20 km、应变测试精度 20 με、温度测试精度 1℃的性能测试指标，并且根据高原试验段的低温测试环境，进行了特殊的低温设计并通过严格的低温测试,保证了数据采集在低温环境下的顺利进行。光纤光栅传感器数据采集采用 MOI－SM125 光纤光栅解调仪,如图 8－21 所示。该系统具备 4 通道,250 Hz 采样率,1 pm 波长分辨率。另外,光纤传感解调仪配备了单独的电压电流稳定系统(图 8－22),并且现场测试在监控室恒温控制环境中进行(图 8－23),确保光纤传感解调仪稳定工作,满足测试要求。

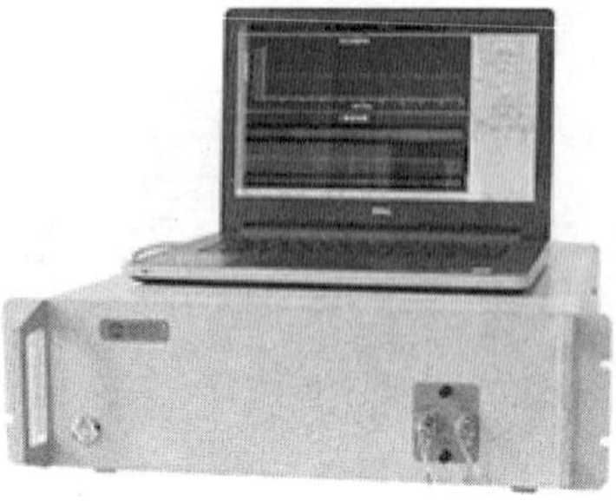

图 8－20 分布式光纤传感解调仪

图 8－21 光纤光栅解调仪

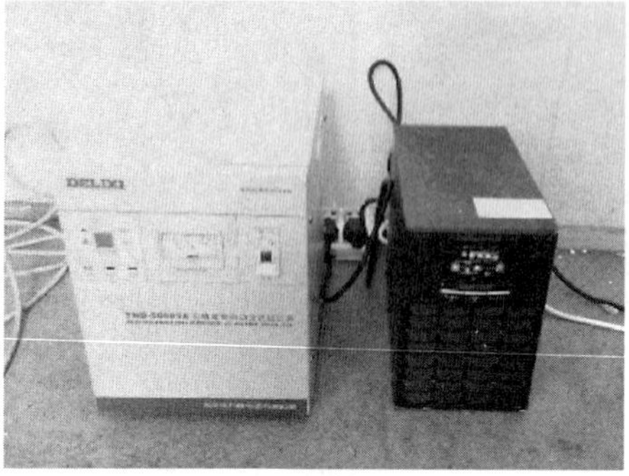

图 8－22 稳压供电系统

图 8－23 监控室恒温控制环境

参考文献

[1] 中交第一公路勘察设计研究院.青藏公路高温高含冰量多年冻土区地基稳定性研究[R].西安：中交第一公路勘察设计研究院,2006.

[2] 陈建兵.多年冻土区公路路基尺度效应评价研究[D].北京：中国科学院研究生院,2011.

[3] 章金钊.青藏公路多年冻土区路基病害机理探讨[J].公路交通科技,2004,21(4)：52－54.

[4] 中交第一公路勘察设计研究院.高海拔高寒地区高速公路建设技术[R].西安：中交第一公路勘察设计研究院,2016.

[5] 汪双杰,陈建兵,章金钊.保温护道对冻土路基地温特征的影响[J].中国公路学报,2006,19(1)：13－16.

[6] 汪双杰,陈建兵,黄晓明.冻土路基护道地温特征研究[J].岩石力学与工程学报,2006,25(1)：147－150.

[7] 汪双杰,陈建兵,黄晓明.热棒路基降温效应的数值模拟[J].交通运输工程学报,2005,5(3)：42－46.

[8] 陈建兵,汪双杰,章金钊,等.青藏公路空间效应与多年冻土区公路修筑技术[J].公路,2008(5)：1－9.

[9] 陈建兵,汪双杰,章金钊,等.青藏公路高路基病害的形成及其机理[J].长安大学学报(自然科学版),2008,28(6)：30－35.

[10] 喻文学,武憨民.青藏公路多年冻土区沥青路面路基高度问题[J].西安公路学院学报,1986(1)：25－42.

[11] 交通部第一公路勘察设计院.青藏公路整治工程科研设计文献汇编[C].西安：交通部第一公路勘察设计院,1996.

[12] 交通部第一公路勘察设计院.高原多年冻土地区公路修筑技术研究[R].西安：交通部第一公路勘察设计院,1999.

[13] 汪双杰,李祝龙,武憨民.多年冻土地区公路筑路技术研究现状与新课题[J].冰川冻土,2003,25(4)：471－475.

[14] 武憨民,汪双杰,章金钊.多年冻土地区公路工程[M].北京：人民交通出版社,2005.

[15] 中华人民共和国交通运输部.多年冻土地区公路设计与施工技术细则：JTG/T D31－04—2012[S].

北京：人民交通出版社,2003.
[16] 章金钊,霍明,陈建兵.多年冻土地区公路路基稳定性技术问题与对策[M].北京：人民交通出版社,2008.
[17] 汪双杰,李祝龙,章金钊,等.多年冻土地区公路修筑技术[M].北京：人民交通出版社,2008.
[18] 中华人民共和国交通运输部.公路工程地质勘察规范：JTG C20—2011[S].北京：人民交通出版社,2011.
[19] 袁堃,章金钊,朱东鹏.深上限-退化型多年冻土路基变形特征分析[J].岩土力学,2013,34(12)：3543-3548.
[20] 袁堃,章金钊,朱东鹏.路基保温护道对多年冻土地区公路改建的预拓宽效应分析[J].岩石力学与工程学报,2014,33(S1)：3263-3269.
[21] 袁堃,赵永国,张娟,等.沥青路面对高温多年冻土区块石路基自然对流降温效应的影响[J].中国公路学报,2015,28(12)：42-48.
[22] 袁堃,章金钊,刘戈,等.基于多年冻土层冷却功率需求的块石气冷路基设计方法[J].长安大学学报(自然科学版),2015,35(5)：35-42,72.
[23] 刘戈,汪双杰,孙红,等.透壁式通风管-块石复合路基降温效果模型试验及数值模拟[J].岩土工程学报,2015,37(2)：284-291.
[24] 朱东鹏,章金钊,陈建兵,等.多年冻土地区硅藻土改性沥青混合料路用性能试验[J].中国公路学报,2013,26(4)：23-28.
[25] 朱东鹏,袁堃,陈建兵,等.高温多年冻土区公路通风管路基传热特征分析[J].中国公路学报,2015,28(12)：69-77.
[26] 李金平,王佐,张娟,等.多年冻土路基不均匀变形成因分析[J].中国公路学报,2015,28(12)：78-85,91.
[27] 汪双杰,王佐,袁堃,等.青藏公路多年冻土地区公路工程地质研究回顾与展望[J].中国公路学报,2015,28(12)：1-8,32.
[28] 汪双杰,刘戈,叶莉,等.多年冻土区宽幅路基热效应防治对策研究[J].中国公路学报,2015,28(12)：26-32.
[29] 刘戈,汪双杰,袁堃,等.尺度效应下冻土路基结构适应性及优化[J].中国公路学报,2015,28(12)：17-25.
[30] 陈冬根,汪双杰,陈建兵,等.融化夹层厚度影响因素分析与片块石路基降温效果研究[J].冰川冻土,2014,36(4)：854-861.
[31] 刘戈,袁堃,李金平,等.透壁式通风管-块石复合气冷路基室内模型试验研究[J].冰川冻土,2014,36(4)：870-875.
[32] Anisimov O A, Nelson F E. Permafrost distribution in the Northern Hemisphere under scenarios of climate change [J]. Global and Planetary Change, 1996, 14(1-2)：59-72.
[33] Barber E S. Calculation of maximum pavement temperatures from weather reports [A]. Washington D C：Highway Research Board, Bulletin 168, National Research Council, 1957.
[34] Berg R L. Energy balance on a paved surface [J]. Concrete Pavements, 1974, 42(26)：03755.
[35] Bhatti M A, Molinas-Vega I, Stone J W. Nonlinear analysis of jointed concrete pavements [J].

Transportation Research Record: Journal of the Transportation Research Board, 1998, 1629(1): 50-57.

[36] Choubane B, Tia M. Analysis and verification of thermal-gradient effects on cencrete pavement [J]. 1995.

[37] Davids W G. 3D finite element analysis of jointed plain concrete pavement with EverFE2.2 [J]. Paper Submitted to TRB 2003 Annual Meeting, 2003, 1853: 135-152.

[38] Schulson E M. Ice damage to concrete [J]. US Army Corps of Engineers, 1998(4).

[39] Fagerlund G. International cooperative test of the critical degree of saturation method of assessing the freeze/thaw resistance of concrete [J]. Material and Structure, 1977, 10(58): 231-253.

[40] Fagerlund G. The critical degree of saturation method of assessing the freeze/thaw durability of concrete [J]. Materials and Structures, 1997, 10(10): 58.

[41] Hammons M I. Validation of three-dimensional finite element modeling technique for joints in concrete air pavements [J]. Transportation Research Record: Journal of the Transportation Research Board, 1998, 1629: 67-75.

[42] Harlan R L. Analysis of coupled heat-fluid transport in partially frozen soil [J]. Water Resources Research, 1973, 9(5): 1314-1323.

[43] Huang Y H. Pavement analysis and design [M]. 2nd ed. Pearson Prentice Hall, 2004: 141-150.

[44] Losberg A. Structurally reinforced concrete pavements [J]. Chalmers University of Technology, 1960: 8-20.

[45] Meyerhof G G. Load-carrying capacity of concrete pavements [J]. Journal of the Soil Mechanics and Foundation Division, 1962, 88(3): 89-116.

[46] Mihta P K, Schiessl P, Raupach M. Performance and durability of concrete systems [C]//Proceedings of 9th International Congress, On the Chemistry of Cement, Vol Ⅰ. New Delhi: Elsevier Applied Science, 1992: 571-659.

[47] Parker Jr F, Barker W R, Gunkel R C, et al. Development of a structural design procedure for rigid airport pavements [J]. U S Army Engineer, 1979, 79(4): 137-152.

[48] Pigeon M, Gagne R, Aitcu P. Freezing and thawing tests of high-strength concrete [J]. Cement and Concrete Research, 1991, 21(5): 844-852.

[49] Powers T C, Helmuth R A. Theory of volume changes in hardened Portland cement paste during freezing [J]. Proceedings, Highway Research Board, 1953, 32: 285-297.

[50] Powers T C. Void spacing as a basis for producing air-entrained concrete [J]. Portland Cement Assac R&D Lab Bull, 1954, 50(9): 741-760.

[51] Powers T C. Resistance to weathering-freezing and thawing [J]. Portland Cement Assac R&D Lab Bull, 1956(169).

[52] Schulze R. Steahlenklima der Frde [J]. Darmstadt, 1970.

[53] Shi X P, Fwa T F, Tan S A. Wrapping stresses in concrete pavements on pasternak foundation [J]. Journal of Transportation Engineering, 1993, 119(6): 905-913.

[54] Jacqueline S, Marchand J, Hornain H. Sem observations of the microstructure of frost deteriorated and self-healed concretes [J]. Cement and Concrete Research, 1995, 25(8): 1781-1790.

[55] Straub A L, Schenck Jr H N, Przybycien F E. Bituminous pavement temperature related to climate [J].

Highway Research Record, 1968, 256: 53 - 77.

[56] Talor G S, Luthin J N. A model for coupled heat and moisture transfer during soil freezing [J]. Canadian Geotech Journal, 1978,15(4): 548 - 555.

[57] Powers T C. Freezing effects in concrete, durability of concrete [J]. ACI, 1975(1).

[58] U S Department of the Interior Bureau of Reclamation. Concrete manual [M]. 8th ed. 1981.

[59] 丑亚玲.多年冻土地区路基阴阳坡效应及纵向裂缝机理研究[D].兰州: 中国科学院寒区旱区环境与工程研究所,2007.

[60] 窦明健,胡长顺,何子文,等.青藏公路多年冻土段路基病害分布规律[J].冰川冻土,2002,24(6): 780 - 784.

[61] 青海省公路科研勘测设计院.G214 线姜路岭至清水河段病害整治工程[Z].西宁: 青海省公路科研勘查设计院,2006.

[62] 国家气象局数据中心.五道梁、沱沱河、安多地区地面气象资料三十年数据汇编[Z].北京: 国家气象局数据中心,2003.

[63] 何兆益,周虎鑫.高等级公路软土地基容许工后不均匀沉降指标研究[J].重庆交通学院学报,1996, 15(1): 48 - 54.

[64] 金会军,李述训,王绍令,等.气候变化对中国多年冻土和寒区环境的影响[J].地理学报,2000(2): 161 - 173.

[65] 李东庆,孙志忠,赖远明,等.青藏高原东部高温多年冻土区路基热稳定性模拟分析[J].岩土工程学报,2005,27(12): 1376 - 1379.

[66] 马巍,张鲁新,吴青柏.利用不同块石路堤结构调节其下伏冻土不均匀温度场的作用研究[C]//第三届全国岩土与工程学术大会论文集.成都: 四川科学技术出版社,2009.

[67] 马小杰,张建明,张明义.青藏铁路路基沉降变形的灰色预测模型研究[J].路基工程,2006(5): 1 - 3.

[68] 马巍.青藏铁路建设中冻土区岩土工程问题[C]//中国土木工程学会第九届土力学及岩土工程学术会议论文集(上册).北京: 清华大学出版社,2003.

[69] 牛富俊,程国栋,赖远明,等.青藏高原多年冻土区热融滑塌型斜坡失稳研究[J].岩土工程学报, 2004,26(3): 402 - 406.

[70] 牛富俊,张鲁新,俞祁浩,等.青藏高原多年冻土区斜坡类型及典型斜坡稳定性研究[J].冰川冻土, 2002,24(5): 608 - 613.

[71] 祁长青,吴青柏,施斌,等.BP 神经网络在冻土路基变形预测中的应用[J].水文地质工程地质,2007 (4): 27 - 30.

[72] 沈宇鹏.青藏铁路安多段多年冻土斜坡路基稳定性研究[D].西安: 长安大学,2004.

[73] 滕龙,杨志强,陈建兵,等.基于 Map Objects 的青藏公路管理系统的设计[J].测绘标准化,2005(3): 12 - 14.

[74] 佟治权.砂黏土与黏砂土上冻融交界面的抗剪强度实验报告[C]//青藏铁路多年冻土科研成果论文集.北京: 铁道部科学技术司,2003: 111 - 122.

[75] 童长江,吴青柏,刘永智.青藏公路沿线冻土环境工程地质评价及冻土工程处理[C]//第五届全国冰川冻土学大会论文集(上册).兰州: 甘肃文化出版社: 365 - 372.

[76] 李东庆.青海省 214 国道(青康公路)多年冻土退化与路基稳定性分析研究[D].北京: 中国科学

院,1999.
[77] 刘永智,吴青柏,张建明,等.青藏高原多年冻土地区公路路基变形[J].冰川冻土,2002,24(1):10－15.
[78] 毛雪松,王秉纲,胡长顺,等.路基冻结过程中温度场对变形场的影响[J].长安大学学报(自然科学版),2005,25(5):11－14.
[79] 毛雪松,王秉纲,胡长顺,等.多年冻土地区路基变形场和应力场的数值分析[J].冰川冻土,2006,28(3):396－400.
[80] 毛雪松,王秉纲,胡长顺.考虑相变作用的冻土路基变形场的数值分析[J].路基工程,2006(5):4－6.
[81] 童伯良,李树德.青藏高原多年冻土的某些特征及其影响因素[C]//青藏高原冻土论文集.北京:科学出版社,2000.
[82] 王大鹏,傅智,房建宏,等.太阳辐射对青藏高原不同路面类型表面热状况及其下伏多年冻土的影响[J].公路交通科技,2008,25(3):38－43.
[83] 汪海年,窦明健,吴敏慧.青藏高原冻土区路面类型对路基温度场影响的非线性分析[J].冰川冻土,2005,27(2):169－175.
[84] 汪双杰,等.多年冻土地区公路修筑技术[M].北京:人民交通出版社,2008.
[85] 吴紫汪,朱林楠,郭兴民,等.青康公路多年冻土区路堤的临界高度[J].冰川冻土.1998,20(1):37－42.
[86] 杨旭东.多年冻土地区路基变形特性研究[D].西安:长安大学,1999.
[87] 章金钊.多年冻土路基工程设计容许变形研究[D].1996.
[88] 张建明.青藏高原冻土路基稳定性及公路工程多年冻土分类研究[D].兰州:中国科学院寒区旱区环境与工程研究所,2004.
[89] 张鲁新,原思成,杨永平.青藏铁路多年冻土区路基变形裂缝发生机理及其防治[J].第四纪研究,2003,23(6):604－610.
[90] 周虎鑫,陈荣生.高等级公路工后不均匀沉降指标研究[J].东南大学学报,1996,26(1):54－56.
[91] 王彩霞,马春林.冻土地区路堑边坡溜方原因分析与稳定性验算方法[J].东北公路,2001,24(1):35－37.
[92] 王广地,程守金,焦德智.基于非线性混沌的冻土路基融沉变形预测[J].西部探矿工程,2006(9):240－241.
[93] 周幼吾,郭东信,邱国庆,等.中国冻土[M].北京:科学出版社,2000.
[94] 朱建平,房建宏.巴颜喀拉山多年冻土区公路工程设计[J].青海交通科技,2000(4):6－7,5.
[95] 邓越,徐永进,唐云辉,等.基于C/S与B/S混合架构的精细化滑坡监测预警系统设计与实现[J].安徽农业科学,2014,42(20):6862－6865,6868.
[96] 冯玉勇,李庆民.青藏铁路多年冻土路基施工检测控制技术[C]//中国建筑学会工程质量检测学术会议论文集.乌鲁木齐,2002.
[97] 龚士良,丁利红.地面沉降自动化测控与预警预报系统[J].计算机测量与控制,2003(4):244－246.
[98] 关凤峻.地质灾害风险预警工作进展与思考[J].中国应急管理,2014(1):7－9.
[99] 何鹍.道路参数监测预警系统中的数据传输技术研究[D].长春:吉林大学,2013.
[100] 霍明,陈建兵,朱东鹏,等.青藏公路多年冻土区预警系统研究[J].岩土力学,2010,31(1):

331－336.

[101] 兰刚仁,江勇.浅析 G318 线康东路 E 合同段公路路基季节性冻土的处治[J].四川林勘设计,2012(4):68－70.

[102] 李建国.浅谈高海拔公路路基病害的成因及防治[J].黑龙江交通科技,2012,35(8):54.

[103] 李水旺,田智慧.基于 GIS 的公路自然灾害的预警预报系统研究[J].测绘科学,2009,34(3):155－158.

[104] 李月华,张志华.从被动应对到主动防御——我国重大自然灾害监测与防御领域取得重大进展[J].科技促进发展,2014(1):103－111.

[105] 林世君.浅谈高寒地区沥青混凝土路面病害分析及防治[J].中国新技术新产品,2013(9):79.

[106] 刘刚.高寒地区多年冻土路基病害问题分析[J].科技致富向导,2011(9):301.

[107] 刘华,帅少军.高寒地区山岭高速公路路面设计及病害防治探讨[J].公路交通科技(应用技术版),2011,7(9):1－4,15.

[108] 马巍,吴青柏,程国栋.青藏铁路块石气冷结构路堤下冻土温度场变化分析[J].冰川冻土,2006(4):586－595.

[109] 尚迎春,齐红元,冯云梅,等.青藏铁路冻土地温自动检测系统的设计与数据分析[J].铁道学报,2008(5):130－134.

[110] 孙宝臣,杜彦良,李剑芝,等.基于 GSM－R 的青藏铁路冻土地温自动监测系统[J].铁道学报,2009,31(5):125－129.

[111] 王成,蒋秋华,史天运,等.青藏铁路冻土地温自动检测系统及其关键技术[J].中国铁道科学,2008(3):140－144.

[112] 汪双杰.高原多年冻土区公路路基稳定及预测技术研究[D].南京:东南大学,2005.

[113] 徐广翔,丁峰.地表形变监测预警预报系统在平朔生产矿区中的应用研究[J].测绘科学,2012,37(1):77－79.

[114] 胥良,屈伯强.地质灾害预警发布体系的完善研究[J].地质灾害与环境保护,2014,25(3):35－37.

[115] 许强,汤明高,徐开祥,等.滑坡时空演化规律及预警预报研究[J].岩石力学与工程学报,2008(6):1104－1112.

[116] 朱东鹏.青藏公路多年冻土区路基病害预警系统研究[D].西安:长安大学,2009.

附表 1　设计使用年限内冻土路基的年内最大融沉变形量

单位：cm

路基高度(m)	年平均地温(℃)	时间(年)																			
		1	2	3	4	5	6	7	8	9	10	11	12	13	14	15	16	17	18	19	20
1	−0.5	2.46	5.05	7.78	9.66	11.20	12.67	14.02	15.26	16.41	17.51	18.58	19.62	20.63	21.63	22.63	23.63	24.63	25.61	26.56	27.47
	−1.0	2.31	4.58	6.92	8.39	9.50	10.41	11.22	11.97	12.66	13.35	14.03	14.81	15.57	16.32	17.07	17.81	18.56	19.33	20.08	20.85
	−1.5	2.15	4.44	6.32	7.51	8.39	9.04	9.63	10.15	10.62	11.09	11.55	11.98	12.44	12.88	13.32	13.79	14.26	14.73	15.23	15.84
	−2.0	1.78	3.01	3.94	4.51	4.96	5.45	5.89	6.27	6.62	6.99	7.33	7.68	7.99	8.33	8.68	9.02	9.36	9.71	10.08	10.45
	−3.0	1.60	1.86	2.11	2.37	2.63	3.00	3.28	3.51	3.86	4.14	4.35	4.54	4.71	4.89	5.05	5.21	5.39	5.64	5.86	6.07
2	−0.5	3.09	3.60	4.97	7.23	9.17	10.82	12.28	13.61	14.85	16.02	17.15	18.25	19.32	20.38	21.44	22.49	23.54	24.58	25.60	26.58
	−1.0	2.80	3.67	4.05	5.31	6.63	7.78	8.80	9.86	10.83	11.74	12.61	13.45	14.27	15.07	15.86	16.65	17.43	18.23	19.02	19.82
	−1.5	2.51	3.21	3.72	4.18	4.93	5.75	6.49	7.21	7.85	8.48	9.07	9.65	10.22	10.78	11.40	12.04	12.70	13.34	13.99	14.64
	−2.0	2.06	1.75	1.89	2.06	2.23	2.38	2.53	2.73	2.97	3.30	3.64	4.05	4.46	4.88	5.31	5.77	6.21	6.67	7.13	7.60
	−3.0	1.80	0.96	0.96	1.03	1.14	1.26	1.32	1.40	1.50	1.58	1.67	1.75	1.84	1.95	2.04	2.13	2.22	2.31	2.42	2.52
3	−0.5	3.62	4.28	4.66	5.41	7.04	8.66	10.16	11.57	12.89	14.15	15.37	16.55	17.71	18.86	19.99	21.12	22.24	23.36	24.47	25.55
	−1.0	3.31	3.62	4.21	4.74	5.04	5.66	6.65	7.67	8.67	9.62	10.57	11.48	12.36	13.25	14.12	14.98	15.83	16.69	17.55	18.42
	−1.5	2.99	2.93	3.32	3.72	4.09	4.40	4.71	5.02	5.39	5.88	6.48	7.15	7.85	8.54	9.25	9.95	10.66	11.36	12.08	12.78
	−2.0	2.46	1.27	1.09	1.13	1.26	1.41	1.57	1.75	1.93	2.09	2.28	2.47	2.64	2.82	3.00	3.23	3.50	3.84	4.26	4.77
	−3.0	2.04	0.14	−0.28	−0.33	−0.28	−0.20	−0.11	0.01	0.13	0.24	0.35	0.45	0.56	0.68	0.80	0.92	1.03	1.14	1.27	1.40
4	−0.5	4.14	4.42	5.10	5.60	5.92	7.02	8.38	9.78	11.16	12.51	13.82	15.10	16.36	17.60	18.82	20.04	21.25	22.46	23.67	24.86
	−1.0	3.80	3.50	3.90	4.42	4.95	5.42	5.83	6.26	6.99	7.83	8.71	9.63	10.56	11.52	12.46	13.41	14.36	15.31	16.26	17.21
	−1.5	3.48	2.66	2.74	3.01	3.33	3.66	4.03	4.39	4.73	5.07	5.41	5.78	6.18	6.71	7.32	7.97	8.67	9.39	10.15	10.92
	−2.0	2.90	0.87	0.25	0.05	0.04	0.11	0.24	0.39	0.57	0.76	0.97	1.18	1.41	1.66	1.91	2.17	2.43	2.70	2.97	3.25
	−3.0	2.47	−0.50	−1.53	−1.84	−1.89	−1.88	−1.83	−1.76	−1.66	−1.56	−1.46	−1.32	−1.15	−1.03	−0.90	−0.75	−0.62	−0.48	−0.30	−0.14

附表2 设计使用年限内冻土路基变形等级

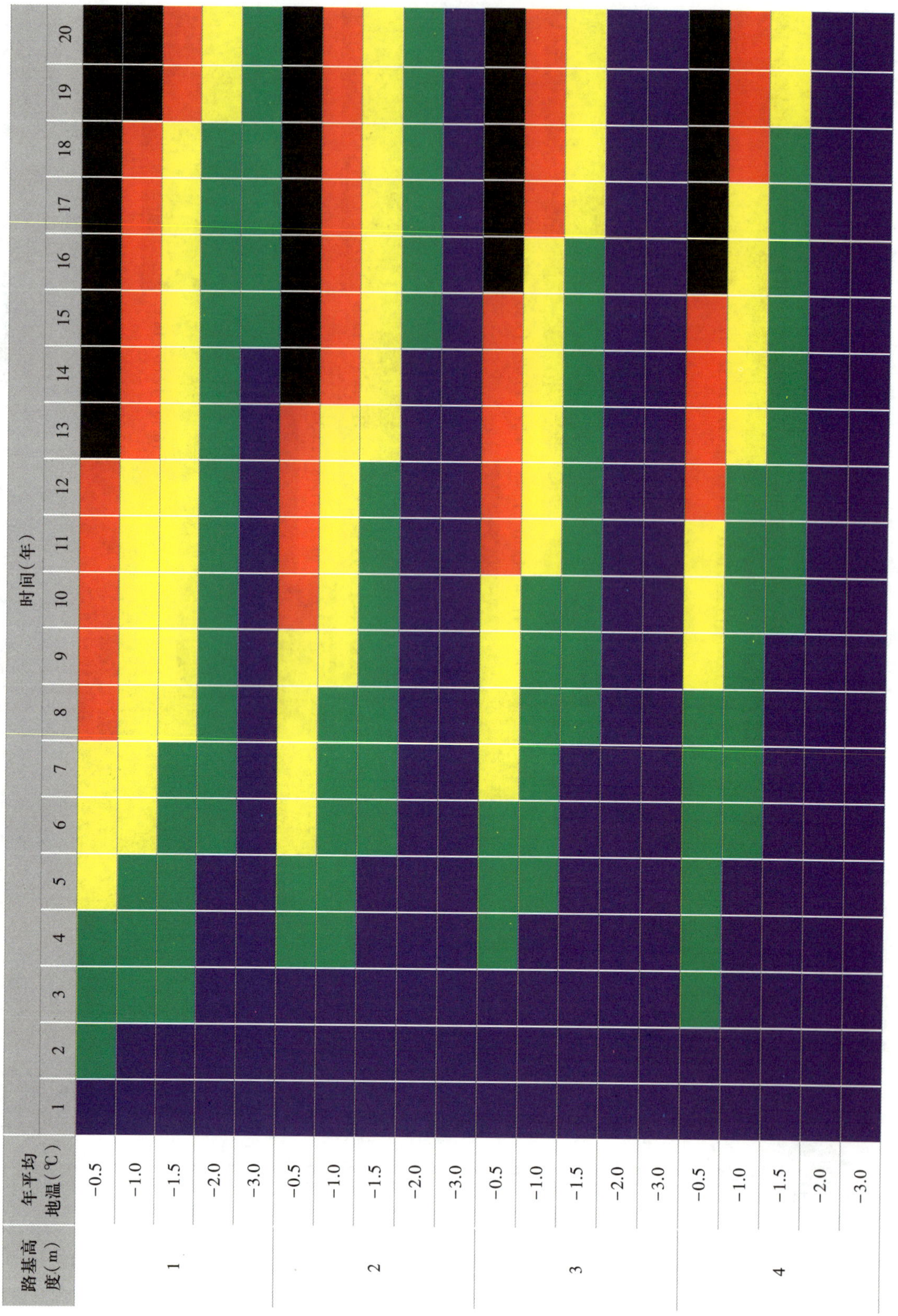